Partizipative Forschung und Gender

Ariane Brenssell
Andrea Lutz-Kluge (Hrsg.)

Partizipative Forschung und Gender

Emanzipatorische Forschungsansätze weiterdenken

Verlag Barbara Budrich
Opladen • Berlin • Toronto 2020

Bibliografische Information der Deutschen Nationalbibliothek
Die Deutsche Nationalbibliothek verzeichnet diese Publikation in der Deutschen
Nationalbibliografie; detaillierte bibliografische Daten sind im Internet über
https://portal.dnb.de abrufbar.

Gedruckt auf säurefreiem und alterungsbeständigem Papier

Alle Rechte vorbehalten
© 2020 Verlag Barbara Budrich GmbH, Opladen, Berlin & Toronto
www.budrich.de

ISBN 978-3-8474-2095-8 (Paperback)
eISBN 978-3-8474-1181-9 (PDF)
DOI 10.3224/84742095

Das Werk einschließlich aller seiner Teile ist urheberrechtlich geschützt. Jede Verwertung außerhalb der engen Grenzen des Urheberrechtsgesetzes ist ohne Zustimmung des Verlages unzulässig und strafbar. Das gilt insbesondere für Vervielfältigungen, Übersetzungen, Mikroverfilmungen und die Einspeicherung und Verarbeitung in elektronischen Systemen.

Umschlaggestaltung: Bettina Lehfeldt, Kleinmachnow – www.lehfeldtgraphic.de
Titelbildnachweis: Foto: Piroska
Satz: Anja Borkam, Jena – kontakt@lektorat-borkam.de
Druck: Books on Demand GmbH, Norderstedt
Printed in Europe

Inhalt

Ariane Brenssell und Andrea Lutz-Kluge
Einleitung: Partizipative Forschung und Gender. Emanzipatorische
Forschungsansätze weiterdenken 7

Nivedita Prasad
(Feministische) partizipatorische Aktionsforschung 17

Lilli Böwe und Monika Nürnberger
„[…] wenn ich sehr erschöpft und müde bin, dann tut es mir gut, im
Olga zu sein". Ein Photovoice-Projekt mit Besucherinnen
des Frauentreffs ‚Olga' in der Kurfürstenstraße, Berlin 35

Erik Meyer und Arn Sauer
„Wie ein grünes Schaf …" Partizipative Forschung mit jungen
Trans*-Menschen zu ihren Lebenslagen 55

Ariane Brenssell
Kontextualisierte Traumaarbeit. Ein communitybasiertes,
partizipatives Forschungsprojekt 71

Gabriele Dennert
Das Queergesund*-Projekt. Methodik einer partizipativen
Bedarfserhebung zur Gesundheitsförderung nicht-heterosexueller
Frauen* 95

Michelle Fine und Maria Elena Torre
Übersetzung mit einer Vorbemerkung von Andrea Lutz-Kluge
Critical Praticipatory Action Research. Ein feministisches
Commitment 119

Sandra Köstler und Andrea Lutz-Kluge
Häkeln als Forschungsmethode? Wie partizipative
Forschungsprozesse durch ästhetische Methoden an Qualität
gewinnen können 135

Thomas Schlingmann
Über Partizipation hinaus. Spannungsfelder und Widersprüche im
System Forschung 155

Angaben zu den Autor*innen 173

Einleitung: Partizipative Forschung und Gender. Emanzipatorische Forschungsansätze weiterdenken

Ariane Brenssell und Andrea Lutz-Kluge

1. Ich sehe was, was Du nicht siehst ...

Aus der Perspektive feministischer und postkolonialer Wissenschaftskritik gibt es keinen neutralen, objektiven Forschungsstandpunkt. Entgegen der vorherrschenden Vorstellung einer wissenschaftlichen Objektivität, die vorgibt „alles von nirgendwo aus sehen zu können" (Haraway 1988[1]), sind wissenschaftliche Perspektiven immer nur partial, partikular und situiert, d.h. in ihren Verhältnissen bedingt und verortet (Haraway 1988, Winter 2010). Die spezifischen Voraussetzungen, unter denen Forschung stattfindet[2], der (implizite) Standpunkt der Forschenden, die Einbettung der Forschung in ein wissenschaftliches Feld „organisieren den Blick" (vgl. Smith 1998). Und sie legen bestimmte Forschungsmethoden und Forschungsinteressen nahe, bestimmen darüber, was als relevant und allgemeingültig gilt wie auch darüber, was gesehen, anerkannt, was ausgeblendet und entnannt wird: „Es gibt nicht einen einzigen Standpunkt, von dem aus eine endgültige Version der Welt verfasst werden kann", so formuliert es Dorothy Smith (nach Winter: 2011: 81). Das heißt nicht, den Anspruch an ‚Validität' und an die Verbindlichkeit von Erkenntnisansprüchen aufgeben zu müssen, wohl aber, diese anders zu fassen: „Nur eine partiale Perspektive verspricht einen objektiven Blick" (Haraway 1995: 82). Ein Verständnis von Wissen als situiertes Wissen bedeutet für Forschung, die eigene (Macht-)Position mit zu reflektieren und zu fragen, wie die jeweiligen Forschungsperspektiven in den Verhältnissen begründet sind: *Ich sehe was, was Du nicht siehst* – weil meine gesellschaftliche Verortung und Position eine andere ist als Deine.

---

[1] Haraway nennt dies den ‚göttlichen Trick' – vergleichbar mit dem literarisch allwissenden ‚Erzähler', der quasi ‚gottgleich' mit den äußeren wie inneren Umständen seiner Figuren vertraut ist.
[2] Z.B. in der Abhängigkeit von Forschungsförderung.

2. Wie lassen sich theoretische Erkenntnisse in konkrete Forschungspraxis umsetzen?

In der Theorie wird feministische und postkoloniale Wissenschaftskritik seit den 1970er Jahren formuliert. Was sich jedoch nur zögerlich einlöst, das ist eine Umsetzung auf der Ebene von *Forschungspraxis*. An dieser Schnittstelle und mit dem thematischen Fokus auf ‚Gender' setzt der vorliegende Band an.

Wir Herausgeberinnen haben Kontakt aufgenommen zu Akteur*innen partizipativer Forschung vor allem im deutschsprachigen wie auch im angelsächsischen Raum und Forschungsprojekte zusammengetragen, die sich thematisch mit der Frage von Geschlechterrealitäten auseinandersetzen und dazu unterschiedliche Wege der partizipativen oder gemeinsamen Forschung einschlagen. Feministisch partizipative Forschung zeigt sich als eine Forschungshaltung der Wahl, um sich mit Gender in seiner Differenziertheit und Uneinheitlichkeit auseinanderzusetzen, ohne strukturelle Machtverhältnisse aus dem Blick zu verlieren.

Wir verstehen den vorliegenden Band als Arbeitsbuch – ‚ohne Gewähr' (Stuart Hall 1984). Es stellt eine Variante an Forschungsprojekten vor, die – jedes Projekt auf unterschiedliche Art – nicht *über* Menschen, sondern *mit* Menschen forschen und versuchen die Potentiale von partizipativen Ansätzen zu ergründen und sie methodisch voranzutreiben. Die Autor*innen geben einen – z.T. sehr persönlichen – Einblick in ihre Forschungserfahrungen, thematisieren Sternstunden wie auch Momente des Scheiterns. Sie möchten diese Erfahrungen teilen und so Impulse geben und Mut machen, vielfältige Wege der emanzipatorischen Forschung auszuprobieren und selbst kreativ erfinderisch zu werden.

Die Beweggründe, diesen Band herauszugeben, liegen für uns als Wissenschaftlerinnen und Hochschullehrerinnen mit emanzipatorischen Anliegen in der Überzeugung, dass in Zeiten global gesellschaftlicher Herausforderungen das demokratische Prinzip nicht nur verteidigt, sondern konsequent weiterentwickelt werden muss. Dazu kann das System Wissenschaft beitragen, indem es seine eigenen Strukturen und Formen hinterfragt und sich für partizipative Formen des gemeinsamen Lernens und Forschens öffnet.

3. Partizipative Forschung als wissenschaftlicher Beitrag zur notwendigen Weiterentwicklung von Emanzipation und Demokratie

Die gegenwärtige gesellschaftliche und politische Situation erfordert es, verstärkt über die Umsetzung partizipativer Forschung nachzudenken. Die Hegemonie der ‚Wachstumsökonomie' (Paech 2012, Brand/Wissen 2017) hat in eine ökologische Katastrophe geführt, der weltweite Siegeszug des Neoliberalismus zeigt lange schon seine Effekte u.a. in der wachsenden Ungleichheit, sich mehrenden Anzeichen von ‚Faschisierung' (Weber 2016), die mit einer ‚strukturellen Passivierung' (Haug 1993) einhergeht. Ein wichtiges Argument für die Stärkung partizipativer Forschungsansätze ist, dass mit ihren methodischen Ansätzen und der mit ihr verbundenen wissenschaftlichen Haltung, das demokratische Prinzip der Partizipation auch auf die Forschung ausgedehnt und in diesem Rahmen erfahrbar wird. „Dies wirkt der Tendenz entgegen, Expertenwissen absolut zu setzen und nicht mehr zu hinterfragen" (Bergold 2013: 6). Die „Entmündigung durch Experten" in der Forschung (ebd.), die Vorherrschaft eines sozialwissenschaftlichen Forschungsverständnisses, das der naturwissenschaftlichen Logik entlehnt ist, stellt aus emanzipatorischer Perspektive ein Problem dar, weil sie zur Passivierung der Menschen beiträgt und die Verfügung über die Subjekte fortsetzt, indem sie diese zu Forschungsobjekten macht. Partizipative Forschung will dazu beitragen, Begriffe zu schaffen, mit denen Menschen „Verhältnisse als veränderbare begreifen und denken können: als historisch gewordene und damit auch durch individuelle, kollektive und institutionell eingebundene politische Kämpfe zu überwindende Verhältnisse" (Weber 2016: 485).

Forschung sollte sich als ein Instrument verstehen, mittels dessen subjektive Erfahrungen in ihrem Vermittlungszusammenhang mit den gesellschaftlichen Widersprüchen sichtbar gemacht werden, Konflikte benannt und verortet werden und im Austausch miteinander als produktiv bearbeitet und als überwindbar erfahrbar werden. Erst dann wird Forschung zu *emanzipatorischer* Forschung: „Prozesse der aktiven Selbstveränderung [sind] für Emanzipation zentral …" (Lettow 2019: 161). Lettow sieht darin die Besonderheiten eines feministischen Begriffes von Emanzipation: Dieser erhebt den Anspruch, „mit einem Subjektverständnis verknüpft [zu] sein […], das diese Verbindung von Selbstveränderung und gesellschaftlicher Veränderung hervorhebt" (Lettow 2019: 160) und sich als einen „Prozess der Überwindung struktureller Diskriminierungen" versteht (Brie 2019: 88).

4. Pionierinnen und Pioniere partizipativer Forschung

‚Participatory Action Research' (PAR) ist im angelsächsischen Raum das Schlagwort für gesellschaftspolitisch positionierte Forschungsansätze, die zurückgehen auf den Befreiungspädagogen Paolo Freire und den in den 1930er Jahren aus Deutschland emigrierten Psychologen Kurt Lewin. Freire ging davon aus, dass Menschen ihre Lebenszusammenhänge selbst beforschen und begreifen sollten, um eine aktive Rolle bei der Veränderung und Verbesserung ihrer Lebenssituation einnehmen zu können. In den 1940er Jahren plädierte der Psychologe Kurt Lewin für eine parteiliche Forschung, die in gesellschaftliche Verhältnisse intervenieren solle. Von ihm stammt der Begriff ‚Aktionsforschung'. Nivedita Prasad, Autorin in diesem Band und Verfasserin einer der ersten deutschsprachigen Artikel zur ‚feministisch partizipatorischen Aktionsforschung' in 2014, stellte allerdings in einer kritischen Betrachtung früher partizipativer Forschungen fest, „dass in den meisten PAR-Projekten Frauen – als Marginalisierte – zwar beteiligt waren, ihre genderspezifischen Realitäten aber kaum Beachtung fanden" (Prasad 2014 nach Maguire 1987).

In jüngster Zeit wird wieder vermehrt über Möglichkeiten partizipativer Forschung, über das Potential der Einbeziehung von Menschen aus Praxis und Communities, über ihre wissenschaftliche Fundierung usw. vor allem in der Gesundheitsforschung in Deutschland diskutiert (vgl. von Unger/Wright 2008). Die neuere Debatte wird u.a. durch die Rezeption des Ansatzes ‚Community-Based-Research' in den USA (vgl. von Unger 2014), durch die Kritische Psychologie (vgl. Markard 2017), die Gemeindepsychologie (vgl. Bergold 2013) und entscheidend durch die Disability Studies (vgl. Degener 2003, vgl. Arbeitsgemeinschaft Disability Studies) angeregt und unterfüttert. Im angelsächsischen Raum sowie in Österreich gibt es eine deutlich breitere wissenschaftliche Auseinandersetzung um partizipative Forschungsansätze als in Deutschland. Sie umfasst die Frage der Form und Notwendigkeit der Beteiligung von Forschungspartner*innen aus der Praxis an allen Schritten des Forschungsprozesses sowie an intervenierender Forschung, die Menschen zu Akteuren von Erkenntnisprozessen und Veränderungen macht. Flankiert wird diese Entwicklung von einer Neuausrichtung der Förderpolitik, die partizipative Orientierung bzw. das Einweben partizipativer Elemente zur Bedingung von Förderung macht. Das ist einerseits erfreulich und birgt jedoch auch Risiken, die der Logik des Systems der Forschungsförderung geschuldet sind.

5. Von Alibi- und Pseudo-Partizipation

Mit der Verschiebung von partizipativen Forschungsprojekten als Forderung ‚von unten' hin zu einer Auflage ‚von oben', die – ‚top-down' – zur Bedingung für die Bereitstellung von Forschungsgeldern formuliert wird[3], haben sich Widersprüche aufgetan, die es in den Blick zu nehmen gilt. So ist vermehrt zu beobachten, wie das partizipative Moment wie zur Dekoration oben aufgesetzt und so der emanzipatorische Anspruch unterwandert wird. Ähnliches ist auch in anderen Bereichen wie Stadtplanung, Kinder- und Jugendarbeit, Kunst und Kultur zu beobachten: Ein ‚Partizipationshype' (Wagner 2012: 17) scheint losgetreten zu sein, allerorts werden Stadtbewohner*innen in stadtplanerische Entscheidungsprozesse einbezogen, Kinderparlamente werden ins Leben gerufen und Kunstprojekte bevorzugt dann gefördert, wenn Sie partizipativ konzipiert sind. Bei genauerer Betrachtung lässt sich allerdings – nicht selten – erkennen, dass die Stadtbewohner*innen lediglich über Nebenschauplätze abstimmen dürfen – eine mehrspurige Straße wird gebaut, die Stadtbewohner*innen dürfen über die Seitenrand-Bepflanzung entscheiden; eine Brücke wird gebaut, die Stadtbewohner*innen dürfen die Farbe wählen. Das Kinderparlament, welches den Bau eines neuen Spielplatzes beschließt, muss so viele Jahre auf dessen Realisierung warten, dass aus den Kindern längst Jugendliche geworden sind und sich das Interesse an Schaukel und Rutsche erledigt hat. Akteur*innen in sozialen Projekten oder Kultureinrichtungen bleiben oft frustriert zurück, wenn außerhalb des einschlägigen Dunstkreises kaum jemand der Einladung zur Partizipation folgt. Mehr noch: Die australische Flüchtlingsorganisation RISE machte 2015 in einem 10-Punkte-Statement deutlich, warum künstlerische Partizipationsprojekte bei den Adressierten auf klare Ablehnung stießen: „Wir sind nicht Euer nächstes Kunstprojekt…", so der Titel des via Social Media verbreiteten Papers (Canas 2015), erläuterte das Befremden von „Geflüchteten, Überlebenden, Asylsuchenden und ehemals Festgehaltenen" darüber, als quasi ‚Material' für künstlerische Projekte zu dienen, von denen sie als Betroffene selbst kaum einen Mehrwert zu erwarten hätten. Wenn Markus Miessen in seiner Publikation vom ‚Albtraum Partizipation' spricht, dann lehnt er Partizipation als demokratisches Organisationsprinzip nicht ab, sondern fokussiert genau die oben beschriebenen Alibifunktionen bzw. die romantischen Vorstellungen von Beteiligung und konsensueller Entscheidungsfindung zugunsten eines konfliktorientierten Verständnisses von Partizipation

---

3   Vgl. z.B. die Ausführungen zu partizipativen Elementen wie Bürgerdialoge und deren Gewichtung im Kontext von Förderung im „Bundesbericht Forschung und Innovation 2018" des Bundesministeriums für Bildung und Forschung (BMBF). https://www.bundesbericht-forschung-innovation.de/de/Transparenz-und-Partizipation-1667.html [Zugriff: 03.10.2019].

(vgl. Miessen 2020). Chantal Mouffe spricht in diesem Zusammenhang von der Ausschaltung politischer Konflikte mit der Maßgabe der Verpflichtung zum Konsens (vgl. Mouffe 2007). Anstelle eines „Modells von Partizipation, das [...] vom Streben nach politischer Legitimierung inspiriert ist" (Miessen 2012: 17), fordert Miessen ein Verständnis von Partizipation als „Zugangsmöglichkeit zur Politik selbst" (ebd.). Die von Miessen formulierte Kritik lässt sich im Grunde direkt auf das Feld der Forschung übertragen. Der Anspruch von Partizipation kann sich im Forschungskontext nur dann einlösen, wenn dahinter ein Interesse an Verantwortungsübernahme, Reflexion der eigenen Positionierung, eine kritische Auseinandersetzung und Absicht zur Veränderung von – auch – strukturellen Machtverhältnissen steht.

6. Partizipative Forschungsansätze neu entdecken und weiterentwickeln

Der vorliegende Band möchte die emanzipatorischen Möglichkeiten von partizipativer (Aktions-)Forschung im Kontext von Genderfragen zur Diskussion stellen, unterschiedliche partizipative Forschungsprojekte aus Deutschland, den USA wie auch Ländern in Südostasien, Afrika, Lateinamerika vorstellen, ihre vielfältigen Möglichkeiten darlegen und damit zur praktischen Umsetzung anregen und ermutigen. Der Band legt den Schwerpunkt auf Forschungsprojekte, die Fragen um die Geschlechterverhältnisse berühren. In ihnen geht es darum, „genderspezifische Lebensrealitäten auf jeder Stufe des Forschungsprozesses" (Prasad 2014) zu beachten, in diesem Kontext zu intervenieren, Refelxionen anzuregen und eine feministische, queere, geschlechtersensible Forschungshaltung in ihren methodischen Konsequenzen vorzustellen und zu diskutieren. Wenn das partizipative Moment gelingt, dann darf man als Forschende etwas erleben, das in Staunen versetzt: Das Verhältnis des professionellen Forschenden zu den Mit-Forschenden dreht sich um. Die Mit-Forschenden werden zu den eigentlichen Forschenden, quasi leitende Auftraggeber zur Erforschung ihres eigenen Lebens. Und die wissenschaftlich professionellen Forscher*innen werden in diesem Prozess zu Unterstützer*innen und Moderator*innen, also Co-Forscher*innen.[4] Vielleicht liegt in einer solchen Neujustierung von qualitativer emanzipatorischer Forschung ein Schlüssel für die

---

4 In einer interessanten Analogie schlägt Andreas Schaarschuch im Sinne einer radikalen Nutzenorientierung in der Sozialen Arbeit einen solchen Terminus-Wechsel für das Verhältnis von Sozialarbeiter*in und Klient*in vor. Er spricht folglich vom Klienten als „Produzenten" der Arbeit an dessen eigenem Leben und von dem diesen Prozess unterstützenden Sozialarbeiter als Ko-Produzenten (vgl. Schaarschuch 2010: 149; vgl. Schlingmann in diesem Band).

Einleitung 13

kritische Weiterentwicklung von Forschung für eine demokratische Gesellschaft der Zukunft?

Mit dem Beitrag von Nivedita Prasad bietet der Band zunächst eine allgemeine Orientierung über ‚Feminist Participatory Action Research' (FPAR). Prasad buchstabiert die Eckpunkte feministisch partizipativer Aktionsforschung systematisch durch und unterlegt dies mit zahlreichen Anwendungsbeispielen. Dabei schöpft sie aus ihren langjährigen und reichhaltigen Erfahrungen mit FPAR im internationalen Kontext, insbesondere auch in Ländern des globalen Südens.

Lilli Böwe und Monika Nürnberger berichten über ihre Erfahrungen in einem Photovoice-Projekt mit den Besucherinnen des Frauentreffs ‚Olga' in der Kurfürstenstraße, Berlin. Unterstützt durch die ästhetische Methode ‚Photovoice' haben durch den Frauentreff begleitete Sexarbeiterinnen ihre persönlichen Perspektiven in die Öffentlichkeit getragen – das sind genau die Stimmen, die in den politischen Debatten über Sexarbeit kaum Gehör finden.

Eine partizipative Forschung mit jungen Trans*Menschen zu deren Lebenslagen haben Erik Meyer und Arn Sauer durchgeführt. Die Teilnehmenden hatten die Möglichkeit, als Expert*innen in eigener Sache über ihr Selbstverständnis und ihre Lebenssituation zu berichten und ihre Anliegen und ihren Unterstützungsbedarf seitens der Gesellschaft und durch Institutionen zu benennen. Den Abschluss des gemeinsam erarbeiteten Forschungsberichts bildet eine aus den erhobenen Daten gewonnene Liste mit den ganz konkreten Wünschen und Empfehlungen der Teilnehmer*innen an Gesellschaft und Politik.

Was ist das Besondere einer *feministischen* Traumaarbeit? Welche Bedeutung haben emanzipatorische Ansätze für die Bearbeitung von erlebter Gewalt? In einem 5-jährigen partizipativen Forschungsprozess untersuchten Mitarbeiterinnen aus dem Bundesverband ‚Frauenberatungsstellen und Frauennotrufe – Frauen gegen Gewalt e.V.' (bff), Expertinnen aus Erfahrung sowie ein Forschungsteam von der Hochschule Braunschweig/Wolfenbüttel, welche Formen der Bearbeitung erlebter (sexualisierter) Gewalt aus Sicht der betroffenen Frauen und der feministischen Beraterinnen hilfreich sind. Aus den Ergebnissen wurde das Konzept ‚Kontextualisierte Traumaarbeit' entwickelt. Ariane Brenssell stellt das Forschungsprojekt vor und arbeitet heraus, wie die partizipative Struktur des Forschungsprojekts alternatives Wissen über ‚Traumabearbeitung' generiert.

Gesellschaftliche Diskriminierung und Ungleichstellung aufgrund von Geschlecht und sexueller Orientierung werden als Belastungsfaktoren für die Gesundheit lesbischer, bisexueller oder queerer (lbq) Frauen* diskutiert. In einer groß angelegten Studie über den Zugang zum und Diskriminierungen im Gesundheitssystem für nicht-heterosexuelle Frauen* hat Gabriele Dennert eine partizipative, mixed-methods Bedarfserhebung konzipiert und gemeinsam mit mehreren hundert Teilnehmer*innen herausgearbeitet, was zur Überwindung struktureller Benachteiligung in der Gesundheitsförderung für nicht-heterosexueller Frauen* nötig wäre.

Die an der City University New York (CUNY) tätigen und partizipativ forschenden Wissenschaftlerinnen Michelle Fine und Maria Elena Torre haben in 2001 die Ergebnisse einer Forschung über die Bedeutung des Colleges als Bildungsangebot für – als Schwerverbrecherinnen in einer Strafvollzugsanstalt im Bundesstaat New York, USA – inhaftierte Frauen veröffentlicht und damit die drohende Streichung der Fördermittel verhindern können. Für diesen Band steuern Fine und Torre eine nachträglich verfasste, *dichte Beschreibung* über die Zusammenarbeit der universitären Forscherinnen und der inhaftierten Co-Forscherinnen in den Räumlichkeiten eines Hochsicherheitsgefängnisses bei. Sie unterziehen ihr Forschungsprojekt einer intensiven Reflexion über die Bedeutung von Beziehungsarbeit und Atmosphäre im Kontext feministisch partizipativer Aktionsforschung.

Partizipative Forschungsansätze müssen methodisch noch nachziehen, fordern Sandra Köstler und Andrea Lutz-Kluge und machen auf die besondere Qualität *ästhetischer* Forschungsmethoden aufmerksam. Sie legen differenziert dar, wie partizipative Prozesse durch ästhetische Vorgehensweisen an Qualität gewinnen und plädieren für eine Öffnung des Wissenschaftsbetriebs für ästhetische Formen der Wissensproduktion, welche sich als geeignet zeigen, insbesondere auch subjektives, emotionales und verkörperlichtes Wissen sichtbar und kommunizierbar zu machen.

„Über Partizipation hinaus" verweist Thomas Schlingmann in dem abschließenden Beitrag dieses Bandes. Schlingmann kritisiert ‚Partizipation' als lediglich situative anstatt strukturelle Aufhebung von Machtverhältnissen und fordert ‚Subjektmacht' für die jeweilige Personengruppe, um deren Lebensverhältnisse es in der Forschung geht. Schlingmann orientiert sich dabei an ‚Survivor-Controlled-Research'-Ansätzen in Großbritannien und zeigt damit Perspektiven einer konsequenten Weiterentwicklung partizipativer Aktionsforschung (PAR) auf.

Als Herausgeberinnen möchten wir uns bei den Autor*innen für die Arbeit und Diskussionsbereitschaft sehr herzlich bedanken. Ebenfalls großer Dank gebührt Miriam von Maydell als Lektorin vom Barbara Budrich-Verlag, sowie Barbara Sahner und Roman Stark für die aufmerksam durchgeführten Korrekturarbeiten. Auch möchten wir an dieser Stelle die finanzielle Unterstützung würdigen, die das Zentrum für Forschung und Kooperation (ZFK) an der Hochschule für Wirtschaft und Gesellschaft Ludwigshafen sowie das Programm Pro*Niedersachsen bereitgestellt haben.

Berlin und Ludwigshafen am Rhein, Februar 2020
Ariane Brenssell und Andrea Lutz-Kluge

Literatur

Arbeitsgemeinschaft Disabilty Studies. http://www.disabilitystudies.de/index.html. [Zugriff: 05.10.2019].

Bergold, Jarg (2013): Partizipative Forschung und Forschungsstrategien. In: eNewsletter Wegweiser Bürgergesellschaft 08/2013 vom 10.05.2013. https://www.buergergesellschaft.de/fileadmin/pdf/gastbeitrag_bergold_130510.pdf [Zugriff: 05.10.2019].

Brand, Ulrich/Wissen, Markus (2017): Imperiale Lebensweise. Zur Ausbeutung von Menschen und Natur im globalen Kapitalismus. München: Oekom Verlag.

Brie, Michael (2019): Emanzipation – eine Vier-in-Einem-Perspektive. In: Demirovic, Alex/Lettow, Susanne/Maihofer, Andrea im Auftrag der Assoziation für kritische Gesellschaftsforschung (Hrsg.): Emanzipation. Zur Geschichte und Aktualität eines politischen Begriffs. Münster: Westfälisches Dampfboot, S. 73 – 91.

Bundesministerium für Bildung und Forschung (2018): Forschung und Innovation – Politik des Bundes. Bundesbericht Forschung und Innovation. https://www.bundesbericht-forschung-innovation.de/de/Transparenz-und-Partizipation-1667.html. [Zugriff: 03.10.2019].

Canas, Tania (2015): „Wir sind nicht Dein nächstes Kunstprojekt". Übersetzung aus dem Englischen von Wilhelm von Werthern; https://www.kiwit.org/kultur-oeffnet-welten/positionen/position_1536.html. [Zugriff: 04.10.2019].

Degener, Theresa (2003): Einführung: Disability Studies in Deutschland. Vortrag. http://www.disabilitystudies.de/agdsg.html#vortrag1 [Zugriff: 05.10.2019].

Haraway, Donna (1988): Situated Knowledges: The Science Question in Feminism and the Privilege of Partial Perspective. In: Harawy, Donna (1988): Feminist Studies 14, 3, S. 575-599.

Hall, Stuart (1984): Ideologie und Ökonomie – Marxismus ohne Gewähr. In: PIT (Projekt Ideologietheorie). Hamburg: Argument Verlag, S. 97-121.

Haug, Wolfgang F. (1993): Elemente einer Theorie des Ideologischen. Hamburg: Argument Verlag.

Lettow, Susanne (2019): Subjektivität, Herrschaft und Zeit. Dimensionen eines feministischen Begriffs der Emanzipation. In: Demirovic, Alex/Lettow, Susanne/Maihofer, Andrea. Im Auftrag der Assoziation für kritische Gesellschaftsforschung (Hrsg.): Emanzipation. Zur Geschichte und Aktualität eines politischen Begriffs. Münster: Westfälisches Dampfboot, S. 156 – 174.

Markard, Morus (2017): Kritische Psychologie: Forschung vom Standpunkt des Subjekts. In: Mey, Günter/Mruck, Katja (Hrsg.): Handbuch Qualitative Forschung in der Psychologie. Springer Reference Psychologie. Wiesbaden: Springer, S. 166 – 181.

Miessen, Markus (2012): Albtraum Partizipation. Berlin: Merve Verlag; aus dem Englischen (2010: „The Nightmare of Participation. Crossbench Praxis as a Mode of Criticality. Berlin, New York: Sternberg Press).

Mouffe, Chantal (2007): Über das Politische. Wider die kosmopolitische Illusion. Frankfurt a.M.: Suhrkamp.

Paech, Nico (2012): Befreiung vom Überfluss. Auf dem Weg in die Postwachstumsökonomie. München: oekom-Verlag.

Prasad, Nivedita (2014): Feministische Partizipatorische Aktionsforschung. In: Quer. Das Gendermagazin der ASH. Ausgabe 20/2014, S. 22-25. https://www.ash-berlin.eu/fileadmin/Daten/Einrichtungen/Frauenbeauftragte/Quer/20_2014_Ganz_schön_Forsch_ung.pdf. [Zugriff: 06.06.2018].

Schaarschuch, Andreas (2010): Nutzenorientierung – der Weg zur Professionalisierung der Sozialen Arbeit?. In: Hammerschmidt, Peter/Sagebiel, Juliane (Hrsg.): Professionalisierung im Widerstreit. Zur Professionalisierungsdiskussion in der Sozialen Arbeit – Versuch einer Bilanz. Aus der Schriftenreihe Soziale Arbeit der Fakultät für angewandte Sozialwissenschaften der Hochschule München, Band 1, S. 149-160.

Smith, Dorothy (1998): Der aktive Text. Eine Soziologie für Frauen. Aus dem Englischen übersetzt. Hamburg: Argument-Verlag.

Unger, Hella von (2014): Partizipative Forschung. Einführung in die Forschungspraxis. Heidelberg: Springer VS.

Unger, Hella von/Wright, Michael. T. (Hrsg.) (2008): An der Schnittstelle von Wissenschaft und Praxis: Dokumentation einer Tagung zu partizipativer Forschung in Public Health (Discussion Papers/Wissenschaftszentrum Berlin für Sozialforschung, Forschungsschwerpunkt Bildung, Arbeit und Lebenschancen, Forschungsgruppe Public Health, 2008-307). Berlin: Wissenschaftszentrum Berlin für Sozialforschung gGmbH. https://nbn-resolving.org/urn:nbn:de:0168-ssoar-259306 [Zugriff: 05.10.2019].

Wagner, Thomas (2012): „Und jetzt alle mitmachen!". Ein demokratie- und machttheoretischer Blick auf die Widersprüche und Voraussetzungen (politischer) Partizipation. In: Widersprüche. Zeitschrift für sozialistische Politik im Bildungs-, Gesundheits- und Sozialbereich 32, 123, S. 15-38.

Weber, Klaus (2016): Schreiben, als ob alles davon abhinge... Notizen zur Faschisierungsfrage. In: Das Argument. Zeitschrift für Philosophie und Sozialwissenschaften 58, 318, S. 483-500.

Winter, Rainer (2011): Kritik, soziale Gerechtigkeit und Intervention. In: Die Zukunft der Cultural Studies: Winter, Rainer (Hrsg.): Theorie, Kultur und Gesellschaft im 21. Jahrhundert. Bielefeld: transcript, S.75-94.

Winter, Rainer (2014): Ein Plädoyer für kritische Perspektiven in der qualitativen Forschung. In: Mey, Günter/Mruck, Katja: Qualitative Forschung. Analysen und Diskussionen – 10 Jahre Berliner Methodentreffen. Wiesbaden: Springer Fachmedien, S. 117-132.

(Feministische) partizipatorische Aktionsforschung

Nivedita Prasad

1. Grundannahmen der (feministischen) partizipatorischen Aktionsforschung

(Feministische) partizipatorische Aktionsforschung ((F)PAR) ist im Wesentlichen geprägt von einer Forschungshaltung, bei der es idealerweise keine Unterscheidung zwischen Forschenden und *Beforschten* gibt und bei der davon ausgegangen wird, dass alle Beteiligten von- und miteinander lernen. (F)PAR beinhaltet eine Herangehensweise, in der diejenigen, um die es geht, am gesamten Forschungsprozess beteiligt sind, also bereits bei der Entwicklung der Fragestellung bis hin zur Diskussion von möglichen Lösungen. (F)PAR ist eine Art von ‚sozialer Nachforschung' oder ‚sozialer Erkundung', welche die politischen und methodologischen Intentionen seitens der Forschenden transparent macht (vgl. Kemmis/McTaggart 2005: 559). Damit unterscheidet sie sich in vielfältiger Weise von klassischer Forschung.

Einige Kernelemente für ein (F)PAR-Projekt sind:

- Der Prozess wird als ein sozialer verstanden, der in allen Phasen *partizipatorisch*[1], praktisch und gemeinschaftlich ist.
- Die Projekte haben den Anspruch, emanzipatorisch, kritisch und reflexiv zu sein.
- Ziel ist es, Theorie und Praxis weiterzuentwickeln (vgl. ebd. 566ff.).
- Schließlich soll im Rahmen eines (F)PAR-Prozesses sichergestellt sein, dass keiner bzw. keinem der Beteiligten durch das Projekt Schaden zugefügt wird.

Die Perspektive der Menschen, die an der Forschung zu ihrer eigenen Lebensrealität teilhaben, ist somit die Basis aller Überlegungen und Handlungen.[2]

Da Wissensproduktion bisweilen wie eine monopolisierte Industrie erscheint, von der Menschen ohne entsprechenden Bildungszugang ausgeschlossen sind, allein, weil sie möglicherweise nicht über die Terminologie verfügen, die ihnen Macht verleiht (vgl. Maguire 1987), geht (F)PAR davon aus, dass

---

1 Zu dem hier gewählten Begriff *partizipatorisch* in Abgrenzung zu *partizipativ* siehe weiter unten.
2 Die Anforderungen, vor die sich die Forscher_innen gestellt sehen, sind weiter unten dargelegt.

alle diejenigen, über die bzw. mit denen etwas herausgefunden werden soll, zu jeder Zeit gleichberechtigt und auf Augenhöhe am Forschungsprozess beteiligt sein sollen. (F)PAR zielt immer darauf ab, Realitäten gemeinsam *mit* den am Forschungsprozess teilhabenden Menschen zu ändern, nicht *für* sie. Als feministisch versteht sich diese Forschungshaltung, weil sie Kernpunkte feministischer Kritik an klassischer Sozialforschung, allen voran die Vernachlässigung genderspezifischer Lebensrealitäten, aufgreift und bearbeitet.

2. Ursprünge (feministischer) partizipatorischer Aktionsforschung

(F)PAR speist sich aus unterschiedlichen historischen Entwicklungssträngen, die sich erst zu einem späteren Zeitpunkt zu einer (feministischen) partizipatorischen Aktionsforschung gebündelt haben. So wurde der Begriff „Aktionsforschung" (manchmal auch mit dem Begriff ‚Handlungsforschung' ins Deutsche übersetzt) erstmals von Kurt Lewin im Jahr 1946 im Rahmen des „community action program" am Tavistock Instutute of Human Relations in Großbritannien eingeführt, um einen Forschungsprozess zu beschreiben, in dem Theorie durch praktische Interventionen und Aktionen entwickelt werden sollte (vgl. Kemmis/McTaggart 2005: 560). Eine weitere Tradition, in der PAR und somit auch (F)PAR stehen, ist die von Paulo Freire in den 1960er und 1970er Jahren in Brasilien entwickelte ‚ommunity based research practice', in der Aktionsforschung genutzt wurde, um partizipatorische Bewusstseinsbildung in Communities zu ermöglichen. Ebenso können die befreiungstheologischen Ansätze und neo-marxistischen Zugänge zur Gemeinwesenarbeit als Wurzel für PAR angesehen werden. So ist es nicht verwunderlich, dass PAR-Projekte im Rahmen von sozialen Bewegungen initiiert wurden. Sie haben den Anspruch, machtkritische Gesellschaftsanalysen[3] durchzuführen und Daten zu sammeln, um sich für eine Verbesserung der Lebenssituation der Beteiligten einzusetzen. In den 1970er und 1980er Jahren wurden vor allem in asiatischen, afrikanischen und (süd-)amerikanischen Ländern PAR-Projekte durchgeführt, z.B. von Rajesh Tandon in Indien[4] oder von Marja-Liisa Swantz[5] in Tansania.

---

3   Z.B. Civil Rights Movement in den USA; oder Bhoomi Sena Movement in Indien, eine Bewegung, die sich für die Landrechte von armen Menschen einsetzt.
4   Rajesh Tandon gründete 1982 die Society for Participatory Research in Asia (PRIA), vgl. http://www.pria.org [Zugriff: 07.05.2018].
5   Vgl. https://participaction.wordpress.com/2008/05/30/frontline/#more-41 [Zugriff: 07.05.2018].

In Europa hingegen wurde PAR kaum zur Kenntnis genommen[6] und so bleibt sie auch in den europäischen Standardwerken zur Sozialforschung weitestgehend unerwähnt.

3. Notwendigkeit eines Paradigmenwechsels

Die Forderung nach einem Paradigmenwechsel in der Forschung ergab sich aus der wiederholten Erfahrung, dass *die Beforschten* sich häufig nur als Informationsquelle benutzt sahen, ohne dass für sie ein Gewinn durch die Forschung erkennbar wurde. Dies bringt Helga Flamtermesky im Rahmen eines Projekts mit Arbeitsmigrantinnen in Barcelona deutlich zum Ausdruck:

> „We were tired of being constantly interviewed by different institutions, universities and politicians as if we were just objects of an investigation, so we decided to undertake a research about our own reality, which would be done by ourselves and without external resources" (Flamtermesky 2010: 35).

Auch die Unzufriedenheit damit, dass Entscheidungen, die das Leben von armen und/oder exkludierten Menschen betreffen, in der Regel von „Expert_innen" getroffen wurden, die von außerhalb kommend Wissen über die Situation der betroffenen Menschen zusammengetragen hatten, machte einen Paradigmenwechsel nötig. Sara Kindon, Rachel Pain und Mike Kesby sprechen sogar von einem „counterhegemonic approach to knowledge production" (2010: 9).

3.1 Das „P" in (F)PAR: Partizipation bei jedem Schritt

Partizipation ist zentral in jeder Phase eines (F)PAR-Projekts und bedeutet, dass die Personen im Feld nicht nur als Forschungsobjekte in die Forschung einbezogen werden, sondern aktiv als Co-Forscher_innen teilnehmen. Sie sind grundlegend an der Ausführung der Forschung beteiligt und lernen dabei im Idealfall, ihre Umgebung selbst zu beobachten und zu analysieren (vgl. Wöhrer 2017: 28).

Die Begriffe *partizipative* oder *partizipatorische* (Sozial-)forschung werden häufig synonym verwendet (vgl. Flieger 2009), wenn es darum geht, partizipatorische Aktionsforschung zu beschreiben, und das, obwohl die beiden Begriffe sich durchaus voneinander unterscheiden. *Partizipative* Forschung kommt damit aus, an einzelnen Stellen Partizipation zu ermöglichen, während

---

6 Vgl. hierzu u.a. von Unger/Block/Wright 2007; als eine der wenigen Ausnahmen ist hier Veronika Wöhrer zu nennen (vgl. Wöhrer et al. 2017).

partizipatorische Forschung Partizipation als Kernelement in allen Phasen des Forschungsprozesses grundlegend vorsieht. Partizipatorisch meint also deutlich mehr, es geht darum, Teilhabe ausdrücklich zu bezwecken (vgl. ebd.).

Hier wird noch einmal deutlich, dass jede Form von PAR und damit auch feministische partizipatorische Aktionsforschung mehr darstellt als eine Forschungsmethode. Es geht um eine Haltung in der Forschung, die davon ausgeht, dass Forschung auch dazu beitragen soll, sozialen Wandel für diejenigen, die sich am Forschungsprozess beteiligen, voranzubringen. Während klassische Forschung von einer oder mehreren zu überprüfenden Hypothesen ausgeht, ohne die Ungleichheiten, mit denen die Forschungsteilnehmenden konfrontiert sind, zu reflektieren/herauszufordern, hat PAR den Anspruch, nicht nur zu interpretieren, sondern auch, zu intervenieren (vgl. Hering 2010: 270).

Anders als in einem Forschungsprojekt mit partizipativer Ausrichtung ist ein partizipatorischer Ansatz dadurch gekennzeichnet, dass Partizipation zentral und definitorisch wichtig ist und nicht auf ausgewählte Abschnitte im Forschungsprozess beschränkt bleibt. Die Implikation hiervon ist, dass diejenigen, die an der Produktion von Wissen beteiligt sind, auch bei allen Entscheidungen auf allen Ebenen die Möglichkeit haben, zu partizipieren; dies betrifft die Gruppenzusammensetzung, die Entwicklung der Fragestellung, die Auswahl der Methoden, die Interpretation der Ergebnisse, die Entwicklung und Durchführung einer Aktion und die Form des Abschlussberichts. Damit ist mit Partizipation bei PAR deutlich mehr als nur eine Methode mit Beteiligungsformat gemeint.

Partizipation kann viele Gesichter haben, neben der klassischen Partizipation – im Sinne einer aktiven Teilnahme – können Prozessbeteiligte auch partizipieren, indem sie mitdenken, zuhören, sprechen oder auch beim Kaffeekochen helfen (vgl. Flamtermesky 2010: 36). Sie können – wie von Flamtermesky weiter beschrieben – auch im Schweigen teilnehmen, durch ihre Gesellschaft und die Fähigkeit, ermutigende Worte zur richtigen Zeit zu finden, oder auch einfach nur durch ihre Zuneigung und emotionale Unterstützung (vgl. ebd.: 37). Wesentlich bei der Verständigung darüber, was Partizipation bedeutet, ist es, sich in Erinnerung zu rufen, dass echte Partizipation immer auch das Recht beinhaltet, nicht partizipieren zu müssen.

Besondere Herausforderungen entstehen bei Partizipationsprozessen mit verschiedensprachigen Teilnehmenden, bei Gruppen mit hoher Fluktuation oder an Orten, welche die Betroffenen am liebsten so schnell wie möglich verlassen würden (wie z.B. Gemeinschaftsunterkünfte). Auch kann das Problem entstehen, dass die Privilegierteren einer Community sich zunächst für ein PAR-Projekt interessieren bzw. bereit und fähig sind, zu partizipieren, weil sie über mehr Ressourcen verfügen (Bildung, Zeit, Artikulationsfähigkeit etc.). In solchen Fällen müsste zunächst dafür gesorgt werden, dass möglichst viele potenzielle Teilnehmende überhaupt in die Lage versetzt werden, entscheiden zu können, ob sie partizipieren wollen oder nicht.

(Feministische) partizipatorische Aktionsforschung

Hierfür kann es hilfreich sein, sich im Vorfeld genau mit dem Begriff der Partizipation und dessen Implikation für die Umsetzung zu beschäftigen. Es versteht sich von selbst, dass nicht die forschungsinitiierende Person eine Definition von Partizipation vorgibt, sondern idealerweise verschiedene Definitionen und Formen von Partizipation kennt, diese der Gruppe vorschlägt, die dann entscheidet, auf welcher Basis sie Partizipation versteht (vgl. McIntyre 2007: 15). Als definitorische Grundlage können bspw. die Partizipationsleiter (vgl. den Beitrag von Erik Meyer und Arn Sauer in diesem Band) nach Roger Hart (1992) oder die Aussagen des UN-Ausschusses für die Rechte des Kindes (2009) dienen. Hart erstellte 1992 die sogenannte Partizipationsleiter, die verschiedene Formen von Partizipation unterscheidet, die er in acht Stufen unterteilt; er geht davon aus, dass die ersten drei Stufen dieser Leiter lediglich Scheinpartizipation darstellen, da sie – so ausgeführt – nur manipulativ, dekorativ oder symbolisch sein kann. Erst wenn Adressat_innen[7] umfassend informiert werden und eigene Projekte gestalten können, spricht er von umgesetzter Partizipation. Die höchste Stufe von Partizipation ist – laut Hart – erst dann erreicht, wenn von Adressat_innen initiierte Entscheidungen von allen Beteiligten mitgetragen werden (vgl. Hart 1992).

Während Hart verschiedene Formen von Partizipation beschreibt, nennt der UN-Kinderrechtsausschuss in seiner Allgemeinen Bemerkung Nr. 12 (Ausschuss für die Rechte des Kindes 2009) Kernelemente von Partizipation. Der Ausschuss weist darauf hin, dass Partizipation nur wirksam und sinnvoll sein kann, wenn sie als Prozess verstanden wird und nicht ein einmaliges Ereignis darstellt (vgl. ebd.: Abs. 133). Auch diese Kernelemente wurden zunächst für Kinder ausformuliert; auf andere vulnerable Gruppen übertragen, hieße dies, dass Partizipation nach der Meinung des UN-Kinderrechtsausschusses transparent, informativ, freiwillig, achtungsvoll, bedeutsam, adressat_innenfreundlich, inklusiv, unterstützt durch Bildungsmaßnahmen und nicht zuletzt sicher und risikobewusst sein muss (vgl. ebd.).

Mike Kesby, Sara Kindon und Rachel Pain (2010) weisen auch auf mögliche negative Machtaspekte von partizipatorischen Ansätzen hin; hierzu zählen sie u.a. die Legitimierung von elitärem Wissen durch den Hinweis auf partizipative Verfahren oder die Romantisierung oder Marginalisierung von lokalem Wissen durch einen partizipatorischen Prozess (vgl. ebd.: 21). Es geht also nicht um den naiven Einsatz von Partizipation, sondern um deren Einbettung in eine kritisch analysierende und machtkritische Haltung.

---

7   Diese Unterteilung wurde zunächst für die Partizipation von Kindern entwickelt; hier wurde der Versuch unternommen, die Grundgedanken auf weitere mögliche Adressat_innen eines PAR-Prozesses zu übertragen.

3.2 Das „A" in (F)PAR: der Community etwas geben

Um den emanzipatorischen und handlungsorientierten Charakter eines PAR-Projektes zu unterstreichen, soll – sofern dies dem Wunsch der Teilnehmenden entspricht – im Rahmen oder am Ende des Projekts eine ‚Aktion' im Sinne einer praktischen Handlung oder Maßnahme stattfinden. Ziel der Aktion ist es, etwas zu gestalten, was zur Verbesserung der Lebenslagen der beteiligten Teilnehmenden beitragen soll. Idealerweise entwickelt sich die Idee der Aktion im Laufe des Forschungsprozesses in der Gruppe, es ist aber auch denkbar, eine Aktion von vornherein zu antizipieren, sofern die Teilnehmenden die reale Möglichkeit bekommen, sich im Laufe des Arbeitsprozesses auch dagegen zu entscheiden. Wichtig bei der Wahl der Aktion ist ein bewusster und umsichtiger Umgang mit möglichen Risiken, der sicherstellt, dass niemand durch die Aktion Schaden erleidet. Dies kann z.B. der Fall sein, wenn Teilnehmende durch eine Aktion geoutet werden – bspw. als Sexarbeiter_innen, Betroffene von Menschenhandel, LGBTIQ-Personen, undokumentierte Migrant_innen und/oder HIV-positive Menschen. Eine gründliche ‚do no harm'-Analyse kann die Möglichkeit einer solchen Gefährdung im Vorfeld zumindest minimieren.

Aktionen können bspw. sein, die Anliegen einer vulnerablen Gruppe öffentlich zu machen, wie dies in einem (F)PAR-Projekt mit ausreisewilligen Frauen in Ursoaia, Moldawien, geschah (vgl. Rusu 2010), oder Lobbyarbeit wie im Fall eines (F)PAR-Projektes mit geflüchteten Frauen in Irland (vgl. AkiDwA 2010). Die Gruppe ‚border woman' in Barcelona entschied sich im Rahmen ihres (F)PAR-Projekts für die Bereitstellung einer dreisprachigen Webseite[8] um von Menschenhandel betroffene oder bedrohte Personen zu informieren, und entwickelte zudem in Kooperation mit der Universität Autònoma in Barcelona einen Kurs, um von Menschenhandel Betroffenen eine Ausbildung zu ermöglichen. Andere Aktionen können Rechts- und/oder Sozialberatung sein, das Organisieren eines Protests oder aber Verhandlungen mit mächtigen Gegenübern mit der Unterstützung der forschungsinitiierenden Personen.

Eine beeindruckende Aktion führte eine Gruppe mit dem selbstironischen Namen „fed up honeys"[9] im Sommer 2002 in Zusammenarbeit mit der City University of New York durch. Anlass war die Zunahme von sowohl rassistischer als auch sexistischer Werbung im öffentlichen Nahverkehr in New York. Der Ärger und die Erkenntnis darüber, dass diese Werbung das Selbstbild von jungen Women of Color beeinflusste, animierte die Frauen zu einer Aufkleberaktion im öffentlichen Raum. Bilder mit überspitzten Stereotypen[10] wurden in der Stadt verklebt mit dem Ziel, zu provozieren, zu irritieren, aber auch

---

8 Vgl. http://www.mujerfrontera.org [Zugriff: 10.08.2017].
9 Sinngemäß: „Schätzchen, die es satt haben".
10 Vgl. http://www.fed-up-honeys.org/stereotypes [Zugriff: 10.08.2017].

junge Women of Color zu inspirieren, sich über die Webseite der Organisation über diese Themen zu informieren und ein kritisches Bewusstsein zu entwickeln (vgl. Rios-Moore et al. 2004).

3.3 Das „R" in (F)PAR: Datensammlung

Wie in jedem anderen Forschungsprojekt geht es auch in einem (F)PAR-Projekt darum, Informationen über die Lebensrealitäten der beteiligten Personen zu sammeln. Wie bei allen anderen Entscheidungen wird sich auch über die Methodenauswahl partizipatorisch verständigt. Als Forschungsmethoden kommen eine Vielzahl – auch unkonventioneller – sozialwissenschaftlicher Methoden infrage; hierzu gehören z.b. Teilnehmende Beobachtung, Gruppendiskussionen, Mapping (vgl. hierzu Miethe 2012: 117ff.), Video-Dokumentationen, Playback-Theater[11], Einzelinterviews, Videointerviews, Photovoice[12] und/oder das Erstellen von Collagen. Darüber hinaus können bspw. Aufführungen mit der Methode ‚Theater der Unterdrückten' und das Erstellen von Bildern und Skulpturen das Reden über ein Thema erleichtern bzw. Themen erst sichtbar machen.

Der wesentliche Unterschied zu anderen Formen von Forschung ist, dass alle Daten zu jeder Zeit mit der *beforschten* Gruppe besprochen werden, damit die Gruppe Kontrolle über das produzierte Wissen hat (vgl. McIntyre 2007). So ist es möglich, sich die Aufnahmen zusammen anzuhören, (bezahlte) Transkriptionen an Gruppenteilnehmer_innen abzugeben und das Material in der Gruppe auszuwerten. Die Gruppe entscheidet schließlich, welche Information wie veröffentlicht wird. Dies ist sehr wichtig, um negative Folgen für die beteiligten Personen oder die Community zu vermeiden. Dies wäre z.B. der Fall, wenn in einem PAR-Projekt mit undokumentierten Migrantinnen Orte genannt werden, an denen sich undokumentierte Menschen treffen; eine Veröffent-

---

11 Hierbei geht es darum, dass Teilnehmende ihre Geschichten/Erfahrungen erzählen und andere diese Situationen als Schauspieler_innen inszenieren. Erene Kapatani und Nira Yuval-Davis (2008) gehen davon aus, dass anders als in Interviews oder Fokusgruppen die Geschichten, die im Rahmen von Playback-Theater aufkommen, in der Regel die Situation besser illustrieren können und einen tieferen Einblick in die Lebensrealitäten der beteiligten Personen geben (vgl. ebd.).
12 Photovoice (manchmal auch ‚photo elicitation interviews' genannt) ist eine qualitative Methode aus der Community-basierten Forschung. Hierbei werden durch selbst inszenierte und gemachte Fotografien Lebenswirklichkeiten sichtbar gemacht. Die Fotos werden dann gemeinsam interpretiert und besprochen, um herauszuarbeiten, wie das Foto in Bezug zu den Forschungsthemen steht. Für eine detaillierte Erläuterung vgl. Krieg/Roberts 2010; für ein gelungenes Beispiel vgl. Deutsche Aidshilfe 2015 (vgl. auch den Beitrag von Lilli Böwe und Monika Nürnberger in diesem Band).

lichung dieser Information würde nicht nur für einzelne Beteiligte eine Gefahr darstellen, sondern für die gesamte Community der undokumentierten Migrantinnen ein Risiko sein und negative Konsequenzen nach sich ziehen (vgl. z.B. Beloe 2014).

3.4 Das „F" in (F)PAR: Feministische Ausrichtung des Forschungsprozesses

Patricia Maguire stellte bereits 1987 fest, dass in den meisten PAR-Projekten zwar Frauen – als Marginalisierte – beteiligt waren, genderspezifische Realitäten aber dennoch kaum Beachtung fanden bzw. in der Regel anderen Unterdrückungsmechanismen (wie z.B. Schicht) untergeordnet wurden (vgl. auch Reid/Frisby 2008: 94), sodass es notwendig erschien, PAR explizit um eine feministische Komponente zu erweitern. Wie bei allen feministischen Forschungsansätzen geht es auch bei (F)PAR darum, genderspezifische Lebensrealitäten von Anfang an in jeder Stufe des Forschungsprozesses auf jeder Ebene zu berücksichtigen, das heißt eine genderspezifische Analyse bei der Konzeption, in der Zusammensetzung der Gruppe und nicht zuletzt in der Evaluierung zu beachten. Zunächst beabsichtigte (F)PAR lediglich, die genderspezifische Ungleichheit zu berücksichtigen, nun entwickelt sich das Konzept von (F)PAR dahingehend, dass Gender nicht ohne die Wechselwirkung zu anderen Diskriminierungsmerkmalen, wie z.B. Ethnizität, Klasse und/oder Behinderung (vgl. ebd.: 95), gesehen werden kann. Es ist also zu hoffen, dass künftige (F)PAR-Prozesse auch in der Praxis nicht nur genderspezifisch, sondern intersektional angedacht und durchgeführt werden.

4. (F)PAR mit unbegleiteten minderjährigen Geflüchteten – zwei Projektbeispiele aus dem Masterstudiengang ‚Soziale Arbeit als Menschenrechtsprofession'[13]

Anabell Specht (2017) und Kathrin Schulz (2017) – beide Studierende des Studiengangs ‚Soziale Arbeit als Menschenrechtsprofession' – initiierten im

---

13 Der Studiengang ‚Master of Social Work – Soziale Arbeit als Menschenrechtsprofession' wird von drei kooperierenden Hochschulen in Berlin (ASH, EHB und KHSB) in

Rahmen ihres Studiums jeweils ein partizipatorisches Aktionsforschungsprojekt mit unbegleiteten minderjährigen Geflüchteten (UMG): Anabell Specht arbeitete mit einer Gruppe männlicher Jugendlicher in Berlin; Kathrin Schulz mit einer Gruppe weiblicher Jugendlicher in München. Beide kannten die Teilnehmenden bereits durch ihre Arbeit als Sozialarbeiterinnen. Im Rahmen der (F)PAR-Projekte verfolgten sie das Ziel, unbegleitete minderjährige Geflüchtete selbst zu Wort kommen zu lassen bzw. zu hören, was deren Anliegen sind; Schulz wollte zudem mögliche genderspezifische Anliegen herausarbeiten.

Die Gruppe männlicher Jugendlicher, die Specht ansprach, wollte für ein Wochenende wegfahren, zum einen, um ihrem Alltag zu entfliehen, zum anderen, um konzentrierter arbeiten zu können.[14] Die Jungen und jungen Männer hatten sich für die Durchführung eines Photovoice-Projekts entschieden, die Ergebnisse waren im Rahmen der Ausstellung ‚Wallah, mein Leben!'[15] zu sehen. Themen, die die Jugendlichen durch ihre Bilder sehr eindrücklich setzten, waren u.a.:

„[…] Erfahrungen mit verdachtsunabhängigen Polizeikontrollen (racial profiling), Alltags- und strukturellem sowie institutionellem Rassismus, der Schwierigkeit des Familiennachzugs, langem Warten in bürokratischen Abläufen, dem Vermissen von regelmäßigen Hobbies und Freundschaften zu in Deutschland sozialisierten Gleichaltrigen, dem Fehlen deutscher Sprachkenntnisse und dem damit einhergehenden Gefühl der ‚Nicht-Dazugehörigkeit' oder dem Zwang einen Beruf allein aus praktischen Gründen auszuwählen" (Specht 2017: 20f.).

Bei der Vernissage waren die Jugendlichen sichtbar stolz auf ihre Ausstellung; sie hatten im Vorfeld in den Räumlichkeiten des Trägers eine Bar aufgebaut und führten engagiert durch die Ausstellung. Es war bewegend zu sehen, dass sie andere Bezugspersonen – wie Lehrer_innen oder Nachbar_innen – zu der Ausstellung einluden, um ihnen ihre Sicht auf ihre Lebensrealitäten zu präsentieren.

Die Gruppe der weiblichen unbegleiteten minderjährigen Geflüchteten entschied sich nach einem ersten Gruppeninterview für narrative Einzelinterviews. Ähnlich wie in der Gruppe der männlichen UMG wurde sichtbar, dass alltäglicher und institutionalisierter Rassismus auch den Alltag der Mädchen bestimmt. „Zudem nehmen sie wahr, dass die Menschen die Absicht haben, die ‚unterdrückten muslimischen' Mädchen* zu befreien" (Schulz 2017: 13). Auch berichten die Mädchen und jungen Frauen über sexualisierte Gewalt, die oftmals in Verbindung mit (antimuslimischem) Rassismus vorkommt und große Angst bei ihnen erzeugt (vgl. ebd.: 14). Es wird deutlich, dass die

---

Zusammenarbeit mit weiteren Instituten und Organisationen durchgeführt, vgl. dazu http://www.mrma-berlin.de.

14 Da dies weder finanziell noch zeitlich vorgesehen war, stand Specht vor der Herausforderung, Mittel zu akquirieren, um die Projektidee umsetzen zu können. Dies gelang durch die Beantragung von Mitteln bei dem Träger.

15 Vgl. https://abw-kreuzberg.de/ausstellung-wallah-mein-leben [Zugriff: 06.01.2018].

Mädchen und jungen Frauen nicht nur gegenderte Rassismuserfahrungen bzw. ethnisierte sexualisierte Gewalterfahrungen machen, sie sind auch in der Lage, die intersektionelle Struktur zu erkennen und zu benennen.

Ähnlich wie die Jungen und jungen Männer nennen sie die Trennung von ihren Familien als sehr belastend; sie thematisieren zudem ihre Zeitknappheit, die es unmöglich macht, Hobbys etc. zu pflegen. Anders als die Jungen und jungen Männer thematisieren die Mädchen und jungen Frauen die Folgen sexualisierter Gewalt, wie z.B. (Auto-)Aggressionen. Das Schweigen über die Erlebnisse kann zu Problemen bei der Emotionskontrolle führen. Der Einweisung in eine Psychiatrie stehen sie eher kritisch gegenüber, weil sie diese als einen Ort für *verrückte Menschen* wahrnehmen; sie plädieren für mehr Gespräche mit den Betreuerinnen (vgl. ebd.: 14f.).

5. Neutrale Forschung?

Anders als klassische Forschung, die für sich in Anspruch nimmt, Distanz zu wahren und damit *objektiv* zu sein, proklamiert (F)PAR (wie auch andere Ansätze kritischer, partizipatorischer und/oder feministischer Forschung), dass es unbeteiligte sogenannte *wertfreie* Forschung gar nicht geben kann. Vielmehr geht es darum, anzuerkennen, dass der persönliche Hintergrund jeder forschenden Person die Forschung beeinflusst (vgl. Humphries 2008: 16). Es geht daher auch darum, die eigene Position/Subjektivität transparent zu machen. (F)PAR kann und will nicht objektiv sein und würde noch ein Stück weitergehen und in kritischer und/oder feministischer Tradition sogar voraussetzen, dass Parteilichkeit eine Grundvoraussetzung für das Gelingen eines (F)PAR-Prozesses ist. Es wird also gar nicht erst versucht, *wissenschaftliche Distanz* herzustellen, vielmehr geht es darum, die empathische Beteiligung der Forscher_innen transparent zu machen und als Ressource für die Gruppe zu nutzen.

6. Vielfältige Rollen der forschungsinitiierenden Person

In einem (F)PAR-Prozess hat die Person, welche die Forschung initiiert hat, nicht die klassische Rolle einer Forscherin bzw. eines Forschers, sondern ist eher als Moderator_in, Koordinator_in und Vermittler_in zu verstehen („facilitator" im Englischen). Ihre Aufgabe ist es, Rahmenbedingungen für den Forschungsprozess zur Verfügung zu stellen bzw. den Prozess zu begleiten und ggf. zu koor-dinieren. Bevor der Prozess beginnen kann, muss die forschungsinitiierende Person zunächst ein Problem annehmen und bereit sein, ein Konzept hierzu zu erarbeiten, Geldgeber_innen anzusprechen und von ihrem Vorhaben zu überzeugen. Zu Beginn des Prozesses geht es darum, zu erkennen, die potenziellen Teilnehmenden sein können und wo bzw. wie diese für das gemeinsame Projekt gewonnen werden können. Bei der Zusammensetzung der Gruppe geht es primär darum, Partizipation jenseits von Alter, Bildung, (Sprach-)fähigkeiten etc. zu garantieren und zu ermöglichen, dass das ursprüngliche (F)PAR-Konzept einer ernsthaften Begutachtung durch die Teilnehmenden unterzogen wird, um es ggf. anders aufzustellen. Im weiteren Verlauf geht es um die Präsentation möglicher Methoden zur Informationsgewinnung bzw. deren Dokumentation. Der moderierenden Person kommt möglicherweise die Rolle zu, über unbekannte Methoden zu informieren bzw. die Ressourcen für die Umsetzung der Methoden zur Verfügung zu stellen.

In der Durchführung der Aktion kann der moderierenden Person die Aufgabe zukommen, vorhandene Ressourcen zu nutzen um entscheidende Akteur_innen zum Beispiel für Öffentlichkeits- und/oder Lobbyarbeit zu gewinnen. Im Rahmen der Dokumentation kann die Gruppe sich dafür entscheiden, dass die Moderatorin bzw. der Moderator sie (maßgeblich) erstellt, also eine exponierte Rolle zugewiesen bekommt. In jedem Fall übernehmen Moderator_innen aber die Rolle, den (F)PAR-Abschlussbericht für Geldgeber_innen zu gestalten, was aber nicht heißt, dass dieser selbst geschrieben werden muss. Vielmehr geht es auch hier darum, partizipatorisch zu entscheiden, in welcher Form der Bericht von wem zusammengestellt wird. Moderator_innen sind aber dafür zuständig, dass die Ergebnisse des (F)PAR-Prozesses allen Teilnehmenden in einer ihnen verständlichen Weise zugänglich gemacht werden. Nicht zuletzt wegen dieser sehr vielfältigen Aufgaben empfehlen sowohl Specht (2017) als auch Schulz (2017), eine solche Forschung eher zu zweit zu planen, nicht zuletzt, um eine kommunikative Reflexion der Prozesse zu ermöglichen (vgl. Schulz 2017: 19).

Die moderierende Person wird in der Regel mehr Machtressourcen zur Verfügung haben als andere an der Forschung Beteiligte; es könnte hilfreich sein, diese Ressourcen transparent zu machen, nicht zuletzt damit die Gruppe entscheiden kann, welche dieser Ressourcen sie benötigt. Eine Orientierung an Powersharing-Konzepten aus der Empowermentarbeit, die den Anspruch der Umverteilung von Macht- und Privilegien erhebt (vgl. z.B. Torres/Can 2013), kann hier hilfreich sein. Und schließlich ist die moderierende Person in der Regel rechenschaftspflichtig den Geldgeber_innen gegenüber.

In jedem Fall ist die Rolle der moderierenden Person sehr voraussetzungsvoll, denn sie trägt die Verantwortung für die Durchführung des Projekts, hat aber wenig Planungssicherheit und muss ggf. aushalten, einen Prozess zu begleiten und für ihn verantwortlich zu sein, ohne diesen maßgeblich selbst beeinflussen zu können. Sie hat Hypothesen zu Beginn eines PAR-Projekts bzw.

Vorstellungen zur Ausgestaltung des Forschungsprozesses, kann diese aber nur verfolgen, wenn die Teilnehmenden – ausreichend informiert – sich hierfür entscheiden. Zum anderen muss die Person viel Wissen, Ressourcen etc. zur Verfügung stellen, kann dies aber nicht für eigene Zwecke nutzen.

7. Besondere Herausforderungen bei der Initiierung und Durchführung von (F)PAR-Projekten

Nicht nur die Rolle der moderierenden Person ist eine große Herausforderung, auch darüber hinaus sind (F)PAR-Projekte insgesamt sehr voraussetzungsvoll. Dadurch, dass der gesamte Forschungsprozess idealerweise mit den Teilnehmenden abgesprochen und an den Prioritäten der Teilnehmenden orientiert sein soll, stellt (F)PAR die Forschungsinitiator_innen vor das Problem der fehlenden Planbarkeit. Dies wiederum macht es fast unmöglich, die Kriterien eines klassischen Forschungsantrags in Europa zu erfüllen, um Gelder für ein (F)PAR-Projekt zu beantragen. Hier gilt es, weiterhin Überzeugungsarbeit gegenüber den Geldgeber_innen zu leisten.

Ein weiteres Problem besteht darin, Teilnehmende für einen Prozess zu gewinnen, ohne dass genau feststeht, in welche Richtung das Projekt gehen soll. Besonders deutlich wird dies, wenn Mächtige die Zustimmung zur Beteiligung geben müssen, so zum Beispiel in einem versuchten (F)PAR-Projekt mit Kindern, um der Frage nachzugehen „welche Gefühle, Wünsche und Bedürfnisse Kinder aufweisen, die im Falle Häuslicher Gewalt trotz Trennung der Eltern Umgang zu beiden Elternteilen pflegen" (Fischer 2017: 5). Da die meisten der beteiligten Eltern geteiltes Sorgerecht hatten, galt es zunächst, ein Elternteil[16] für das Projekt zu gewinnen, um deren Kinder für das Projekt zu interessieren und schließlich die Zustimmung des zweiten Elternteils zu erhalten. Dass diese Zustimmung im Rahmen von hochstrittiger Elternschaft spätestens beim zweiten Elternteil verweigert wurde, ist nicht erstaunlich und zeigt deutlich sowohl das Spannungsfeld zwischen dem Elternrecht und dem Recht auf Partizipation von Kindern und Grenzen von (F)PAR-Projekten.

Auch stellt sich die Frage, wie frei sich ein Projekt noch entwickeln kann, wenn mächtigen Akteur_innen die Richtung des Projekts nicht gefällt. Es ist eher unwahrscheinlich, dass zum Beispiel die Mächtigen einer Community es begrüßen würden, wenn marginalisierte Gruppen in ihrer Community gegen sie rebellieren. Es stellt oft einen schwierigen Balanceakt dar, die Unterstützung von Mächtigen zu sichern, ohne ihnen die Definitionsmacht über den

---

16 Da das (F)PAR-Projekt im Rahmen eines Nachbetreuungsprojekts eines Frauenhauses stattfinden sollte, handelte es sich hierbei ausschließlich um Mütter.

(Feministische) partizipatorische Aktionsforschung 29

ganzen Prozess zu überlassen, sie nicht zu verprellen und gleichzeitig ein Auge darauf zu haben, dass die Ressourcenschwächeren nicht übersehen werden. Specht benennt zudem die Machtungleichheiten zwischen den Teilnehmenden und der forschungsinitiierenden Person und die Planungsunsicherheit im Leben der beteiligten jungen Männer als besonders herausfordernd (vgl. Specht 2017). Auch stellte es sich als schwierig dar, die Jugendlichen als gesamte Gruppe zusammenzubringen; dieser Herausforderung begegnete Specht als Projektinitiatorin dadurch, dass sie jede Person mindestens einmal alleine traf und Kleingruppentreffen organisierte (vgl. ebd.: 21). Auch thematisiert sie, dass Partizipation für die Jugendlichen in dieser Form eine neue Gegebenheit darstellte (vgl. ebd.: 22f.) – eine Erfahrung, die viele erstmalig an PAR-Projekten Teilnehmende teilen.

Sehr herausfordernd kann auch die Darstellung der Ergebnisse sein; so kann es aus der Perspektive der moderierenden Person – vielleicht auch im Hinblick auf die Geldgeber_innen – wichtig sein, bestimmte Sachverhalte explizit zu benennen, was den Teilnehmenden aber nicht immer recht ist. So berichtet Noushin K. (2010) aus ihren Erfahrungen in Kanada über Aushandlungsprozesse in Hinblick auf die Verwendung von Terminologien. Die Teilnehmerinnen in ihrem (F)PAR-Projekt wollten nicht von ‚sex work' sprechen, sondern präferierten die Bezeichnung „work to make ends meet" (ebd.: 32), die dann auch so im Bericht übernommen wurde.

Aus einem anderen (F)PAR-Projekt schildert Flamtermesky Ambivalenzen im Umgang mit den Terminologien ‚Gender' und ‚Feminismus':

„The concepts of gender and feminism were not introduced in the research in an explicit manner since 'gender' tended to create confusion among women who had limited knowledge of Spanish or that were not familiar with the concept. Likewise, many of the women within the group felt uneasy with the term 'feminism' and therefore, the feminist within the group decided not to impose anything but to introduce it subtly to the group through informal discussions" (Flamtermesky 2010: 36).

Von ähnlichen Vorbehalten berichtet Caitlin Grover (2010) aus einem (F)PAR-Projekt in Kenia, in dem Frauen angaben, dass der Begriff „Feminismus" für sie eine elitäre Konnotation hat, mit dem sich viele Frauen aus ländlichen Gebieten nicht identifizieren wollten (vgl. ebd.: 9) oder einem Dorf in Moldawien, wo offenbar Feminismus mit „radicals on the fringe" in Verbindung gebracht wurde (vgl. ebd.), oder aus einem Projekt in der Dominikanischen Republik, wo Feministinnen als besonders promisk wahrgenommen wurden (ebd.). Die Forschungsinitiierenden entschieden sich in diesen Fällen, im Bericht die jeweiligen Terminologien nicht zu verwenden, aber in der ethischen Reflexion diese Dilemmata zu beschreiben, nicht zuletzt, um Rechenschaft über die Finanzierung eines *feministischen* PAR-Projekts abzulegen.

Eine besondere Herausforderung zeigte sich in dem von Schulz initiierten Projekt mit weiblichen UMG: Die Mädchen erlaubten den Mitschnitt der

Gruppendiskussion und der einzelnen Interviews nur unter der Voraussetzung, dass weder die Audiodatei noch das Transkript veröffentlich wird (vgl. Schulz 2017: 10), was zwar nachvollziehbar ist, aber z.b. im Rahmen einer Masterarbeit die Prüfer_innen vor große Herausforderungen in Hinblick auf die Einhaltung wissenschaftlicher Standards stellt. Im Rahmen eines finanzierten Forschungsvorhabens kann es daher sinnvoll sein, einen möglichen Verzicht der Veröffentlichung der Transkripte bereits in der Antragstellung zu thematisieren.

8. PAR in Ländern des Globalen Nordens/Westens

Die meiste praktische Erfahrung mit PAR-Prozessen gibt es in Ländern des globalen Südens oder Ostens. In diesen (F)PAR-Projekten kommt der ‚Community', in der das Projekt stattfindet, in der Regel eine große Bedeutung zu. Klassischerweise ist eine solche Community ein geografischer Ort wie etwa ein Dorf oder ein Stadtteil. Da marginalisierte Gruppen aber nicht immer in geografisch erkennbaren Communities leben, macht es Sinn, den Community-Begriff etwas flexibler zu handhaben. Damit werden (F)PAR-Projekte z.B. in Frauenhäusern, Asylunterkünften, psychiatrischen Einrichtungen oder an Arbeitsorten denkbar, ebenso wie an (öffentlichen) Orten, wo sich marginalisierte Gruppen, wie z.B. Hausangestellte, Drogenkonsumierende oder Sexarbeiter_innen aufhalten.

Neben der Erweiterung des Begriffs ‚Community' stehen Forschungsinitiator_innen in Ländern des globalen Nordens vor dem großen Problem, Geldgeber_innen zu gewinnen für ein Forschungsparadigma, das bis heute bei Kolleg_innen in der Wissenschaft sowie bei Fördergeber_innen legitimationsbedürftig ist (vgl. Wöhrer 2017: 31f.). In anderen Regionen wie zum Beispiel in Asien (vgl. hierzu u.a. Gaatw 2010) scheint es aber zu gelingen, (F)PAR-Projekte finanziert durchzuführen. Möglicherweise hat dies damit zu tun, dass (F)PAR als Forschungsform in Asien eher anerkannt ist als in Europa. Es bleibt zu hoffen, dass feministische Forschung in Europa die Bereitschaft aufbringt, von Kolleg_innen aus dem globalen Süden mehr über (F)PAR zu lernen, damit diese – auch für die Soziale Arbeit – sehr wichtige Forschungsform künftig in Europa mehr Beachtung findet.

Tabelle 1: Idealer Forschungsverlauf

Feministische partizipatorische Aktionsforschung
1. Die forschungsinitiierende Person geht von einem Problem in einer Community/vulnerablen[17] Gruppe aus.
2. Sie entwickelt ein vorläufiges Konzept inkl. einer konzeptionell angelegten Offenheit, dieses gemeinsam mit der zukünftigen Forschungsgruppe zu überarbeiten bzw. ggf. auch völlig neu auszurichten.
3. Sie findet Geldgeber_innen, die bereit sind, diese Community/vulnerable Gruppe darin zu unterstützen, ein (F)PAR-Projekt durchzuführen.
4. Sie spricht Vertreter_innen der Community/vulnerablen Gruppe an, beschreibt ihr Vorhaben, vermittelt die konzeptionell angelegte Offenheit des Forschungsprozesses und versucht, eine möglichst diverse Gruppe zusammenzustellen.
5. Die Gruppe entscheidet, in welchem Turnus sie sich wo treffen und wie sie arbeiten will.
6. Die Gruppe benennt Probleme in ihrer Community, die sie beheben will.
7. Die Gruppe entscheidet, mit welchen Methoden sie sich diese Probleme näher anschauen will.
8. Teilnehmer_innen aus der Gruppe führen Maßnahmen zur Informationsgewinnung durch.
9. Material wird dokumentiert und gemeinschaftlich evaluiert.
10. Parallel überlegt die Gruppe ob und, wenn ja, welche Maßnahme (Aktion) sinnvoll sein könnte.
11. Die Gruppe führt diese Aktion durch.
12. Die Gruppe evaluiert die Aktion und die gesammelten Daten.
13. Die Gruppe entscheidet über die Art der Abschlussdokumentation, erstellt diese bzw. beauftragt eine Forschungsinitiator_in.
14. Die Gruppe verabschiedet einen (Abschluss-)Bericht und stellt ihn ggf. zusammen vor
15. Eine Forschungsinitiatorin bzw. einen Forschungsinitiator. legt Rechenschaft bei den Geldgeber_innen ab.
16. Evtl. bleibt die Forschungsinitiatorin bzw. der Forschungsinitiator in Kontakt mit der Community.

Literatur

AkiDwA (2010): „Am only saying it now". Experiences of Women Seeking Asylum in Ireland. http://www.gaatw.org/FPAR_Series/FPAR_AkiDwA.2010.pdf [Zugriff: 09.08.2017].

Ausschuss für die Rechte des Kindes (2009): Allgemeine Bemerkung Nr. 12: Das Recht des Kindes, gehört zu werden. CRC/C/GC/12.

---

17 Im menschenrechtlichem Sinne wird von einer vulnerbalen Gruppe ausgegangen, wenn Personen dieser Gruppe strukturell (historisch und aktuell) benachteiligt sind und einen besonderen (menschenrechtlichen) Schutz benötigen.

Beloe, Elizabeth (2014): „Having the knife and the Yam". Zum Umgang mit Geheimnissen in einer Community-basierten Forschung bei kamerunischen Migrant*innen in Berlin. In: von Unger, Hella/Narimani, Petra/M'Bayo, Rosaline (Hrsg.): Forschungsethik in der qualitativen Forschung. Wiesbaden: Springer VS.
Deutsche Aidshilfe (2015): AfroLebenVoice. Unsere Stimmen gegen Diskriminierung. Ein Photovoice-Projekt mit HIV-positiven Migrant/innen. Berlin.
Flamtermesky, Helga (2010): Giving Voice and Promoting Cahnge. Sharing Two Experiences With FPAR With Migrant Women. In: Gaatw: Alliance News 34, S. 35 – 37.
Flieger, Petra (2009): Partizipatorische Forschung. Wege zur Entgrenzung der Rollen von ForscherInnen und Beforschten. In: Jerg, Jo et al. (Hrsg.): Perspektiven auf Entgrenzung. Erfahrungen und Entwicklungsprozesse im Kontext von Inklusion und Integration. Bad Heilbrunn: Klinkhardt, S. 159-171.
Fischer, Anna (2017): Partizipatorische Aktionsforschung mit Kindern im Alter von 7–10 Jahren zum Thema „Auswirkungen Häuslicher Gewalt und Persistenz derselben über die Trennung der Eltern hinaus aus dem Blickwinkel betroffener Kinder". Weiterentwicklung zu Expert_inneninterviews zum Thema „Elternrecht auf Zustimmung vs. Recht auf Partizipation von Kindern". Unveröffentlichter Projektbericht im Rahmen des Masterstudiengangs „Soziale Arbeit als Menschenrechtsprofession", Berlin.
Gaatw (2010): Alliance News 34, http://www.gaatw.org/publications/Alliance%20News/Alliance_News_Dec2010_FPAR.pdf [Zugriff: 09.08.2017].
Grover, Caitlin (2010): The ‚F' Word. Resisting Feminism in Feminist Participatory Action Research. In: Gaatw: Alliance News 34, S. 35-37, S. 8-10.
Hart, Roger (1992): Children 's Participation. From Tokenship to Citizenship. UNICEF International Child Development Centre, Spedale degli Innocenti, Florenz, Italien.
Hering, Sabine (2010): Aktionsforschung. In: Bock, Karin/Miethe, Ingrid (Hrsg.): Handbuch Qualitative Methoden in der Sozialen Arbeit. Opladen: Verlag Barbara Budrich.
Humphries, Beth (2008): Social Work Research for Social Justice (Reshaping Social Work). New York: Palgrave Macmillan.
Kapatani, Erene/Yuval-Davis, Nira (2008): Participatory Theatre as a Research Methodology. Identity, Performance and Social Action Among Refugees. In: Sociological Research Online 13, 5, 2, http://www.socresonline.org.uk/13/5/2.html [Zugriff: 10.10.2017].
Kemmis, Stephen/McTaggart, Robin (2005): Participatory Action Research and the Public Sphere. In: Denzin, Norman K./Lincoln, Yvonna S. (Hrsg.): The Sage Handbook of Qualitative Research. Thousand Oaks, Kal. u.a.: Sage, S. 559-603.
Kesby, Mike/Kindon, Sara/Pain, Rachel (2010): Participation as a Form of Power. Retheorising Empowerment and Spatialising Participatory Action Research. In: Kindon, Sara/Pain, Rachel/Kesby, Mike (Hrsg.): Participatory Action Research Approaches and Methods. London/New York: Routledge, S. 19–25.
Kindon, Sara/Pain, Rachel/Kesby, Mike (2010): Participatory Action Research. Origins, Approaches and Methods. In: Kindon, Sara/Pain, Rachel/Kesby, Mike (2010): Participatory Action Research Approaches and Methods. London/New York: Routledge, S. 9–18.
Krieg, Brigette/Roberts, Lana (2010): Photovoice. Insights Into Marginalization Through a „Community Lens" in Saskatchewan, Canada. In: Kindon, Sara/Pain,

(Feministische) partizipatorische Aktionsforschung 33

Rachel/Kesby, Mike (Hrsg.): Participatory Action Research Approaches and Methods. London/New York: Routledge. S. 150–159.

Maguire, Patricia (1987): Doing Participatory Research. A Feminist Approach. Amherst, Mass.: Center for International Education, School of Education, University of Massachusetts.

McIntyre, Alice: (2007): Participatory Action Research. A Sage University Paper.

Miethe, Ingrid (2012): Forschung in und um Hull-House als Beispiel einer frühen Sozialarbeitsforschung. Materialien, Zugänge, Methoden. In: Bromberg, Kirstin/ Hoff, Walburga/Miethe, Ingrid (Hrsg.): Forschungstraditionen der Sozialen Arbeit. Opladen: Verlag Barbara Budrich, S. 113-130.

Noushin K. (2010): Complicating Agency: Immigrant Women and Sex Work. In: Gaatw: Alliance News 34, S. 32-34.

Reid, Collen/Frisby, Wendy (2008): Continuing the Journey. Articulating Dimensions of Feminist Participatory Action Research (FPAR). In: Reason, Peter/Bradbury, Hillary (Hrsg.): The Sage Handbook of Action Research. Participative Inquiry and Practice. Los Angeles/London: Sage, S. 93-105.

Rios-Moore, Indra et al. (2004): Makes Me Mad. Stereotypes of Young Urban Womyn of Color. Center for Human Environments, Graduate School and University Center City University of New York. http://www.fed-up-honeys.org/MakesMeMadreport.pdf [Zugriff: 09.08.2017].

Rusu, Viorelia (2010): A Look at the Linkages. How Does Gender, Migration, Labour and Trafficking Intersect in Women's Lives? A Qualitative Research Based on the Migration and Labour Experiences of Women From Ursoaia Village, Republic of Moldova. „La Strada", Moldawien.

Schulz, Kathrin (2017): Partizipatorische Aktionsforschung mit unbegleitet geflüchteten Mädchen*. Unveröffentlicher Projektbericht im Rahmen des Masterstudiengangs „Soziale Arbeit als Menschenrechtsprofession", Berlin.

Specht, Anabell (2017): „Geflüchtet oder einfach jugendlich?" Unveröffentlicher Projektbericht zum partizipativen Forschungsprojekt mit Jugendlichen aus dem Ausbildungswerk Kreuzberg e. V. im Rahmen des Masterstudiengangs „Soziale Arbeit als Menschenrechtsprofession", Berlin.

Torres, Andrea Meza/Can, Halil (2013): Empowerment und Powersharing als Rassismuskritik und Dekolonialitätsstrategie aus der People of Color Perspektive. In: Heinrich Böll Stiftung: Dossier Empowerment. https://heimatkunde.boell.de/sites/default/files/dossier_empowerment.pdf, S. 26–41.

Unger, Hella von/Block, Martina/Wright, Michael (2007): Aktionsforschung im deutschsprachigen Raum. Zur Geschichte und Aktualität eines kontroversen Ansatzes aus Public Health Sicht. Berlin: WZB.

Wöhrer, Veronika (2017): Was ist Partizipative Aktionsforschung? Warum mit Kindern und Jugendlichen? In: Wöhrer et al. (Hrsg.): Partizipative Aktionsforschung mit Kindern und Jugendlichen. Von Schulsprachen, Liebesorten und anderen Forschungsdingen. Wiesbaden: Springer VS, S. 27-48.

Wöhrer, Veronika et al. (Hrsg.) (2017): Partizipative Aktionsforschung mit Kindern und Jugendlichen. Von Schulsprachen, Liebesorten und anderen Forschungsdingen. Wiesbaden: Springer VS.

„[…] wenn ich sehr erschöpft und müde bin, dann tut es mir gut, im ‚Olga' zu sein".
Ein Photovoice-Projekt mit Besucherinnen des Frauentreffs ‚Olga' in der Kurfürstenstraße, Berlin

Lilli Böwe und Monika Nürnberger

1. Der Frauentreff ‚Olga' in der Kurfürstenstraße, Berlin

Der Frauentreff ‚Olga' ist eine seit 1987 bestehende, niedrigschwellige Einrichtung an der Berliner Kurfürstenstraße – einem alteingesessenen legalen Straßenstrich –, die sich an Drogen konsumierende Frauen und Trans*frauen sowie an Sexarbeiter*innen wendet.

Das Angebot des Frauentreffs beinhaltet eine niedrigschwellige Grundversorgung, sogenannte Schadensminderungsangebote (Spritzenvergabe, Kondome, Waschmöglichkeiten etc.) sowie weiterführende Beratung, Begleitung und eine medizinische Abteilung. Auch Streetwork und psychosoziale Betreuung im Rahmen der Substitutionsbehandlung werden angeboten.

Da sich die Situation an der Berliner Kurfürstenstraße im Rahmen der EU-Osterweiterung gravierend verändert hat, hat sich auch die Besucher*innenstruktur des Frauentreffs ‚Olga' verändert. Mittlerweile kommen etwa 80% der Besucher*innen aus (süd-)osteuropäischen Ländern und sprechen gerade zu Beginn häufig kein oder kaum Deutsch. Durch entsprechend muttersprachliche Beraterinnen ist die Verständigung innerhalb des Frauentreffs gewährleistet. Außerhalb des ‚Olga' haben die Frauen und Trans*frauen aufgrund der fehlenden Sprachmöglichkeiten allerdings häufig Schwierigkeiten.

Da es sich bei einem großen Teil unserer Besucher*innen um eine aufgrund von Drogengebrauch, der Ausübung von Sexarbeit und Migration dreifach stigmatisierte und ausgegrenzte Personengruppe handelt, halten wir es für eine wichtige Aufgabe, die Interessen unserer Zielgruppe auch in der Öffentlichkeit im Sinne einer Parteilichkeit und fachlichen Positionierung zu vertreten.

Im Zeitraum von Januar bis Oktober 2014 hatten wir die Möglichkeit, in unserer Einrichtung ein Photovoice-Projekt durchzuführen[1]. Bei Photovoice geht es um eine Ausdrucksweise, die zunächst keine verbale Sprache braucht, deswegen erschien uns das als ein gutes Mittel, um mit den Frauen zu arbeiten, ihre Lebenswelt und ihre Bedürfnisse kennen zu lernen und ihnen die Möglichkeit zu geben, ihre Lebenssituation so zu zeigen, wie sie dies wünschen. Die Teilnehmer*innen an dem Projekt wurden gebeten, ihren Blick auf die Welt der Kurfürstenstraße in Fotos zu dokumentieren. Mit Kameras ausgestattet, sollten sie ihre eigene Perspektive verdeutlichen.

Aus dem Projekt ist ein Fotobuch sowie daran anknüpfend eine Wanderausstellung entstanden. Für unsere Arbeit ist das eine wichtige Unterstützung und für die beteiligten Frauen stellt dieses Ergebnis etwas dar, auf das sie stolz sind.

Abbildung 1: „[...] eine Chance zur Wiedereingliederung in die Gesellschaft [...] ermöglichen". (Foto: **Lena**)

Meine Erfahrung hat mir gezeigt, dass das Klischee des kaputten Elternhauses und schlechter Erziehung nicht den Großteil ausmachen, weswegen sich junge Mädchen anfangen zu prostituieren. Im Gegenteil, es ist eher so, dass man auf der Straße Frauen aus allen Gesellschaftsschichten findet. Die Gründe dafür sind sehr unterschiedlich. Für die einen ist es Neugier, für die anderen Rebellion und Provo-

---

1 Das Projekt wurde aus Geldern der EU finanziert, im Einzelnen aus Geldern des BBWA: (Bezirkliche Bündnisse für Wirtschaft und Arbeit Berlin), des ESF (Europäischen Sozialfonds) und der Senatsverwaltung für Arbeit, Integration und Frauen.

kation und so lässt sich die Liste immer weiterführen. Eins haben sie allerdings alle gemeinsam – das schnelle und einfache Geld. Früher war allerdings vieles noch sehr viel einfacher. Es gab viel mehr deutsche Frauen und weniger südländische. Die Anmerkung ist damit begründet, dass viele dieser Frauen mit falschen Versprechungen nach Deutschland geholt werden, um das Geld dann den dazugehörigen Zuhältern zu beschaffen. Dadurch wurden in den letzten Jahren die Preise so gedrückt, dass es einfach nur noch unzumutbar ist, sich auf die Straße zu stellen um Geld zu verdienen. Das andere Problem sind Drogen.

Ein Großteil der Frauen ist drogenabhängig.

Aber Die meisten der Frauen, die irgendwann mal angefangen haben anschaffen zu gehen, hatten bis zu diesem Zeitpunkt nie etwas mit Drogen zu tun. Am Anfang verdient man noch schnell und einfach Geld. Doch das ändert sich dann genau so schnell. Viele dieser Mädchen/Frauen fangen dann an, sich mit Drogen zu betäuben, auch um den Erniedrigungen der Freier besser entgegen treten zu können. Viele dieser Frauen werden im Laufe der Jahre abhängig und sind es heute noch. Dazu kommt, dass viele Frauen nie einen Beruf gelernt haben, geschweige denn, richtig gearbeitet haben.

Man sollte darüber nachdenken, wie man diesen Frauen nach ihrer Zeit als Prostituierte helfen kann, die vorangegangenen Jahre aufzuarbeiten und ihnen eine Chance zur Wiedereingliederung in die Gesellschaft und das Berufsleben ermöglichen kann.

(Lena[2], Teilnehmerin an dem Photovoice-Projekt des Frauentreffs Olga in der Kurfürstenstraße/Berlin, 2014)

2. Was ist Photovoice?

Photovoice ist ursprünglich eine partizipative Forschungsmethode, die in den 1990er-Jahren von Caroline Wang und Mary Ann Burris im Rahmen eines Gesundheitsprojektes entwickelt wurde und heutzutage vielfältige Anwendungen findet. Es handelt sich dabei um ein Verfahren, welches Fotografie und Erzählung in einem reflexiven Gruppenprozess verbindet: Mitglieder einer bestimmten Community bekommen eine Kamera und machen Fotos von ihren Lebenswelten und verschriftlichen, was sie mit den Bildern verbinden und welche Bedeutung diese für sie haben. Die entstandenen Bilder werden gemeinsam besprochen und ausgewertet, um bestimmte Problemlagen aufzuzeigen. Dieser Prozess führt dazu, dass sich Gemeinsamkeiten unter den Teilnehmenden finden und sie sich als Individuen in ihrer Autonomie sowie als Peergroup stärken. Des Weiteren ist ein Ziel dieser Methode, Veränderungsprozesse anzuregen, indem den Teilnehmenden die Möglichkeit gegeben wird, ihre Bilder und Geschichten als Sprachrohr zu nutzen und sich an die Gesellschaft und Außenstehende zu wenden (vgl. Unger 2014: 69).

---

2 Alle Namen der am Projekt beteiligten Frauen wurden geändert.

Uns stellte sich Photovoice als einzigartige Methode dar, einen neuen, sehr persönlichen Einblick in die Lebenswelten unserer Klient*innen zu bekommen.

Parallel sahen wir uns vor große Herausforderungen und Schwierigkeiten gestellt, die es noch im Vorfeld der Durchführung zu identifizieren und zu minimieren galt. So war einer unserer ersten partizipativen Schritte, uns mit Frauen und Trans*frauen von der Kurfürstenstraße zu treffen, die dort arbeiten und die Rolle vertrauenswürdiger Ansprechpartner*innen innerhalb der Peergroup der Sexarbeiter*innen innehaben. Wir trafen uns mit ihnen, erläuterten das Vorhaben und baten sie um ihre Einschätzung, wo sie Schwierigkeiten sehen, wie mit diesen umzugehen sei und was sie selbst von einem Projekt wie diesem halten.

In den Gesprächen konnten einige Punkte herausgearbeitet und entsprechend angepasst werden, was wesentlich zum Erfolg des Projekts beitrug – diese Punkte sind im Folgenden dargestellt.

Abbildung 2: „Den Mistplatz mitten im Stadtzentrum benutzen die anderen Frauen häufig". (Foto: Eva)

Die Kurfürstenstraße. Wie andere Frauen stehe ich hier und warte auf mein „Glück", aber das schnelle Geld, das man hier verdienen kann, kommt immer langsamer. Vor allem am Freitag. Ein Tag in der Woche, an dem man entweder TOTAL Glück oder TOTAL Pech hat. Dazwischen ist fast nichts. Es ist Mittagszeit und es sieht nach einem Freitagtotalpech aus. Selbst wenn ich Glück habe, macht das fast keinen Unterschied. Von den Autos die vorbeifahren hält fast keiner und die, die kommen, wollen Genuss ohne Schutz. Aber Hauptsache das ganze Auto ist mit Familienfotos tapeziert. Ein VIVA auf die Liebe zur eigenen Frau. Und VIVA, dass ich nur so selten hier bin. Hinter meinem Po spüre ich eine Bewegung. „Was meinst du?" höre ich eine Stimme. Ich drehe mich um. Ein Mann mit Hund und einem jungen Mädchen, auf den ersten Blick ziemlich sympathisch. Ich bin ein bisschen geschockt. „Was meinst du?" wiederholt mein Freund seine Frage. „Ist das...ist das Ihre Tochter?" frage ich und bin ganz perplex. „Ja", antwortet er ruhig. „Dann nehmen Sie ihr Kind und gehen Sie weiter." Vor meinem inneren Auge marschieren meine Jungs. Die Vorstellung, dass die wissen, dass ich mit dieser Straße etwas zu tun habe, ist mir nicht unbedingt angenehm.

Ein paar Minuten später kommt einer, der immer rumläuft und darauf wartet, dass er angesprochen wird. Heute hat er Pech. Herzlich willkommen im Club. „Ich hab 10 Minuten Zeit, wir können hier was Schnelles machen", sagt der Casanova zu mir. „Können wir nicht", antworte ich. „Wieso nicht?" – „Weil ich auf einen solchen Mistplatz nicht gehe." – „Nicht?" – „Nein!"

Ich gehe ein paar Meter von Mr. Schwein weg. Den Mistplatz mitten im Stadtzentrum benutzen die anderen Frauen häufig. Vor allem die Bulgarinnen, Ungarinnen und die meisten drogensüchtigen Frauen.
(Eva, Teilnehmerin an dem Photovoice-Projekt des Frauentreffs ‚Olga' in der Kurfürstenstraße/Berlin, 2014)

3. Die Anpassung der Methode ‚Photovoice' an die spezifischen Erfordernisse der Teilnehmer*innen-Gruppe

Stella spielt eine wichtige Rolle in der Peergroup der bulgarischen Sexarbeiter*innen. Das erste Gespräch, welches wir mit ihr über das Photovoice-Projekt führten, war eher ernüchternd. Wegen der problematischen und diskriminierenden Situation für Sexarbeiter*innen in ihrem Heimatland argumentierte Stella, dass die Frauen und Trans*frauen[3] sozialen Einrichtungen und deren Projekten eher misstrauisch begegnen und zudem eine negative Sicht auf sich und ihre Tätigkeit hätten. Gleichzeitig aber erzählten die Frauen* bereits in diesen ersten Gesprächen viele inhaltlich spannende Geschichten aus ihrem

---

3 Im Nachfolgenden werden die Klient*innen des Frauentreff Olga für eine vereinfachte Lesbarkeit unter dem Sammelbegriff Frauen* genannt, damit sind auch ausdrücklich Trans*frauen inkludiert.

Lebens- und Arbeitsalltag; es zeigten sich bereits erste Effekte der Photovoice-Methode und wir kamen in einen Austausch miteinander.

Doch auch danach nahmen die Frauen* an, es würde sich niemand ihre Geschichten anhören wollen und sich dafür interessieren. Dabei ist ebendies ein wichtiger Aspekt in der partizipativen Arbeit.

Bestes Beispiel dafür ist, bezogen auf unsere Klientel, das neue Prostituiertenschutzgesetz[4]. Ein Gesetz, welches zum Schutz von Sexarbeiter*innen gedacht war, wird von vielen der selbstorganisierten Sexarbeiter*innen eher als Ärgernis und deutliche Repression denn als Unterstützung wahrgenommen. Bei der Erarbeitung des Gesetzes wurden Betroffene nicht einbezogen, ihre Perspektive nicht erfragt.

Viele Menschen haben eine abwertende Meinung zu Sexarbeit und insbesondere den Personen, die diesen Beruf ausüben. Ihre Meinung hat jedoch selten eine fundierte Basis, sondern beruht häufig auf mediengeprägten, teilweise populistischen Vorurteilen. Und genau an dieser Stelle setzt die Photovoice-Methode in beiden Richtungen an; sie ermöglicht den Mitgliedern der marginalisierten Gruppen, sich mitzuteilen und gibt Menschen außerhalb dieser Gruppen die Gelegenheit, jenseits medial vermittelter Klischees etwas über die Lebenswirklichkeit der Frauen* zu erfahren. Ebendies war auch das primäre Ziel des Frauentreffs ‚Olga' in diesem Projekt: Den Frauen* sollte eine Plattform geboten werden, um sich untereinander auszutauschen und ihnen die Möglichkeit zu geben, ihre persönlichen Sichtweisen, ihre Wünsche und Ängste bezüglich ihrer Lebens- und Arbeitswelt rund um die Kurfürstenstraße zu artikulieren und nach außen zu tragen, um dort gehört zu werden. Letztendlich haben wir es jedoch den Teilnehmer*innen, ihrer großen Geduld und dem Einfühlungsvermögen der Mitarbeiterinnen zu verdanken, dass wir auf so viele Geschichten kamen. Die Frauen* erzählten einander von dem Projekt und ermutigten so andere zur Teilnahme.

Die Photovoice-Methode vor, dass die Teilnehmenden sich turnusmäßig treffen, um sich untereinander auszutauschen (vgl. Unger 2014). Allein dieser Aspekt stellte sich – für uns als niedrigschwellige und unverbindliche Einrichtung – mit einer Klient*innengruppe, die einen unregelmäßigen Lebens- und Arbeitsrhythmus hat, als große Herausforderung dar. Da wir im Sinne der Inklusion alle Frauen* zu Wort kommen lassen wollten und nicht nur jene, die

---

4 Das Prostituiertenschutzgesetz, kurz ProstSchG, ist 2017 in Kraft getreten. Es sieht zum Beispiel vor, dass die Sexarbeit anmeldepflichtig wird. Die Anmeldung beinhaltet zum einen ein Informationsgespräch, in dem Sexarbeiter*innen über ihre Pflichten aufgeklärt werden, zum anderen die Pflicht zur gesundheitlichen Beratung, die in regelmäßigen Abständen wiederholt werden muss. Das impliziert auch den Verlust der Anonymität und das Weiterleiten der Daten an das Finanzamt. Der Schutz derjenigen, die von Menschenhandel betroffen sind, wird nur in den seltensten Fällen erreicht, da diese nicht im öffentlichen Raum sichtbar sind. Ein Ziel des ProstSchG wird damit verfehlt (vgl. Herter/Fem 2017).

es ‚sich leisten' konnten, war es, entgegen der Methode, nicht möglich, dass sich alle Teilnehmer*innen zielgerichtet und regelmäßig an einem Tisch versammelten. Durch unseren Cafébetrieb hatten wir allerdings die Möglichkeit, immer wieder einen Austausch über das Projekt herzustellen. In diesem offenen Rahmen konnten sich die Teilnehmenden in einem ungezwungenen Kontext bewegen und miteinander kommunizieren, ganz im Sinne unseres offenen Kontaktladens. Die Frauen* konnten sich in unserem Aufenthaltsraum begegnen und auf einer neuen Ebene gemeinsam austauschen, Neues über einander erfahren. Dies ist von besonderer Bedeutung für die diversen Nationen, die sich regulär eher separieren und oft ein starkes Konkurrenzverhalten haben. Sie bekamen nun die Gelegenheit, sich nicht mehr als Rival*innen zu begegnen, sondern als Frauen*, die sich den gleichen Problemen und Schwierigkeiten ausgesetzt sehen.

Im Sinne der Flexibilität verzichteten wir auch auf die ursprünglich geplanten Fotografiekurse und wandelten diese in kurze Einzelschulungen um, die je nach Bedarf stattfanden, kurz bevor die Frauen zum Fotografieren loszogen.

Wir mussten uns also auf das Wesentliche beschränken und es den Frauen* auch in Terminfragen so einfach wie möglich machen.

Deshalb bekamen sie die Kameras spontan und kurzfristig ausgehändigt und sie brachten sie zurück, wenn sie ihre Bilder gemacht hatten. Bei einigen dauerte dies nur wenige Stunden, andere erinnerten wir eiige Male durch freundliche Ansprache. Dabei verwendeten wir zunächst analoge Kameras, die wir eigens für das Projekt anschafften. Wir entwickelten die Filme und informierten die Frauen* bei der nächsten Begegnung darüber, dass nun das Gespräch stattfinden könne. Die Frauen kamen dann, wenn auf der Straße nichts los war oder sie bereits gut verdient hatten und sich etwas Zeit für uns und für ihre Geschichte nehmen konnten.

Wir waren darauf eingestellt, dass eventuell nicht alle Kameras wieder zurückkommen würden. Manche würden vielleicht verloren gehen, andere aus Geldnot verkauft werden. Doch für uns sehr überraschend, verhielten sich alle Projektteilnehmer*innen in höchstem Maße verbindlich und brachten ihre fotografische Arbeit und die Kamera zuverlässig zurück. Wir hatten lediglich mit falsch bedienten Geräten zu kämpfen. Manche der Aufnahmen wurden daher mit einer Digitalkamera erneut aufgenommen. Diese stellten geringere Anforderungen bei den Aufnahmen und boten gleichzeitig mehr Optionen für kreative Bildgestaltung. Ein weiterer Grund für den Wechsel zu Digitalkameras war, dass die Entwicklung der Filme sich als aufwendig und auch teurer als angenommen erwies. Da die Frauen* sich als so zuverlässig herausstellten, liehen wir Ihnen die Digitalkamera des Frauentreffs ‚Olga', da wir damit rechnen konnten, diese wieder zurückzuerhalten.

Der Frauentreff ‚Olga' richtet sein Angebot schon seit den 1990er Jahren an alle Frauen*, die auf dem Straßenstrich vertreten sind, unabhängig von deren nationaler Zugehörigkeit. Im Laufe der Jahre gab es einen stetigen Wandel der vertretenen Nationalitäten, doch glücklicherweise hatte der Frauentreff ‚Olga' immer die Möglichkeit, Sprachmittlerinnen wie auch Sozialarbeiterinnen mit den entsprechenden Sprachkenntnissen einzusetzen. Während der Laufzeit des Projektes hatten wir Sprachmittlerinnen für Bulgarisch, Ungarisch und Rumänisch zur Verfügung. Diese stellten eine wichtige Brücke zu den über Nationalitätszugehörigkeit definierten Gruppen dar und sprachen die Frauen* für uns immer wieder auf eine mögliche Teilnahme an. Bei den Gesprächen waren sie dabei und übersetzten die Erzählungen der Frauen*.

Auch hier gab es ganz unterschiedliche Herangehensweisen der Frauen* und Trans*frauen. Manche schrieben ihre Geschichten selbstständig und brachten sie uns handschriftlich. So bekamen wir Evas Geschichten auf besondere Art und Weise niedergeschrieben. Sie musste die Stadt für eine Weile verlassen, wollte uns jedoch noch unbedingt ihre Geschichte mitgeben, sie beschriftete mehrere Taschentücher und warf uns diese in den Briefkasten. Andere Frauen* fühlten sich sicherer, wenn sie uns ihre Geschichte erzählten und wir diese im Gespräch mitschrieben. Bei manchen lag der Grund darin, dass sie selbst nicht schreiben konnten. Dadurch ergab sich immer wieder auch Material für weitere Geschichten und sehr persönliche Momente zwischen Mitarbeiterinnen und Teilnehmer*innen. Manche Teilnehmende hielten sich eher kurz, andere genossen die Situation und erzählten mehrere Geschichten. Wir machten ihnen das möglich und freuten uns über das Vertrauen, das uns entgegengebracht wurde. Jede Geschichte, mit der Frauen* zu uns kamen, egal ob kurz oder lang, wurde veröffentlicht.

Betrachtet man die Lebenswelten der Frauen* auf der Kurfürstenstraße, wird klar, dass es einen großen Unterschied zu anderen schwierigen Sozialräumen gibt. Die Frauen* kommen in die Kurfürstenstraße, um zu arbeiten. Sie halten sich dort nicht in ihrer Freizeit auf, ihre Anwesenheit ist zielgerichtet und sollte für die Sexarbeiter*innen von möglichst kurzer zeitlicher Dauer sein. Eine Teilnahme am Projekt würde für sie daher eine Verlängerung ihrer Arbeitszeit bedeuten, da davon auszugehen ist, dass sie mit Verdienstausfall zu rechnen haben. Aus diesem Grund entschieden wir uns, den Teilnehmer*innen eine Aufwandsentschädigung von 20 Euro zur Verfügung zu stellen. Sie sollte einerseits ein finanzieller Anreiz zur Teilnahme sein, gleichzeitig aber auch sicherstellen, dass keiner Frau* Nachteile aus einer Projektteilnahme entstehen würden. Und tatsächlich entwickelte sich auch bei diesem Aspekt eine interessante Dynamik. Es gab einige Personen, die uns für das Projekt zusagten, um an das Geld zu kommen. Es war ihnen nicht viel daran gelegen, etwas von sich preiszugeben oder einen engagierten Beitrag zu leisten. Sie machten ein schnelles Foto und gaben die Kamera dann bei uns ab. Bei den Besprechungen der Fotos kam es jedoch fast unumgänglich zu intensiven Momenten des Austauschs. Wir als Mitarbeiterinnen ließen uns viel Zeit um auf die Frauen* einzugehen und ihnen zuzuhören. Es entstand eine völlig andere

Dynamik, als sie sonst in den regulären Beratungskontexten oder im offenen Kontaktbereich stattfindet. Die Gespräche waren nicht defizitorientiert und die Frauen* konnten auch berichten, was sie außerhalb ihres Aufenthaltes auf der Kurfürstenstraße beschäftigt. Das ihnen entgegengebrachte, aufrichtige Interesse führte dazu, dass einige Frauen* entsprechend aufblühten und ein eigenes Interesse am Projekt bekamen. Nach den Gesprächen gab es zwei Frauen*, die nochmal ein neues, besseres Foto machen wollten, um ihre Geschichte aussagekräftiger in Szene zu setzen. Dazu begleitete sie spontan unsere Fotografin Kathrin Tschirner und zeigte ihnen, wie sie ihre Idee professionell umsetzen könnten. So war das Geld ein Mittel zum Zweck, um die Frauen* überhaupt mit dem Projekt bekannt zu machen. Die Aussicht darauf, dass das Material veröffentlicht werden und nicht in der Versenkung verschwinden würde, wirkte auf einige Teilnehmer*innen sehr motivierend. Es gab sogar Frauen*, die auf die Aufwandsentschädigung verzichteten und diese dem Frauentreff spenden wollten. Dieses Angebot nahmen wir jedoch nicht an, weil es sich ja um eine Aufwandsentschädigung für den entstandenen Verdienstausfall handelte.

4. Wie lässt sich das Photovoiceprojekt der Öffentlichkeit präsentieren?

Der ursprüngliche Budgetplan sah vor, dass wir kleine Mappen mit dem Material anfertigen sollten, von denen die Frauen* und die Geldgeber*innen jeweils einige Exemplare erhalten sollten. Im Laufe der Arbeit zeigte sich jedoch schnell, dass die Geschichten der Frauen* mehr hergeben würden. Wir entschlossen uns daher, den Budgetplan zu ändern und Geld für kleine Bücher einzuplanen – etwas zum Anfassen, etwas worauf die Teilnehmenden stolz sein könnten und dass man jenen gut in die Hand geben könnte, die sich ein Bild von der Situation an der Berliner Kurfürstenstraße machen wollen. Es gab des Weiteren die Option, die Bilder und Geschichten auf Trägerplatten drucken zu lassen, diese im Frauentreff aufzuhängen und im Zuge einer offiziellen Veranstaltung zu präsentieren. Daraus ergab sich die Möglichkeit, dass viele wichtige lokale, politische und administrative Akteur*innen die Bilder zu sehen bekamen. Wir bekamen unter anderem auch die Möglichkeit, eine weitere Ausstellung im Rathaus Berlin-Tiergarten zu organisieren. Durch die enge Verbindung zu unserer Fotografin bekamen wir zudem die Gelegenheit, in der aff Galerie[5] in Berlin Friedrichshain auszustellen und somit die Bilder einer

---

5 Die aff Galerie ist eine nicht-kommerzielle Foto-Galerie, die von einer Gemeinschaft von Fotograf*innen betrieben wird. Siehe: http://www.aff-galerie.de [Zugriff: 08.10. 2019].

größeren Öffentlichkeit nahezubringen. Es folgte eine Ausstellung im Café Ulrichs[6] und eine Teilnahme am Clara Zetkin Frauenpreis[7] Wettbewerb. Durch die positive Resonanz, die wir bis dahin durch unser Projekt erfahren hatten, erhielten wir neue Gelder, die es uns ermöglichten, eine neue Auflage des Buches zu drucken. Wann immer sich Politiker*innen nun eine Meinung bilden wollen und den Frauentreff ‚Olga' aufsuchen, sind die Geschichten aus dem Photovoice-Projekt eine Möglichkeit, ihnen eine andere Sichtweise auf die Lage von Sexarbeiter*innen zu ermöglichen als die in den Medien transportierte und die Frauen* selbst zu Wort kommen zu lassen. Denn persönlich fragen wird sie kaum jemand, durch unser Projekt jedoch wurde ihnen eine Stimme gegeben.

Zusammenfassend lässt sich sagen, dass wir im Sinne der Inklusion auf bestimmte Elemente der Photovoice-Methode verzichteten, um auf andere Punkte wiederum ein besonderes Augenmerk zu legen und so entsprechend der Partizipation möglichst alle Frauen* einzubeziehen und zu erreichen. Am Ende dieses Prozesses, nach zahlreichen Gesprächen und der Auswertung des umfangreichen Materials, stand unser Buch: Gesammelte Erfahrungen, Bilder und Geschichten von insgesamt 14 Frauen und Trans*frauen aus 5 Ländern als Ergebnis des Photovoiceprojekts im Frauentreff ‚Olga'.

5. Was hat das Photovoice-Projekt gebracht?

Wir sehen die Arbeit mit Photovoice mit einer doch relativ kurzen Laufzeit von zehn Monaten als Pilotprojekt, aus dem sich weitere Handlungsoptionen für unsere Arbeit und die Gestaltung der Einrichtung sowie der Lebensumwelt der Frauen* auf der Kurfürstenstraße ergeben. In Auseinandersetzung mit dem Projektverlauf muss neben den vielen Erfolgen an dieser Stelle auch kritisch angemerkt werden, dass es eine große Herausforderung war, dem partizipativen Ansatz der Photovoice-Methode auf allen Ebenen gerecht zu werden. Die Gründe dafür sind, wie einleitend schon angemerkt, vielseitig und hängen vor allem mit der hohen Belastung und dem Druck zusammen, unter dem viele Frauen* in ihrem Lebens- und Arbeitsalltag stehen. Im Rahmen des Projekts haben die Teilnehmer*innen eine Vielzahl an Problemlagen identifiziert,

---

6 Das Café Ulrichs ist ein Selbsthilfeprojekt der Berliner Aids-Hilfe e.V. Siehe https://www.berlin-aidshilfe.de/selbsthilfe/ulrichs [Zugriff: 08.10.2019].

7 Der Clara Zetkin Frauenpreis wird jährlich von der Partei ‚Die Linke' ausgeschrieben um Projekte zu würdigen, die die Lebenssituation von Frauen verbessern. Siehe: https://www.die-linke.de/themen/frauen/clara-zetkin-frauenpreis [Zugriff: 08.10. 2019].

welche sich im Wesentlichen mit den uns bekannten decken. Es gab jedoch auch einige neue oder uns nicht in dem Ausmaß bekannte Aspekte.

5.1 Nutzen für die Teilnehmer*innen des Projekts

Als besonderen Erfolg sehen wir, dass die Teilnehmer*innen Gelegenheit hatten, kreativ zu arbeiten. Es hatte einen selbstwertstärkenden Effekt, Vertrauen geschenkt zu bekommen, eine Kamera mitzunehmen und selbst Fotos machen zu können sowie selbst eine Geschichte zu schreiben, die dann in einem Buch veröffentlicht und an verschiedenen Orten ausgestellt wird. Dadurch konnten die Teilnehmer*innen unmittelbar die Wirkung ihrer Geschichten und Bilder auf andere überprüfen und bekamen das Gefühl, mit ihrer Arbeit und Teilnahme wirklich etwas bzw. jemanden erreichen zu können.

Ivankas Geschichte brachte einen lokalen Politiker dazu, eine Bibel auf Bulgarisch zu erwerben und sie dem Frauentreff als Geschenk für die Klientin zu überlassen. Als wir Ivanka die Bibel überreichten und ihr erzählten woher sie kam, konnte sie es kaum glauben. Personen, deren Medium sich mitzuteilen nicht unbedingt die Sprache ist oder die eher zurückhaltend sind, haben uns mit ihren Fotos oder mit handgeschriebenen Geschichten viel über sich erzählt. So war das Photovoiceprojekt für die beteiligten Frauen* auch eine Möglichkeit, sich mit ihrer aktuellen Situation oder Biographie auseinanderzusetzen. Auch das Doppelleben, das viele unserer Besucher*innen aufgrund ihrer Tätigkeit als Sexarbeiter*innen oder wegen ihrer Drogenabhängigkeit führen, stellt ein belastendes Element dar. Aus Angst vor Stigmatisierung verheimlichen viele Frauen* ihre Tätigkeit vor ihrem Familien- und Bekanntenkreis. Es gab jedoch auch vereinzelt Frauen, die offen mit ihrer Tätigkeit umgehen und auch stolz darauf sind. Das durch das Projekt gewonnene Vertrauen zueinander hat für manche Frauen* vielleicht den Boden geebnet, sich beraten zu lassen und an einer Verbesserung der aktuellen, persönlichen Situation zu arbeiten.

Abbildung 3: „ [...] und mein Doppelleben fing an". (Foto: Daniela)

Es hat damit angefangen, dass ich sehr früh geheiratet habe, mit 17. Dann mit 18 das erste Kind, mit 19 das 2. Ich konnte gar nicht mit Geld umgehen und mein Mann hat angefangen zu spielen. Das verdiente Geld hat er verzockt. Wir hatten dann sehr viele Schulden und 2 kleine Kinder. In einer Pizzeria gegenüber habe ich gearbeitet. Nebenan gab es einen Puff und die Damen kamen ab und zu rüber, haben was gegessen. In den Gesprächen habe ich mitbekommen, wieviel Geld man mit Prostitution verdienen kann. Da hab ich zu meiner Chefin aus Quatsch gesagt: „Ich glaube, ich sollte auch Prostituierte werden." Da hat sie gesagt: „Ich mache das auch, komm doch einfach mal mit." Als wir dann aus dem Taxi ausgestiegen sind, ist mir fast die Luft weggeblieben, denn in der Straße hatte ich bis zum 10. Lebensjahr meine Kindheit verbracht. Dann standen wir vor dem Laden, in dem ich mich zukünftig prositutieren würde und ich stellte fest, dass das der Laden war, in dem ich als kleines Mädchen mein Fahrrad habe reparieren lassen. Meine ganze Kindheit lief noch mal wie ein Film vor meinen Augen ab. Und ich glaube, in diesem Moment ist etwas in mir passiert. Damit war der erste Stein für die Mauer gelegt, die ich um mich herum aufgebaut habe und mein Doppelleben fing an. Mein ganzer Familienkreis wusste nichts davon. Ich habe immer gesagt, dass ich kellnern und servieren gehe. Da war ich 19. Die Schulden waren dann bald beglichen, weil man damals in den 80ern manchmal 2000 Mark am Abend verdienen konnte. Als ich dann 1,5 Jahre später, es war der 15. Mai, nach Hause kam, war die Wohnung leer. Meine Kinder, mein Mann, alle Möbel, einfach weg. Die Wohnung

besenrein. Für mich ist natürlich die Welt zusammengebrochen, aber da ich immer Probleme hatte mich Menschen anzuvertrauen, habe ich mir in dem Moment leider keine Hilfe geholt. Und der zweite Teil meines Doppellebens begann...
(Daniela,Teilnehmerin an dem Photovoice-Projekt des Frauentreffs ‚Olga' in der Kurfürstenstraße/Berlin, 2014)

5.2 Nutzen für die Mitarbeiterinnen des Frauentreffs ‚Olga'

Neu war beispielsweise die Bedeutung von Religion, denn für viele Frauen* spielt der Glaube eine wichtige Rolle und gilt als Kraftquelle, die Hoffnung gibt. Beeindruckt hat uns auch, mit wie viel Humor und Witz manche Frauen* die Herausforderungen ihres Lebens angehen und diese in ihre Erzählungen einbrachten. Ein weiterer positiver Effekt des Projekts ist der Aufbau einer viel engeren Beziehungen zwischen den Mitarbeiterinnen des Frauentreffs ‚Olga' und den Teilnehmer*innen. Insbesondere die Beziehung zwischen den deutschstämmigen Sozialarbeiterinnen und nichtdeutschen Frauen* konnten durch die Sprachmittlerinnen als Brücke gestärkt werden. Auch wenn wir die meisten Frauen* bereits seit vielen Jahren kennen, haben wir neue Einblicke in ihren Lebensalltag und bedeutsame Informationen für unsere Arbeit gewonnen.

Wir haben sehr viel darüber erfahren, wie sich die Situation auf dem Straßenstrich im Vergleich zu früher geändert hat und erkannt, dass die Frauen teilweise sehr wohl Interesse daran haben, den Zusammenhalt untereinander zu stärken. Aufgrund der individuellen Probleme jeder Einzelperson und der immer größer werdenden Belastungen im Arbeitsfeld, unter anderem durch die geringeren Verdienstmöglichkeiten und wegen der Sprachbarriere, ist dies in der Umsetzung jedoch schwierig und die Konkurrenz untereinander bleibt trotzdem groß. Wie groß die Hürden im Zugang zum Wohnungsmarkt oder zu Sozialleistungen sind, war uns bereits bekannt, bestätigt uns aber darin, dass wir mit unserer Grundversorgung und unserem Beratungs- und Unterstützungsangebot wichtige Arbeit leisten und es an anderen Stellen entsprechend an Angeboten mangelt.

Auch die Rollenumkehr, dass wir Sozialarbeiterinnen mit unserem Anliegen und der Bitte um Unterstützung auf die Frauen zugingen und sie mit ihrem Expert*innenwissen um ‚Hilfe' angefragt haben, war für beide Seiten eine wertvolle Erfahrung, die einen besonderen Wissens- und Empathietransfer ermöglichte und uns als Einrichtung auch die Möglichkeit gab, Frauen neues Vertrauen in ‚das System' zu geben.

Abbildung 4: „Ich wünsche Ihnen einen wunderschönen Tag und viel Spaß bei der Arbeit". (Foto: Eva)

Die einen müssen das Geld verdienen wegen der Zuhälter, die anderen brauchen ihre Drogen. Wie in meinem ganzen komischen Leben habe ich Glück im Unglück und mit nichts davon etwas zu tun.
    „Es ist heute warm. Sie sollten genug trinken." Vater, Tochter und Hund sind wieder da. „Ich passe auf", gebe ich zur Antwort und zeige meine Trinkflasche. „Leben Sie in Berlin?", fragt der Papa. „Nein. Bin nur ein paar Tage zu Besuch." –„Von wo kommen sie?" – „Aus Tschechien." „Aha. Ich hatte mal eine Freundin aus Děčín". Was soll man auf eine solche Info antworten? „Sie haben eine schöne Tochter und einen schönen Hund." „Danke", sagt die Kleine, die wirklich sehr schön ist. „Macht die Arbeit Ihnen Spaß?", fragt der neugierige Papa. „Das ist ein Geheimnis", antworte ich. Die ganze Situation ist mir sehr peinlich. Das Kind dabei macht mich fix und fertig. Sie kapiert es und sagt: „Papa, wir müssen jetzt gehen." „Ich wünsche Ihnen einen wunderschönen Tag und viel Spaß bei der

Arbeit." Kein Kommentar. Mein Gott, für was hast du diese Seele verschenkt. Freitag, Scheißtag. Einen Augenblick später kommt ein Auto. Ein Onkel mit riesengroßem Hut. „Du stehst schon lange da, was?" – „Ja", sage ich. „Setz dich mal rein". Ich steige ein. „Was machst du alles?" fragt mich der Sombrero-Mann. Solche Fragen bedeuten zu 95% Perversitäten. „Was möchtest du denn machen?" – „Sag erst du." – „Okay, das, das, das." „Mmh, ich habe ganz spezielle Wünsche. Davon machst du hundert pro nichts. Na, maximal 20 Euro?" „Wofür?", ich bin ganz überrascht. „Für deine Zeit und du musst ja auch wieder 100 Meter zu Fuß zurückgehen." Ist das Leben verrückt oder was?
(Eva, Teilnehmerin an dem Photovoice-Projekt des Frauentreff Olga in der Kurfürstenstraße/Berlin, 2014)

5.3 Nutzen für die Einrichtung des Frauentreffs ‚Olga'

Als weitere Versorgungslücke konnten die mangelnden Schlafmöglichkeiten identifiziert werden. Es gibt nicht genügend Plätze, an denen Frauen*, die nachts der Prostitution nachgehen, tagsüber schlafen können, denn die klassischen Notschlafstellen haben dann geschlossen. Für uns folgte daraus, dass wir unser bisheriges Angebot ausbauen mussten. Wir konnten Gelder für die Renovierung unseres Schlafzimmers beantragen und erweiterten unsere Schlafmöglichkeiten. Den Frauen* stehen nun vier Betten zur Verfügung, die während der Öffnungszeiten genutzt werden können und häufig vollständig belegt sind.

6. Fazit: Erkenntnis über die vielschichtigen Lebenswirklichkeiten der Besucher*innen von ‚Olga'

Die Photovoice-Methode in einem niedrigschwelligen Setting mit einer massiv unter (zeitlichem) Druck stehenden, mehrfach diskriminierten und stigmatisierten Personengruppe umzusetzen, ist eine große Herausforderung – zu Beginn war uns nicht klar, ob es nicht sogar unmöglich ist. Rückblickend ist jedoch zu sagen, dass es sich in jedem Fall gelohnt hat und sowohl der Prozess als auch die Ergebnisse des Projekts ein großer Gewinn waren und sind.

Neben der Erfahrung für die Teilnehmenden, in der Lage sein zu können, beeindruckende Ergebnisse, sei es in Bild- oder in Textform abzugeben und damit in der Öffentlichkeit aufzutreten bzw. eine Stimme zu haben, war es zudem ein wichtiges Projekt, um den Zusammenhalt und die Solidarität unter den

Sexarbeitenden zu stärken. Was im Alltag nicht häufig geschieht – eine Brückensetzung zwischen Sexarbeiter*innengruppen unterschiedlicher Nationalität, unterschiedlicher Peergroups oder auch nur unterschiedlicher Arbeitszeiten – ergab sich im Projekt auf eine selbstbestimmte sowie gleichzeitig zweckgebundene Weise. Auch entstanden durch das Projekt Bekanntschaften, die teils bis zum heutigen Tag andauern. Auch die Teilnahme von Trans*frauen, welche innerhalb des Frauentreffs zu einer nochmals gesondert diskriminierten und von anderen Frauen teils gemiedenen Personengruppe gehören, ist positiv zu bewerten, weil auch hier Berührungsängste sowie Stigmatisierungen unter den Teilnehmenden abgebaut und durch Information und Kennenlernen die Ausgrenzung reduziert werden konnten.

Der für uns bemerkenswerteste Aspekt war jedoch, dass es gelang der Öffentlichkeit zu zeigen, dass es sich bei unserer Zielgruppe eben nicht um eine homogene Masse von gesichts- und sprachlosen Sexarbeiter*innen handelt – wie uns dies oft kommuniziert wird – sondern um einzelne Persönlichkeiten mit eigenen Perspektiven, Wünschen und Ängsten. Das Projekt bietet eben auch einem Einblick in die Welt der Teilnehmenden jenseits der Sexarbeit. Die Sexarbeit stellt für einen Großteil unser Besucher*innen eine pragmatische oder auch aus Armut oder wegen einer Abhängigkeit notwendige Art von Lohnarbeit dar und ist bei Weitem nicht das konstituierende Element ihres Lebens. Die sehr wohl vorhandenen und teils existenziellen Probleme der Frauen* liegen häufig in völlig anderen Bereichen – Wohnungslosigkeit, Sucht, Armut, mangelnde Partizipationsmöglichkeiten am gesellschaftlichen Leben und Gewalterfahrungen. Die im Projekt entstandenen Bilder und Geschichten zeigen dies auf beeindruckende Art und Weise.

Aus sozialarbeiterischer Perspektive war der große Gewinn des Projekts, dass verdeutlicht wurde, um wie viel vielschichtiger die Lebenswirklichkeiten unserer Besucher*innen sind als wir es in der alltäglichen Beratungsarbeit, im Kontaktcafé oder im Kontext von Streetwork erleben. Viele Anregungen der Frauen* konnten wir mitnehmen, um sie im Team zu reflektieren und in unsere alltägliche Arbeit zu integrieren.

Insgesamt lässt sich sagen, dass die Methode Photovoice aus unserer Sicht in einem niedrigschwelligen Setting zwar modifiziert und auf die Bedürfnisse der Teilnehmenden angepasst werden muss, sich ihr Einsatz aber gerade in der Arbeit mit mehrfach stigmatisierten und diskriminierten Personen lohnt und für alle Beteiligten gewinnbringend ist.

Photovoice-Projekt mit Besucherinnen eines Frauentreffs 51

Abbildung 5: „Wir sehen uns oft die Schaufenster von den Möbelhäusern an [...]". (Foto: Piroska)

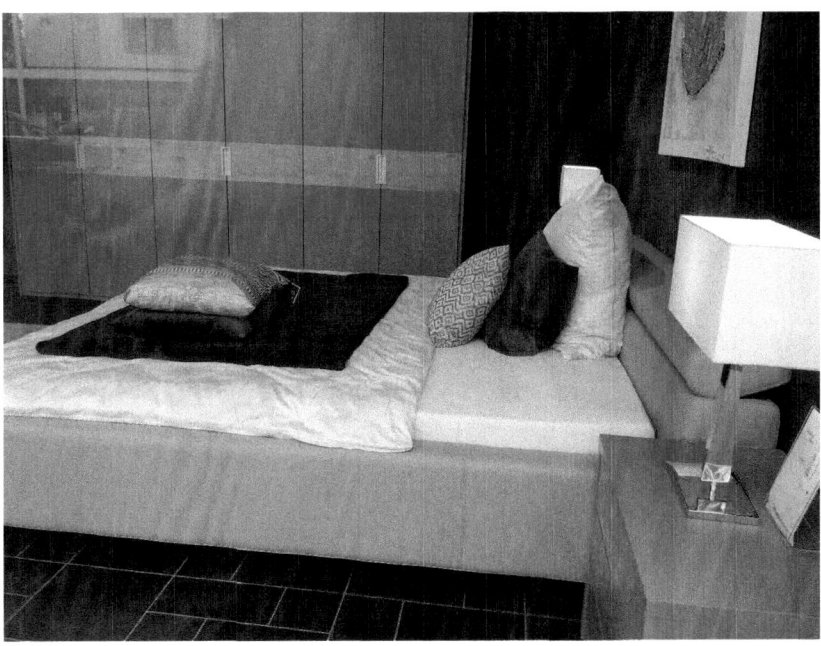

„Eine Anmeldung wäre gut, denn ich hätte gerne eine Wohnung und würde gerne richtig arbeiten. Ich möchte ein sehr schönes Bett und Vorhänge. Eine Wohnung mit Parkettboden, aber Teppich geht auch und ein kleines Bad, aber mit Badewanne. Wir sehen uns oft die Schaufenster von den Möbelhäusern an, die hier um die Ecke sind. Das machen alle Frauen. Dann stellen wir uns vor, dass es unsere Möbel wären, in unseren eigenen Wohnungen. Wir stellen uns das oft zusammen vor. Das ist ein riesiges Gesprächsthema. Niemand dürfte mit Schuhen in meine Wohnung und auf meinen schönen Teppich gehen. Aber ich fühle mich hier sowieso fremd und will gar kein eigenes Bett in Berlin, sondern eines in Ungarn. Dann geh ich nach Hause, zu meiner Familie, zu meinen Kindern und wir schlafen zusammen in einem Bett"
(Piroska, Teilnehmerin an dem Photovoice-Projekt des Frauentreffs Olga in der Kurfürstenstraße/Berlin, 2014).

Abbildung 6: „[...] wenn ich sehr erschöpft und müde bin, dann tut es mir gut, im Olga zu sein". (Foto: Piroska)

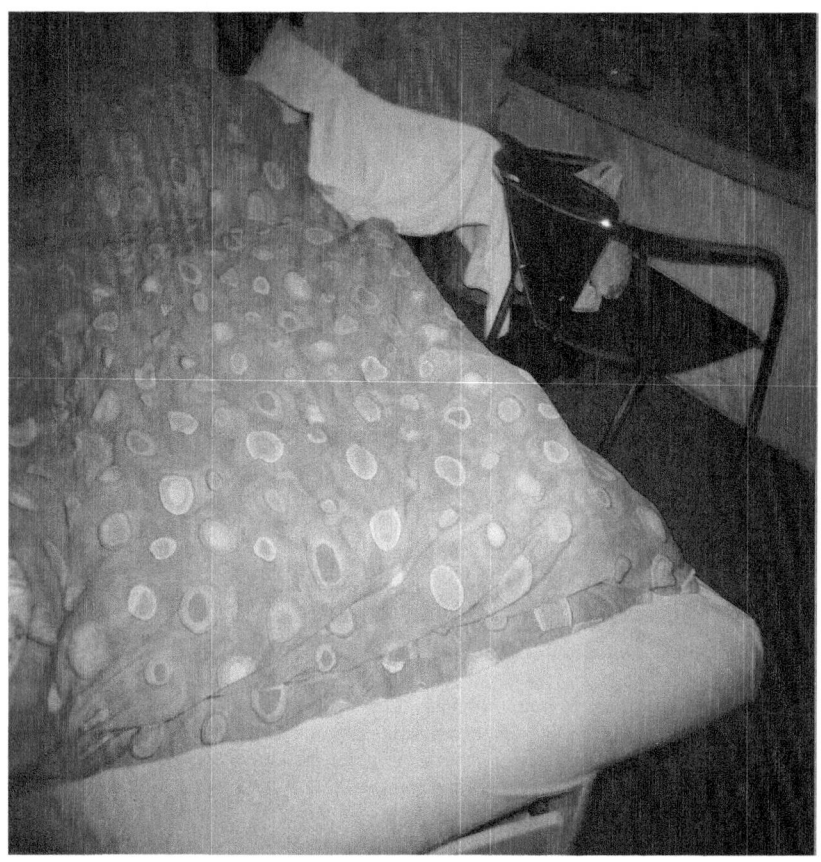

„Ich arbeite hier auf der Straße und wenn ich sehr erschöpft und müde bin, dann tut es mir gut, im ‚Olga' zu sein, hier zu duschen und mich auszuruhen. Auf diesem Bett schlafe ich dann. In Deutschland bin ich schon ein paar Jahre, 7 oder 8. So lange schlafe ich auch schon im ‚Olga', aber trotzdem ist es immer noch etwas Fremdes. Ich kann mich tagsüber hier ausruhen, um die Nacht zu überstehen, denn da muss ich Geld verdienen. Deswegen arbeite ich ja hier. Ich habe kein eigenes Bett. Wenn ich eines habe, dann nur wenn ich dafür bezahle. Ich hatte noch nie eine eigene Wohnung in Berlin und schlafe im ‚Olga', im Internet Café oder woanders. Wenn du Geld hast, dann ist es nicht schwer. Du kannst dir eine Pension leisten und hast alles, aber sobald das Geld alle ist, wird es sehr anstrengend. Ich habe in Ungarn mit meiner ganzen Familie zusammengewohnt. Mit meiner Mutter, meinen Kindern und Schwestern und meinem Freund."

Piroska, Teilnehmerin an dem Photovoice-Projekt des Frauentreffs ‚Olga' in der Kurfürstenstraße/Berlin, 2014)

Literatur

Herter, Angela/Fem, Emy (2017): Vorgeblicher Schutz, vorgebliche Maßnahmen: Überblick über das Prostituiertenschutzgesetz. Briefing Papier für den ICRSE (International Comitee fort he rights of sex workers in Europe), http://www.hydra-berlin.de/fileadmin/users/main/pdf/Manifeste_und_Texte/ICRSE_Overview_of_the_German_Prostitutes_Protection_Act_May2017_DE_02.pdf [Zugriff: 10.07.2019].

Unger, Hella von (2014): Partizipative Forschung. Einführung in die Forschungspraxis. Wiesbaden: Springer.

„Wie ein grünes Schaf ..." Partizipative Forschung mit jungen Trans*-Menschen zu ihren Lebenslagen

Erik Meyer und Arn Sauer

1. Einführung: Warum partizipativ forschen?

> *Dass man langsam anfängt da zu forschen, wie können wir auf andere Leute mit dem Thema zugehen? Das halte ich halt für sehr wichtig. Es lohnt halt nicht, die ganzen Informationen über uns zu sammeln, wenn man damit hinterher nichts tun kann.*
> (Chris, 18 Jahre)

Auch wenn die qualitativen Forschungsansätze den Anspruch erheben, „Lebenswelten ‚von innen heraus' aus der Sicht der handelnden Menschen zu beschreiben" (Flick/Kardorff/Steinke 2003: 14), gilt in der Regel sowohl in der qualitativen als sowieso auch in der quantitativen Forschung die ‚objektive' Haltung und Nichteinmischung der Forschenden als wissenschaftlich gesetzt. Neue Wege schlug ab den 1940er Jahren der aus Deutschland emigrierte Sozialwissenschaftler Kurt Lewin ein, der den Ansatz des ‚Action Research' in Zusammenhang mit der Erforschung der Schwierigkeiten von Minderheitengruppen bekannt machte (Lewin 1946). Ab den 1960er Jahren wurde eine solche Aktionsforschung auch in Deutschland angewandt. Das Neue daran war, dass die Forschung eine Interaktion mit den beforschten Menschen einschloss, wodurch die ‚klassische' Trennung zwischen Forschenden und Beforschten aufgehoben wurde. Dabei setzte sie sich explizit zum Ziel, die sozialen Bedingungen, die sie erforschte, in einem gemeinsamen Prozess mit den von diesen Bedingungen Betroffenen in für sie hilfreicher Weise zu *verändern* – auch dies war eine Verletzung des üblichen Forschungsparadigmas. Nachdem die Ansätze der Aktionsforschung, als unwissenschaftlich verpönt, in Deutschland jahrzehntelang in Vergessenheit geraten waren, finden sie in den letzten Jahren als Partizipative Forschung (Participatory Action Research) aus Amerika wieder ihren Weg zurück. Maßgeblich an dieser Entwicklung beteiligt sind Michael T. Wright und Hella von Unger (Wright 2010, Unger 2014).

Gemäß ihrer Zielsetzung findet die Partizipative Forschung bisher insbesondere in der Erforschung von Lebenslagen benachteiligter Gruppen Anwendung, wie bspw. in den mit herkömmlichen Präventionsmethoden schwer zu erreichenden Risikogruppen für eine HIV-Infektion (Unger/Gangerova 2011), bei Menschen mit Lernschwierigkeiten (Allweiss/Burtscher/Perowanowitsch 2016), bei Psychiatrie-Erfahrenen (Demke/Heumann/Mahlke/Bock 2017) oder bei anderen Nutzer_innen/‚Überlebenden' von Bildungs-, Sozial- und Gesundheitssystemen (Egener 2018). In diesem Sinne eignen sich partizipative Forschungsansätze auch für den Bereich der Geschlechter- bzw. Genderforschung (siehe bspw. das Projekt ‚Queergesund*', von Gabriele Dennert in diesem Band), da auch die Geschlechterverhältnisse, trotz häufig anderslautender Darstellungen, nach wie vor deutliche Ungleichheiten aufweisen. Dies potenziert sich, wenn es um Geschlechter jenseits der binären Logik Mann/Frau geht oder wenn sich *Geschlecht* im Sinne von Intersektionalität (Crenshaw 1989, Winker/Degele 2009) mit weiteren Benachteiligungen verschränkt, wodurch spezifische Diskriminierungslagen entstehen.

2. Partizipation und die Lebenssituation von Trans*-Menschen

Wenn einfach die Leute, die da entscheiden, sich mal mit UNS auseinandersetzen, sich mit UNS in Kontakt begeben... .
(Jack, 20 Jahre)

Eine besondere Benachteiligungssituation in Bezug auf Geschlecht erleben Trans*-Menschen, also Personen, die sich ihrem bei der Geburt zugewiesenen Geschlecht gar nicht, zeitweise nicht oder nicht vollständig zugehörig fühlen. Sie identifizieren und bezeichnen sich auf unterschiedliche Weise, bspw. „als trans*, transgeschlechtlich, transsexuell, transgender, transident, geschlechtlich nichtkonform, gender-queer, gender- oder geschlechtlich-divers, wedernoch, a-gender bzw. a-geschlechtlich und mit vielen weiteren Selbstdefinitionen, die eine große Bandbreite an geschlechtlicher Vielfalt bzw. Verweigerung von Vergeschlechtlichung zum Ausdruck bringen. Sie werden im Folgenden kurz als „Trans*" bezeichnet." (Sauer/Meyer 2016:8; vgl. Netzwerk Trans*-Inter*-Sektionalität 2014). Dabei dient das ‚Sternchen' als Platzhalter und Kennzeichen dieser geschlechtlichen Vielfalt. Nur ein Teil der Trans*-Menschen strebt eine dauerhafte Transition mit Hilfe medizinischer bzw. juristischer Maßnahmen an. Allerdings ist es den meisten Trans*-Menschen sehr wichtig, in ihrem Alltag in dem Geschlecht gelesen zu werden, dem sie sich zugehörig fühlen (zu *passen*). In ihrem Alltag erleben viele Trans*-Personen vielfältige Schwierigkeiten, von so genannten Mikroaggressionen, wie bspw. abschätzigen Blicken, bis hin zu schwerwiegender Diskriminierung. Forschung zu diesem Thema wird in Deutschland erst seit wenigen Jahren durchgeführt (vgl. Franzen/Sauer 2010). Allerdings finden Diskriminierung und

Pathologisierung auch durch Institutionen des Hilfesystems statt, indem als Bedingung für die Inanspruchnahme medizinischer und juris-tischer Unterstützung nach wie vor die psychiatrische Diagnose ‚Transsexualismus' in Kauf genommen werden muss. Dabei beanspruchen diese Institutionen in Form von psychologischen Begutachtungen die Deutungsmacht (vgl. Sauer/Güldenring/Truider 2016), während den Trans*-Menschen strukturell ihr Wissen über sich selbst abgesprochen wird. Diese Bedingungen werden von den Betroffenen in der Regel als zusätzlich belastend erlebt. Hinzu kommt das Angewiesensein auf den ‚Goodwill' der einzelnen Entscheidungstragenden im System. Dabei fehlt häufig Wissen über die Schwierigkeiten und Unterstützungsbedarfe von Trans*-Menschen, auch bei Psychotherapeut_innen (vgl. Sauer/Meyer 2016, Wolf/Meyer 2017). Erst seit relativ kurzer Zeit gibt es auf die speziellen Bedürfnisse von Trans*-Menschen zugeschnittene professionelle, parteiliche, trans*-akzeptierende Beratungs- und Unterstützungsangebote, etwa in Berlin und Hamburg (vgl. Fritz 2013, Meyer 2015a, Meyer 2015b, Günther 2015). Die beschriebenen Schwierigkeiten von Trans*-Personen gelten in besonderer Weise für Trans*-Kinder und Jugendliche bzw. junge Erwachsene, da hier intersektional als weitere Achse der Benachteiligung der Faktor ‚Alter' zum Tragen kommt. Für sie sind kaum spezielle Unterstützungsangebote vorhanden und sie finden in Bezug auf ihre eigenen Angelegenheiten nur selten Gehör. Bei Personen unter 18 Jahren kommt erschwerend hinzu, dass bei ihnen in Bezug auf medizinische und rechtliche Maßnahmen oft besondere Bedenken geäußert werden und sie auf die Zustimmung ihrer Erziehungsberechtigten angewiesen sind. Insofern besteht gerade in der Gruppe der Trans*-Personen und insbesondere der jungen Trans* ein hoher Bedarf danach, als Expert_innen in ihrer eigenen Sache ernst genommen zu werden sowie Verfügung über ihre eigenen Angelegenheiten zu erhalten. Auf Forschungsprozesse übertragen erscheint ihre möglichst weitgehende Partizipation daher folgerichtig.

Michael T. Wright, Hella von Unger und Martina Block (2010) entwickelten aus unterschiedlichen Partizipationsmodellen anderer Autor_innen ein Stufenmodell der Partizipation, das sich vorrangig auf den Bereich der Gesundheitsförderung und Prävention bezieht (siehe Abbildung 1). Es soll im Folgenden auf die Situation von Trans*-Menschen bezogen werden.

Das Modell beinhaltet neun hierarchisch angeordnete Stufen, die sich auf vier Ebenen aufteilen. Die erste Stufe auf der niedrigsten Ebene der *Nicht-Partizipation* wird ‚Instrumentalisierung' genannt. Damit ist gemeint, dass Mitglieder der Zielgruppe für die Interessen der Entscheidungstragenden eingesetzt werden. Auch Trans*-Menschen geschieht dies, z.B. in der Forschung. So beschwerten sich eine Zeit lang in einer Beratungsstelle für Trans*-Menschen Ratsuchende darüber, dass sie sich in der für sie zuständigen Abteilung der örtlichen Universitätsklinik, in der sie sich psychotherapeutische Gespräche erhofften, genötigt sahen, stattdessen an einer Studie teilzunehmen.

Abbildung 1: Stufenmodell der Partizipation

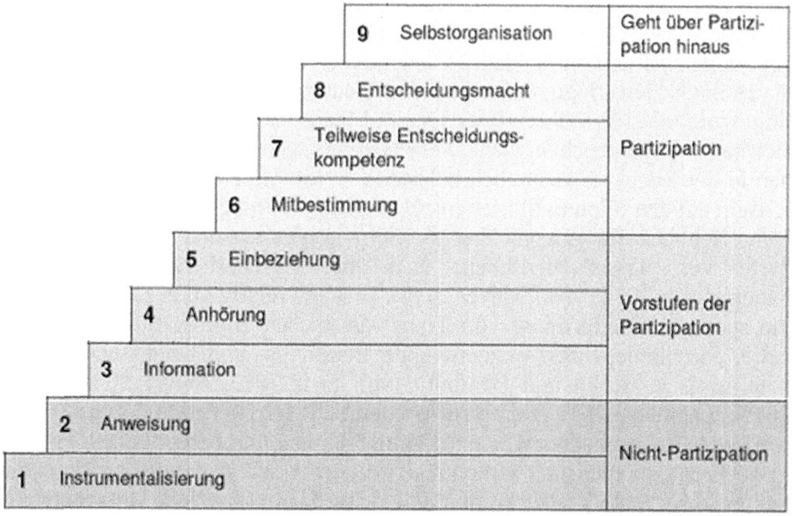

Stufe		Kategorie
9	Selbstorganisation	Geht über Partizipation hinaus
8	Entscheidungsmacht	Partizipation
7	Teilweise Entscheidungskompetenz	Partizipation
6	Mitbestimmung	
5	Einbeziehung	Vorstufen der Partizipation
4	Anhörung	Vorstufen der Partizipation
3	Information	
2	Anweisung	Nicht-Partizipation
1	Instrumentalisierung	Nicht-Partizipation

Quelle: Wright et al. 2010, S.42

Die zweite Stufe der ‚Anweisung', bei der die Entscheidungstragenden ihr Vorgehen definieren und dies gegenüber der Zielgruppe direktiv kommunizieren, ist im Gesundheitssystem immer noch sehr verbreitet. Der mit vielen psychischen und finanziellen Belastungen verbundene Begutachtungsprozess für Trans*-Menschen, die medizinische und/ oder juristische Leistungen benötigen, lässt sich dieser Ebene zuordnen. Die zweite Ebene in dem Modell betrifft *Vorstufen der Partizipation*, bei denen die Zielgruppe in die Entscheidungsprozesse eingebunden ist. Das ist die dritte Stufe der ‚Information', bei der die Entscheidungstragenden ihr Vorgehen gegenüber der Zielgruppe begründen. Ein Beispiel dafür ist das klassische medizinische Aufklärungsgespräch, bei dem eine Ärzt_in das geplante Vorgehen, z.b. bei einer Hormonbehandlung, erläutert. Die vierte Stufe im Modell ist die ‚Anhörung', hier werden Angehörige der Zielgruppe zu ihrer Lebenssituation befragt. Bspw. wurde 2013 im Vorfeld der Entwicklung der neuen Behandlungsstandards für Trans*-Menschen, der „Geschlechtsinkongruenz, Geschlechtsdysphorie und Trans-Gesundheit: S3-Leitlinie zur Diagnostik, Beratung und Behandlung" (AWMF 2019) ein Anhörungsverfahren durchgeführt, bei dem an verschiedenen Orten in Deutschland Menschen aus den Trans*-Selbsthilfestrukturen zu ihren Bedürfnissen befragt wurden. Mit ‚Einbeziehung' auf Stufe fünf ist die unverbindliche Beratung der Entscheidungstragenden durch ausgewählte Personen aus der Zielgruppe gemeint. So ist bei der Erstellung von medizinischen Leitlinien, auch für die ‚Behandlung der Geschlechtsdysphorie', gefordert, neben den Vertreter_innen der beteiligten Fachgesellschaften jeweils auch Mitglieder von Selbsthilfegruppen einzubeziehen (wie ebenfalls in der vorgenannten AWMF-Leitlinie geschehen). Die dritte Ebene der Partizipation bezieht sich auf die *echte Partizipation*, bei der die Zielgruppe tatsächlich Einfluss auf ihre Angelegenheiten nehmen kann. Auf Stufe sechs befindet sich die ‚Mitbestimmung', bei der Mitglieder der Zielgruppe ein Mitspracherecht haben und es zu Verhandlungen mit den Entscheidungstragenden kommen kann. So ist auch ein ärztliches Gespräch auf dieser Ebene denkbar, wenn bspw. ein Arzt oder eine Ärzt_in gemeinsam mit einer Trans*-Person das Für und Wider verschiedener Operationsmethoden abwägt. Als weiteres Beispiel kann der „Aktionsplan für Akzeptanz geschlechtlicher und sexueller Vielfalt" (Freie und Hansestadt Hamburg 2017) genannt werden, der in einem partizipativen Prozess mit örtlichen LSBTI*-Gruppen und Aktivist_innen unter Federführung der Stabsstelle Gleichstellung und geschlechtliche Vielfalt entwickelt wurde. Bei der teilweisen Übertragung von Entscheidungskompetenz auf Stufe sieben können die Mitglieder der Zielgruppe bestimmte Aspekte einer Maßnahme selbst bestimmen, die grundsätzliche Verantwortung dafür tragen jedoch andere. Auf Stufe acht hat die Zielgruppe ‚Entscheidungsmacht', das heißt, sie bestimmt die wesentlichen Aspekte der Maßnahme selbst, andere Akteur_innen sind nach wie vor in unterstützender Rolle an Entscheidungen beteiligt. Als Beispiel lässt sich hier das Projekt ‚Trans* – Ja und?!' nennen, das im Vorfeld der Gründung des ‚Bundesverband Trans*' (BVT*) in Kooperation mit dem queeren Jugendnetzwerk ‚Lambda e.V.' seit 2015 umgesetzt und durch finanzielle Mittel des Bundesministeriums für Familie, Senioren, Frauen und Jugend (BMFSFJ) im Rahmen des Bundesprogramms ‚Demokratie leben!' ermöglicht wurde. Die neunte Stufe der ‚Selbstorganisation' geht über die Partizipation im eigentlichen Sinn hinaus. Sie ist von der Zielgruppe selbst initiiert und deren Mitglieder treffen alle Entscheidungen eigenverantwortlich. Ein Beispiel für diese Stufe ist die Gründung des BVT* im Sommer 2015 durch 59 Personen aus über 30 verschiedenen Selbsthilfegruppen, Vereinen und Initiativen, der sich als regionsübergreifende Organisation der Trans*-Community für die Rechte von Trans*-Personen unterschiedlicher Identitäten und Positionierungen auf Bundesebene einsetzt.

3. Die Anwendung von Community Based Participatory Research mit jungen Beteiligten aus der Trans*-Community

Die im Folgenden skizzierte partizipative Studie (Sauer/Meyer 2016) wurde in Zusammenhang mit im Jahr 2015 in vier Städten in Deutschland unter dem

Namen ‚Trans* – Ja und?!' angebotenen Medien-Empowerment-Workshops für junge Trans*-Menschen im Alter zwischen 14 und 26 Jahren durchgeführt. Der partizipative Forschungsansatz wurde im Projekt auf folgende Weise umgesetzt:

- Der Bedarf für das Projekt und die Idee dazu wurden ‚community based' innerhalb der Trans*-Community (Aktivist_innen im Umfeld der Gründung des Bundesverbands Trans*) formuliert.
- Die Studie wurde durch Wissenschaftler_innen, die sich selbst als trans*aktivistisch (Trans*-Personen, Zugehörige oder Aktivist_innen) positionierten, konzipiert und durchgeführt. Dadurch konnte einerseits erreicht werden, dass die Teilnehmenden dem Projekt gegenüber Vertrauen schenkten, und andererseits gesichert werden, dass community-basiertes Wissen in die Studie einfließen konnte.
- Zusätzlich wurden weitere Trans*-Community-Mitglieder in die Forschungsplanung einbezogen, bspw. bei der Entwicklung des Interviewleitfadens sowie bei den Probeinterviews.
- Um möglichst vielen Interessierten die Teilnahme an den Workshops zu ermöglichen, wurde dafür gesorgt, die Zugangsbarrieren möglichst niedrig zu halten, z.B. durch kostenfreie Teilnahme, ggf. auch Übernachtung sowie Fahrkostenzuschuss, mehrsprachige Teamer_innen (Deutsch/Englisch/Gebärdensprache) und rollstuhlgerechte Räume.
- Die Interview-Teilnehmenden erhielten die Möglichkeit, als Expert_innen in ihrer eigenen Sache über ihr Selbstverständnis und ihre Lebenssituation zu berichten und ihren Unterstützungsbedarf, den sie sich von Seiten der Gesellschaft und von Institutionen erhoffen, zu benennen.
- Darüber hinaus wurde ihnen ermöglicht, den Berichtsentwurf in Gänze zu lesen und zu kommentieren und damit in einer letzten Korrekturschleife inhaltlich über den Forschungsbericht zu entscheiden, indem „der Selbstbestimmung der Teilnehmenden über die Forschungsergebnisse (…) in diesem Prozessschritt Vorrang vor der Interpretation der Autor_innen eingeräumt" (Sauer/Meyer 2016: 12) wurde.
- Den Abschluss des Forschungsberichts bildete eine direkt aus den Daten gewonnene Auflistung der Wünsche und Empfehlungen der Befragten an Gesellschaft und Politik.
- Um die Studieninhalte möglichst vielen Interessierten zugänglich zu machen, war der Forschungsbericht in möglichst verständlicher Sprache verfasst und kostenfrei im Internet veröffentlicht worden.
- Als Ziel der Studie wurde die Stärkung (Empowerment) der Teilnehmenden formuliert, darüber hinaus eine Stärkung anderer junger Trans* sowie das Fernziel einen Beitrag zur Verbesserung der Lebenslagen junger Trans*-Menschen in Deutschland zu leisten, indem die daraus abgeleiteten Forderungen den Entscheidungstragenden der Politik vorgelegt werden sollten.

An drei Standorten konnten insgesamt 15 Workshopteilnehmende für die anschließend durchgeführten leitfadengestützten Fokusgruppen-Interviews gewonnen werden. Die Teilnehmenden waren 14 bis 26, im Mittel 20 Jahre alt. Die Interviews dauerten durchschnittlich etwa 1,5 Stunden. Die Audioaufnahmen wurde transkribiert und mit Hilfe des Computerprogramms ‚MAXQDA 10' in Anlehnung an die qualitative Inhaltsanalyse nach Mayring (2015) ausgewertet. Es ergab sich ein Codesystem mit 833 Codes in 25 Kategorien, wobei manche Textstellen mehreren Codes zugeordnet wurden. Fünf Teilnehmende folgten dem Aufruf, den Studienbericht gegenzulesen, vier von ihnen gaben Rückmeldungen, die sich jedoch auf sprachliche und Rechtschreibkorrekturen bezogen. Inhaltlich gestaltend brachte sich an dieser Stelle keine der befragten Personen ein. Mehrere Studienteilnehmende nahmen an der Präsentation und Diskussion der Ergebnisse in den Räumen des BVT* in Berlin im Dezember 2016 teil.

4. Zusammenfassung der Ergebnisse der Studie „Wie ein grünes Schaf in einer weißen Herde: Lebenssituationen und Bedarfe von jungen Trans*-Menschen in Deutschland"

Wenn man diese Grenzen mehr auflöst, dann wird auch mehr Akzeptanz für alles, was sich dazwischen bewegt, entstehen.
(Chris, 18 Jahre)

In den Gruppendiskussionen äußerten sich die jungen Trans*-Menschen reflektiert und vielschichtig zu ihrem eigenen Erleben von Geschlecht und Identität, wobei sich die wenigsten eindeutig in einem Geschlecht verorteten. Dabei zeigte sich eine deutliche Diskrepanz zwischen ihrem inneren Erleben und den Zuschreibungen durch die Außenwelt. Insofern bedeutete für die Befragten das Coming-out als Trans*-Person meist einen großen Schritt. Dieser Schritt war oft mit Befürchtungen verbunden und erfolgte in den verschiedenen Lebensbereichen unterschiedlich bzw. wurde in manchen Kontexten zunächst vermieden. Besonders wichtig war das ‚Passing' im Identitätsgeschlecht sowie das Erleben von Akzeptanz, auch bei einer nicht-binären Selbstverortung. Die Akzeptanz zeigte sich im Alltag insbesondere durch die selbstverständliche Verwendung des gewünschten Namens und Pronomens. Dabei machten die Befragten unterschiedlichste Erfahrungen von engagierter Unterstützung über Ignoranz bis hin zu offener Ablehnung. Diskriminierungs-erfahrungen wurden aus unterschiedlichen Kontexten berichtet, zum Beispiel im öffentlichen Raum beim Besuch von Toiletten. Als besonders belastend wurden die mit der Transition verbundenen bürokratischen Hürden sowie die Abhängigkeit von den beteiligten Fachleuten erlebt, etwa von Sachbearbeiter_innen und Gutachter_innen. Problematisiert wurde u.a. deren oft mangelndes Fachwissen und gelegentlich wenig sensibles Verhalten. Dies betraf auch Psychotherapeut_innen, wobei es hier auch positive Erfahrungen gab. In Bezug auf medizinische Maßnahmen wurde vor allem die das ‚Passing' unterstützende Wirkung der Hormonbehandlung thematisiert. Relativ ausführlich äußerten sich die Studienteilnehmer*innen zu ihren Familien. So wurden familiäre Konflikte als sehr belastend beschrieben und konnten auch mit Gewalt verbunden sein. Als problematisch wurde auch die Abhängigkeit von den Eltern erlebt. Insofern formulierten die Befragten besonderen Aufklärungs- und Unterstützungsbedarf in Bezug auf den familiären Bereich. Positive Erfahrungen hatten einige junge Trans* im Zusammenhang mit familiären Problemen mit dem Jugendhilfesystem gemacht. Für andere war die Familie selbst ein Ort der Akzeptanz und Unterstützung. Auch wenn manche Befragten Ausgrenzungen durch Altersgenossen erlebt hatten, wurden Jugendgruppen und der engere Freundeskreis oft als besonders hilfreich und stützend erlebt. Schule bzw. Ausbildung war für die jungen Trans* ebenfalls ein wichtiger Lebensbereich und viele Befragte hatten hier positive Erfahrungen gemacht. Jedoch waren Lehrende kaum über das Thema Trans* informiert und reagierten bei einem Coming-out oft hilflos. Als belastend wurde auch die Geschlechtszuweisung in Umkleidesituationen empfunden. Hürden bei der Verwendung des gewünschten Namens bzw. die Befürchtung eines unerwünschten Outings als Trans*-Person führten in manchem Fällen zum Abbruch von Bildungsgängen. Insofern formulierten die Interviewten sehr nachdrücklich den Wunsch nach Informationsveranstaltungen und -material für Schulen sowie allgemein nach Antidiskriminierungsarbeit im Bildungssystem, bereits ab dem Kindergartenalter. Die queere Community wurde als eine Art Ersatzfamilie empfunden und die wenigen bereits vorhandenen trans*-inklusiven Unterstützungsangebote als besonders hilfreich erlebt. Dennoch berichteten manche Befragte auch über Konformitätsdruck in der Trans*-Community sowie trans*feindliche Äußerungen durch Schwule und Lesben.

Die Interviews haben gezeigt, dass die jungen Befragten in der Lage waren, sehr differenziert über ihre Lebenssituation zu reflektieren und ihre Bedürfnisse zu formulieren. Trotz vielfältiger Schwierigkeiten und Diskriminierungserfahrungen vor dem Hintergrund des ‚Zweigeschlechtersystems' konnten viele von ihnen eigene Ressourcen und Strategien im Umgang mit ihrer Situation entwickeln. Die Studie macht Aussagen über junge Trans*-Personen vor allem aus dem Spektrum der ‚Trans*-Männlichkeiten', die bereits in unterstützende Strukturen eingebunden sind. Es ist anzunehmen, dass positive Erfahrungen bei ihnen stärker zum Ausdruck kommen, wohingegen Schwierig-keiten und Bedarfe insbesondere bei minderjährigen Trans* und als trans*-weiblich identifizierten Personen unterschätzt werden.

5. Abschließende Überlegungen

Interviewer: *Um welche Themen sollte sich die Forschung, die Transmenschen unterstützt, eurer Meinung nach kümmern?*
– Ich denke besonders Menschen mit Mehrfachdiskriminierungen müssen mehr unterstützt werden, also Menschen, die psychologische Probleme haben, Menschen, die körperliche Probleme haben, Menschen, die, andere Hautfarben haben, woanders herkommen, (...) besonders auch Gruppen, die so diskriminiert werden, da muss viel mehr verstärkt Unterstützung sein.
(Leopold, 19 Jahre)

Das Forschungsprojekt vertrat den Anspruch, partizipativ vorzugehen. Dabei stellt sich die Frage, inwieweit dies in der Umsetzung tatsächlich gelungen ist. Bezogen auf das oben genannte Stufenmodell der Partizipation nach Wright u.a. (2010), erscheinen eindeutige Zuordnungen zu den jeweiligen Stufen schwierig. Sieht man es als ein Projekt der Trans*-Community, wurde die neunte und höchste Partizipationsstufe der „Selbstorganisation" erreicht, da Initiative, Planung und Durchführung vollständig von Aktivist_innen der Trans*-Community verantwortet wurden. In Bezug auf die Zielgruppe der jungen Trans*-Menschen handelt es sich im Sinne des Stufenmodells um *echte* Partizipation, was dem Anspruch der Studie auf geteilte Entscheidungsmacht (Stufe 8) entspricht, indem „der Einschätzung der Befragten Priorität eingeräumt" wurde und sie „das letzte Wort" behielten (Sauer/Meyer 2016: 5). Ob diese jedoch auch tatsächlich eingelöst wurde, ist fraglich. Zwar wurde die Studie mit einem Forderungskatalog abgeschlossen, der die Wünsche und Empfehlungen der Studienteilnehmer*innen enthielt. Aber die Möglichkeit der inhaltlichen Mitgestaltung des Studienberichts bzw. der interpretatorischen Deutungsmacht, wurde von den Teilnehmenden zwar positiv aufgenommen (mündliche und schriftliche Rückmeldungen), jedoch nicht genutzt. Einzelne fügten lediglich Sprachbereinigungen und Rechtschreibkorrekturen ein. Sofern die Teilnehmenden dies begründeten, konnten lebenslagenbedingte Hindernisse für die Partizipation wie etwa Zeitmangel aufgrund von bevorstehenden Abschlussprüfungen, ausgemacht werden.

Abschließend lässt sich sagen, dass die Studie zu den Lebenslagen junger Trans*-Menschen in Deutschland mit ihrem partizipativen Vorgehen einerseits neue Maßstäbe setzte, andererseits spiegelten sich auch die Grenzen von Partizipationsmöglichkeiten in den Ergebnissen wider, die auf der methodischen Ebene liegen. Aufgrund ihrer lebenslagenbedingten Belastungen hatten die jungen Trans* nicht die erforderlichen zeitlichen Ressourcen, sich im Rahmen der Studie für ihre eigenen Interessen einzusetzen und über ihre Teilnahme am Gruppeninterview hinaus inhaltlich am Forschungsbericht mitzuwirken. Es ist anzunehmen, dass dies bei einer Bezahlung der Tätigkeit und einer (finanzierten) zusätzlichen methodischen Schulung anders ausgesehen hätte. Insofern sollten bei partizipativen Forschungsprojekten Honorare für die Mitforscher_innen vornherein im Budget eingeplant und im Rahmen von Forschungsförderungen zur Verfügung gestellt werden (vgl. Thomas Schlingmann in diesem Band). Die in der Wissenschaft übliche ‚Ausbeutung' freiwilliger Arbeit ist in partizipativen Forschungsprojekten noch weniger angebracht, da dies die Teilnehmenden daran hindert, sich im Rahmen einer solchen Studie für ihre eigenen Interessen, die Verbesserung ihrer Lebenslagen einzusetzen.

6. Wünsche und Empfehlungen der Studien-Teilnehmenden – Eine Übersicht in zehn Kategorien

Interviewer: *„Was wünscht Ihr Euch noch ...?" – „Akzeptanz!"* (Charly, 20 Jahre). Die Teilnehmenden formulierten in den Interviews eine Reihe von teilweise allgemeinen, teilweise auch sehr konkreten Unterstützungswünschen in Bezug auf Ihre Lebenssituation als Trans*-Menschen. Sie sollen das letzte Wort erhalten, weshalb hier ihre Wünsche und Empfehlungen (basierend auf der Auswertung des Codes ‚Wünsche/Empfehlungen') zusammengefasst wiedergegeben werden.

Allgemeine Wünsche, bezogen auf die Gesellschaft

- Offener, selbstverständlicher und akzeptierender Umgang und mehr Information über das Thema Trans* in der Gesellschaft, insbesondere auch von Fachleuten aus sozialen Berufen.
- Geringere Bedeutung der Zuordnung zu einem bestimmten Geschlecht, Akzeptanz nicht-binärer Identitäten.
- Besondere Unterstützung und Entstigmatisierung von Trans* mit Erfahrung von Mehrfachdiskriminerung (z.B. wegen Hautfarbe, körperlicher oder psychischer Einschränkung).

Alltagsbewältigung

- Verwendung des gewünschten Pronomens durch das Umfeld, auch nicht-binärer Pronomen, sowie Diskretion bezüglich des früheren Vornamens.

Partizipative Forschung mit jungen Trans*-Menschen 65

- Keine Angaben des Geschlechts auf Dokumenten (z.b. Fahrkarten), Formularen (z.b. Anmeldung zum Studium, Internetbestellungen) und Fragebögen; geschlechtsneutrale Anrede mit Vor- und Nachnamen im Schriftverkehr.
- Reguläre Einrichtung von Unisex-Toiletten und -Umkleiden.

Recht und strukturelle Unterstützung

- Vereinfachung und Verkürzung der formalen Prozeduren der Vornamens- und Personenstandsänderung (z.b. nach formloser Bescheinigung durch eine_n Psycholog_in oder gänzliche Abschaffung des rechtlichen Begutachtungsverfahrens).
- Vereinfachung und Verkürzung der formalen Prozeduren der Vornamens- und Personenstandsänderung auch für minderjährige Trans* (junge Trans* sollen in ihrer Selbsteinschätzung ernst genommen werden).
- Unbürokratische Verwendung des gewünschten Vornamens und Pronomens in Institutionen und anderen Kontexten des öffentlichen Lebens (z.B. Behörden, ärztliche Praxen) auch vor Inkrafttreten der Namensänderung.
- Ausstellung offiziell anerkannter, vorläufiger Bescheinigungen über die rechtlich noch ausstehende Namensänderung.

Gesundheitssystem – medizinische Maßnahmen, Begutachtung und Psychotherapie

- Entbürokratisierung der körperlichen Geschlechtsanpassung, vereinfachter Zugang zu Hormonen und Operationen, vereinfachtes und freiwilliges Begutachtungsverfahren als Reflexionsraum für medizinische Leistungen.
- Sicherstellung der Kostenübernahme medizinischer Leistungen durch die Krankenkassen (falls notwendig, kann dafür eine Pathologisierung durch die Diagnose ,Transsexualismus' in Kauf genommen werden, eine gesellschaftliche Benachteiligung sollte dabei jedoch vermieden werden).
- Bessere Operationsergebnisse.
- Weiterbildung der Kinder- und Hausärzt_innen zum Thema Trans*.
- Unterstützende Haltung und Aufklärung von Eltern bezüglich einer möglichen Transidentität ihres Kindes durch den/die behandelnde_n Arzt/Ärztin.
- Vereinfachter Zugang zu freiwilliger Psychotherapie und Verhinderung eines Abhängigkeitsverhältnisses durch Trennung der Psychotherapie vom Begutachtungsverfahren.
- Weiterbildung von Psychotherapeut_innen und anderen Professionellen im Gesundheitssystem zum Thema Trans*, inklusive eines differenzierteren Blickes auf Sexualitäten.

- Qualitätssicherung und verbesserte Feldkompetenz von Psychotherapeut_innen und Gutachter_innen durch Kontakt zur Trans*-Community.
- Respekt gegenüber der Selbstzuschreibung und eigenen Identifizierung der Klient_innen.

Schule, Ausbildung, Beruf

- Sensibilisierung von Kindern in Bezug auf Rassismus, Sexismus, Homo- und Trans*-Feindlichkeit sowie Mehrfachdiskriminierung bereits ab dem Kindergartenalter, um Akzeptanz zu fördern und Diskriminierung nachhaltig entgegenzuwirken.
- Aufklärung zum Thema Trans* sowie zu nicht-binären Identitäten und zu Inter*-Menschen ab dem Grundschulalter.
- Verpflichtende Aufnahme von Genderthemen in den Lehrplan (z.B. reguläre Teilnahme der Schulen an Bildungs- und Antidiskriminierungsprojekten zu geschlechtlichen Identitäten und sexuellen Orientierungen wie z.B. ‚SchLAu'.
- Zurverfügungstellung von Informationen zum Thema Trans* für Lehrer_innen und Schüler_innen (z. B. das Heft ‚Akzeptrans*. Arbeitshilfe für den Umgang mit transsexuellen Schüler_innen' des Jugendnetzwerks Lambda Bayern).
- Fortbildungsveranstaltungen für Erzieher_innen, Lehrer_innen, Lehrende an Universitäten und Arbeitgeber_innen zum Thema Trans* und zu Mehrfachdiskriminierung sowie Fortbildungen für Lehrer_innen zu anderen Problemen von Kindern und Jugendlichen (z. B. Todesfälle innerhalb der Familie, Magersucht, selbstverletzendes Verhalten).
- Unbürokratische Verwendung des gewünschten Namens in Bildungseinrichtungen (z.B. auf Anwesenheitslisten und Ausweisen von Schulen und Universitäten) bereits vor Inkrafttreten der Namensänderung, Vermeidung ungewünschter Outings von Trans*-Personen.

Familie

- Respekt, Akzeptanz und aktive Unterstützung der jungen Trans* durch ihre Eltern bzw. Familien sowie Vertrauen in deren Selbsteinschätzung bezüglich ihres Trans*-Seins.
- Konsequente Verwendung des gewünschten Namens und Pronomens.

- Mehr Unterstützungs- und Informationsangebote für Eltern und Angehörige von Trans* (beispielsweise Angehörigengruppen, trans*-akzeptierende Onlinebibliothek), einschließlich von Familien mit Migrationshintergrund und unter Berücksichtigung von interkultureller Kompetenz.
- Einbindung der Eltern in die psychotherapeutische Begleittherapie.

Freund_innen

- Selbstverständliche Verwendung des gewünschten Namens und Pronomens und Verständnis für die Situation.
- Vermeidung eines ungebetenen Outings der Trans*-Person.

LSBT*-Community

- Einrichtung und Finanzierung queerer Jugendtreffs oder Jugendgruppen, mit sowohl möglichst inklusiven trans*-offenen als auch trans*-spezifischen Angeboten mindestens einmal wöchentlich in jeder größeren Stadt.
- Finanzielle Förderung von Freizeitfahrten und anderen empowernden Angeboten für junge Trans*.
- Einrichtung eines ‚Buddy-Systems' für junge Trans* (z.B. am Anfang ihrer Transition), das dem_der einzelnen Trans*-Jugendlichen eine Peer-Person zur Begleitung und vertrauensvollen Auseinandersetzung mit relevanten Fragen zur Seite stellt.
- Vermeidung von Konformitätsdruck in sozialen Netzwerken von und für Trans* im Internet.
- Maßnahmen gegen Diskriminierung von Trans* durch Lesben und Schwule in LGBT*-Zentren und -Gruppen.

Medien und Freizeit

- Zurverfügungstellung stellen von positiven und diversen Trans*-Vorbildern in den Medien, neben Internetblogs und YouTube-Channel, auch im regulären Fernsehprogramm (Dokumentationen und Serien, wie z.B. die US-amerikanische Serie „L Word").
- Bewusstes Aufsuchen trans*-freundlicher und/oder gender-neutraler Freizeitmöglichkeiten (z. B. Cosplay).

Themen für Forschung und Wissenschaft

- Möglichkeiten der Entbürokratisierung in Bezug auf therapeutische Unterstützung und Kostenübernahme medizinischer Leistungen für Trans* durch die Krankenkassen.
- Erforschung der Häufigkeit und Art von Diskriminierungs- und Gewalterfahrungen von Trans*, um mögliche Gefahren besser einschätzen und Schutzstrategien erarbeiten zu können.
- Erforschung der Zusammenhänge zwischen familiären Konflikten und Unterbringung in Einrichtungen der Jugendhilfe bzw. Obdachlosigkeit bei jungen Trans*.
- Sexualität und sexuelle Orientierungen von Trans*-Menschen.
- Wege des Zugangs zu Informationen zum Thema Trans* und die Rolle unterschiedlicher Medien (z.B. soziale Netzwerke im Internet).
- Unterstützungsmöglichkeiten von Trans*-Menschen mit Erfahrung von Mehrfachdiskriminierung und Erarbeitung von Bildungskonzepten gegen Diskriminierung.

Literatur

Allweiss, Theresa/Burtscher, Reinhard/Perowanowitsch, Merlin (2016): Partizipative Gesundheitsforschung mit Menschen mit Lernschwierigkeiten. – Das Projekt GESUND! In: Vierteljahresschrift für Heilpädagogik und ihre Nachbargebiete 85, 3, S. 257-261.

AWMF (2019): Geschlechtsinkongruenz, Geschlechtsdysphorie und Trans-Gesundheit: S3-Leitlinie zur Diagnostik, Beratung und Behandlung. https://www.awmf.org/uploads/tx_szleitlinien/138-001l_S3_Geschlechtsdysphorie-Diagnostik-Beratung-Behandlung_2019-02.pdf [Zugriff: 24.07.2019].

Crenshaw, Kimberlé (1989): Demarginalizing the Intersection of Race and Sex. A Black Feminist Critique of Antidiscrimination Doctrine. In: The University of Chicago Legal Forum 1989,1, S. 139-167.

Demke, Elena/Heumann, Kolja/Mahlke, Candelaria/Bock, Thomas (2017): EmPeeRie – Empower Peers to Research. Vorstellung eines Hamburger Projekts zur Förderung von partizipativer und betroffenenkontrollierter Forschung. In: Sozialpsychiatrische Informationen 47, 2, S. 43-46.

Egener, Kai (2018): Practices of Community Control in Community-Based Participatory Research: User/Survivor Perspectives [Master-Thesis]. Berlin: Katholische Hochschule für Sozialwesen Berlin.

Flick, Uwe/Kardorff, Ernst von/Steinke, Ines (2003): Was ist qualitative Forschung? Einleitung und Überblick. In: Flick, Uwe/Kardorff, Ernst von/Steinke, Ines (Hrsg.): Qualitative Forschung. Ein Handbuch. Reinbek: Rowohlt, S. 13-29.

Freie und Hansestadt Hamburg (2017): Aktionsplan für Akzeptanz geschlechtlicher und sexueller Vielfalt. http://www.hamburg.de/contentblob/8080476/1a25022ddb

800a8d89fd5616b2b5a654/data/d-broschuere-aktionsplan-fuer-akzeptanz-geschlechtlicher-und-sexueller-vielfalt-.pdf [Zugriff: 24.07.2019].

Franzen, Jannik/Sauer, Arn (2010): Benachteiligung von Trans*Personen, insbesondere im Arbeitsleben. Expertise im Auftrag der Antidiskriminierungsstelle des Bundes. http://www.antidiskriminierungsstelle.de/SharedDocs/Downloads/DE/publikationen/Expertisen/Expertise_Benachteiligung_von_Trans_personen.pdf?__blob=publicationFile&v=2 [Zugriff: 24.07.2019].

Fritz, Vera (2013): Infrage gestellt. Dekonstruktive Aspekte psychosozialer Beratung und Therapie von Menschen mit einer Trans*identitätsthematik. In: Gestalttherapie 27, 1, S. 135 – 147.

Günther, Mari (2015): Psychotherapeutische und beratende Arbeit mit Trans*Menschen. In: Verhaltenstherapie & Psychosoziale Praxis 47, 1, S. 113 – 124.

Lewin, Kurt (1946): Action Research and Minority Problems. In: Journal of Social Issues 2, 4, S. 34-46.

Mayring, Philipp (2015): Qualitative Inhaltsanalyse. Grundlagen und Techniken. 12. überarbeitete Auflage. Weinheim: Beltz.

Meyer, Erik (2015a): Trans*affirmative Beratung. In: psychosozial 38, 140, S. 71 – 86.

Meyer, Erik (2015b): Trans*Beratung als „dritte Säule" in der Versorgung transidenter Menschen? In: Driemeyer, Wiebke/Gedrose, Benjamin/Hoyer, Armin/Rustige, Lisa (Hrsg.): Grenzverschiebungen des Sexuellen. Gießen: Psychosozial-Verlag, S. 201 – 216.

Netzwerk Trans*-Inter*-Sektionalität (2014): Zentrale Konzepte und Begriffe. https://transintersektionalitaet.org/?page_id=36 [Zugriff: 24.07.2019].

Sauer, Arn/Güldenring, Annette/Truider, Elisabeth (2016): Queering Trans*-Gesundheit: Auf dem Weg zu einer individualisierten, menschenrechtskonformen Gesundheitsversorgung. In: Hurrelmann, Klaus/Kolip, Petra (Hrsg.): Handbuch Geschlecht und Gesundheit: Männer und Frauen im Vergleich. Mannheim: Huber, S. 420-432.

Sauer, Arn/Meyer, Erik (2016): Wie ein grünes Schaf in einer weißen Herde. Lebenssituationen und Bedarfe von jungen Trans*-Menschen in Deutschland. Berlin: Bundesverband Trans*. https://www.bv-trans.de/portfolio-item/wie-ein-gruenes-schaf/ [Zugriff: 24.07.2019].

Unger, Hella von (2014): Partizipative Forschung. Einführung in die Forschungspraxis. Wiesbaden: Springer.

Unger, Hella von/Gangerova, Tanja (2011): PaKoMi Handbuch. HIV-Prävention für und mit Migrant/inn/en. Berlin: Deutsche AIDS-Hilfe e.V..

Winker, Gabriele/Degele, Nina (2009): Intersektionalität. Zur Analyse sozialer Ungleichheit. Bielefeld: transcript.

Wolf, Gisela/Meyer, Erik (2017): Sexuelle Orientierung und Geschlechtsidentität – (k)ein Thema in der Psychotherapie? Psychotherapeutenjournal 16, 2, S. 130-139. https://www.psychotherapeutenjournal.de/ptk/web.nsf/gfx/38CB16EDB11EE29BC125813F0024E282/$file/ptj_2017-2.pdf [Zugriff: 24.07.2019].

Wright, Michael T. (Hrsg.) (2010): Partizipative Qualitätsentwicklung in der Gesundheitsförderung und Prävention. Bern: Hans Huber Verlag.

Wright, Michael T./Unger, Hella von/Block, Martina (2010): Partizipation der Zielgruppe in der Gesundheitsförderung und Prävention. In: Wright, Michael T. (Hrsg.): Partizipative Qualitätsentwicklung in der Gesundheitsförderung und Prävention. Bern: Hans Huber Verlag, S. 35-52.

Kontextualisierte Traumaarbeit. Ein communitybasiertes, partizipatives Forschungsprojekt

Ariane Brenssell

Dieser Beitrag beschreibt den partizipativen Forschungsprozess zu ‚kontextualisierter Traumaarbeit'. Der ‚Bundesverband Frauenberatungsstellen und Frauennotrufe – Frauen gegen Gewalt e.V.' (bff), die Autorin mit einem Forschungsteam[1] und ‚Expertinnen aus Erfahrung'[2] untersuchten 2015 bis 2019 gemeinsam die Besonderheiten einer feministischen, kontextualisierten Traumaarbeit zu (sexualisierter) Gewalt an Frauen*.[3]

1. Forschungstrends

Die Traumaforschung boomt[4]. Das gilt nicht für partizipative Forschungsansätze. Das Gros der Studien zu Traumata[5] mit Einfluss auf die Debatte verortet

---

1 Im Forschungsteam an der Fakultät Soziale Arbeit der Ostfalia Hochschule Braunschweig/Wolfenbüttel arbeiteten mit: Nadine Wehner (bis 2016), Luise Maier, Katharina Pabst und Eva Römling-Wasserthal.
2 Wir nutzen in der Forschung den Begriff ‚Expertin aus Erfahrung': Betroffene Frauen, die eigene Erfahrungen mit Gewalt und deren Bearbeitung gemacht haben, sind ‚Expertinnen ihrer Erfahrung', dies gilt auch für die Fachstellen; vgl. Fußnote 11.
3 Die Kategorie Frauen benutzen wir im Folgenden ohne * (Sternchen), weil sich an der Forschung keineTranspersonen beteiligten. Uns ist bewusst, dass auch trans- und inter-Personen von geschlechtsspezifischer Gewalt betroffen sind. Für die spezifischen Erfahrungen der Traumabearbeitung von trans- und inter-Personen und die Beschreibung von Überschneidungen und Unterschieden gegenüber den Erfahrungen von cis-Frauen bedarf es weiterer partizipativer Forschungsprojekte.
4 Auf der diesjährigen Jahrestagung der Fachgesellschaft für Psychotraumatologie wurde berichtet, dass allein im Jahr 2018 1600 Studien zu Traumata durchgeführt wurden (Vortrag von Ingo Schäfer „Die aktuelle S3-Leitlinie zur Behandlung der PTBS" am Freitag, den 15.03.2019 von 9:00 – 10:30 auf der Jahrestagung der Deutschsprachigen Gesellschaft für Psychotraumatologie Frankfurt am Main 2019).
5 Ich verwende den Begriff Trauma/Traumata als Überschrift für die Folgen von Gewalt. Ich benutze bewusst nicht psychiatrische Diagnosebegriffe, wie posttraumatische Belastungsstörung, weil diese Gewalt durch andere, wie eine Vergewaltigung, auf eine individuelle Störung verengen.

sich in der Psychotraumatologie, einem Teilgebiet der Medizin. Klinische Studien unterliegen in der Regel strikt der Kontrolle und Deutungshoheit der Forscher_innen. Eine Beteiligung von ‚Betroffenen' ist nicht vorgesehen. Als ‚Goldstandard' von gültigen (validen) und belastbaren Forschungsergebnissen gelten in der Medizin randomisiert-kontrollierte Studien: In einer experimentellen Anordnung werden zwei Gruppen gebildet, die Proband_innen (Versuchspersonen) sind zufällig zugeteilt (randomisiert). Eine Gruppe bekommt die (neue) Intervention und die andere Gruppe z.b. eine bisherige Standardtherapie. Sodann wird die Wirkung der angewandten Technik/Therapiemethode gemessen und verglichen: Welche Effekte hat eine Technik/eine Methode auf die Reduktion von Traumafolgesymptomen? Die Studien haben großen Einfluss darauf, was unter einem Trauma verstanden wird und welche Therapien als wirksam gelten; dieser Einfluss reicht weit über die Medizin hinaus. Den vielen Studienergebnissen zu Techniken und Methoden der Symptomreduktion zum Trotz, hinterlässt diese Art von Forschung entscheidende Leerstellen:

1. Eine Konzentration der Forschungsfragen auf die Wirkung von bestimmten Methoden und auf die Messbarkeit von Effekten setzt auf ein Forschungsdesign, in dem die Betroffenen Objekte im Sinne von Datenlieferant_innen sind. Es findet Forschung über, nicht mit Menschen statt.
2. Eine (offene) Kommunikation über die subjektiven Perspektiven (was hilft den Einzelnen die Gewalt zu verarbeiten, was hat für sie Bedeutung und warum hat etwas Bedeutung?) ist nicht vorgesehen. Das aktive Verhalten der Menschen zu ihren Bedingungen (auch ihr Verhalten zu den Therapien beispielsweise), ihre Gründe, sich auf die ein oder andere Weise zu diesen zu verhalten, werden im Rahmen des Forschungsdesigns ausgeschlossen, denn dieses setzt – zugespitzt – eine „kommunikative Mangelsituation" (Markard 2018: 58) voraus, die methodisch gezielt herbeigeführt wird.
3. Die komplexe, vielschichtige Frage nach der Erlangung von Handlungsfähigkeit nach erfahrener (sexualisierter) Gewalt, bei der persönliche und gesellschaftliche (Macht-)Verhältnisse eng verflochten sind, wird reduziert auf isolierbare, messbare Einheiten, wie z.B. Symptome.
4. Viele klinische Studien nehmen als Referenz für die Problematik der Betroffenen biomedizinische Krankheitsmodelle und psychiatrische Diagnosen, etwa das Störungsbild der ‚Posttraumatischen Belastungsstörung' mit entsprechenden Symptomen. Dies kann aber nur Teil des Ganzen sein. Inzwischen ist selbst auf Ebene der Bundesregierung anerkannt[6], dass bei (sexualisierter) Gewalt an Frauen gesellschaftliche Machtverhältnisse sowie strukturelle

---

6   2018 trat in Deutschland die Menschenrechtskonvention zur „Verhütung und Bekämpfung von Gewalt gegen Frauen und häusliche Gewalt" (die sog. ‚Istanbul-Konvention') in Kraft. Sie erkennt an, „dass Gewalt gegen Frauen der Ausdruck historisch gewachsener ungleicher Machtverhältnisse zwischen Frauen und Männern ist, die zur Beherrschung und Diskriminierung der Frau durch den Mann und zur Verhinderung der vollständigen Gleichstellung der Frau geführt haben" (Übereinkommen 2011: 3) und „dass Gewalt gegen Frauen als geschlechtsspezifische Gewalt strukturellen Charakter" hat (Council of Europe 2011: 4).

Diskriminierungen eine zentrale Bedeutung haben und mitgedacht werden müssen. Doch obwohl Vergewaltigungen (von Frauen) als Ursache für ‚man-made-Traumata' anerkannt sind und als Risiko für die Entwicklung einer posttraumatischen Belastungsstörung gelten[7], werden geschlechtsspezifische Gewalt und Diskriminierung von Frauen in der klinischen Forschung und Praxis weitgehend ausgeblendet. Diese Form der Theoretisierung von Traumata greift im Kontext von Gewalt an Frauen zu kurz; denn die Folgen von Gewalt, die gesellschaftliche und strukturelle Ursachen hat[8], lassen sich nicht auf individuelle Beschwerden (Störungen, Krankheiten, Symptome) und (neuro)biologische Vorgänge reduzieren.

Die tonangebende biomedizinische Forschung geht mit der Abwesenheit einer Auseinandersetzung über die Verbindung von Gewalt an Frauen, individuellen Gewaltfolgen und gesellschaftlichen Machtverhältnissen einher. Können aber Traumata angemessen gefasst werden, wenn die Sicht derjenigen, um deren Handlungsfähigkeit es geht, per Methode ausgeschlossen wird?[9]

> **Wenn der Rahmen gesprengt wird: Illustration**
> Auch wenn eine Behandlungsmethode in den skizzierten Forschungsformaten gut untersucht ist und hohe Effektstärken zeigt (vgl. Schauer u.a. 2018: 269f.), kann sie doch für die Betroffenen je nach Situation eine Bedeutung haben, die den Forschungsergebnissen nicht entspricht oder gar widerspricht. Am Beispiel der Narrativen Expositionstherapie (NET) machten dies Expertinnen aus Erfahrung deutlich. In der NET wird „der Überlebende eingeladen sein ganzes Leben zu erzählen. Dabei werden alle emotional hocherregenden Szenen der Vergangenheit während der Narration abgerufen und beim Berichten in den chronologischen Zeit- und Geschehensablauf eingebettet. [...] Dabei werden möglichst alle Elemente des Furchtnetzwerks im Schutz des ‚Sprechens über' in der Distanz zum Damals so lange aktiviert, bis die Erfahrungen sich ... einordnen, benennen, begreifen und verorten lassen und Erleichterung eintritt

---

[7] Laut der Leitlinien der AWMF (Arbeitsgemeinschaft der Wissenschaftlichen Medizinischen Fachgesellschaften) zur posttraumatischen Belastungsstörung ist Vergewaltigung zusammen mit Krieg, Vertreibung und Folter das Ereignis, das mit der größten Wahrscheinlichkeit zu einer posttraumatischen Belastungsstörung führt (Flatten et al. 2011: 4). Maercker et al. (2008: 584) nennen Vergewaltigungen sogar an erster Stelle. Pausch und Matten (2018: 23) geben an, dass zwei Drittel der Menschen, die vergewaltigt wurden, eine posttraumatische Belastungsstörung entwickeln.

[8] Laut der von der Bundesregierung ratifizierten Menschenrechtskonvention „Übereinkommen des Europarats zur Verhütung und Bekämpfung von Gewalt gegen Frauen und häuslicher Gewalt" muss die Tatsache anerkannt werden, dass „Gewalt gegen Frauen der Ausdruck historisch gewachsener ungleicher Machtverhältnisse zwischen Frauen und Männern ist, die zur Beherrschung und Diskriminierung der Frau durch den Mann und zur Verhinderung der vollständigen Gleichstellung der Frau geführt haben" (2011: 3).

[9] Thoma und Zedlick beschreiben in einer Bestandsaufnahme zur Forschungsförderung im Feld der Psychiatrie 2017, dass „man anthropologische und sozialwissenschaftliche Fragestellungen oder sozialpsychiatrische Projekte darin vergeblich sucht" (2017: 15).

durch Integration und Diskrimination zwischen Trauma und Gegenwart" (ebd.: 263). Von Forschungspartnerinnen, die diese und ähnliche standardisierte Behandlungsformen kennen gelernt haben, wurde kritisiert, dass ihnen die Selbstbestimmung über den Bearbeitungsprozess genommen worden sei und dass Schuldgefühle, Selbststigmatisierungsprozesse und Ohnmacht verstärkt wurden: *„Also ich wurde wirklich auch in der Therapie dazu gezwungen, Sie müssen das jetzt aussprechen. Da sind Sie ja da dann schon wieder Schuld. Sie werden nicht gesund, weil Sie's nicht aussprechen. Das wird einem als Patient sogar ganz klar gesagt Also, das habe ich nicht nur einmal gehört, und nicht nur an einer Stelle" (Frau Faber*[10] *2016). „Ich bastel ein bisschen am Patienten rum, ne? Du musst jetzt die und die Therapie machen. Du musst jetzt die und die Tabletten schlucken, und wenn es nicht ist, dann liegt es an dir. Das ist so aber nicht, ne? Es ist ja auch immer eine Frage des Umfelds" (Frau Faber 2016).* Hilfreich hingegen sei Selbstbestimmung: *„Da es in der Gewaltsituation zu Ohnmachtsverhältnissen kommt und man keine Selbstbestimmung mehr hat, ist es hilfreich, wenn man die Selbstbestimmung in der Verarbeitung hat" (Ermutigungspunkte Frau Ahrens 2015: 1.)* Und dazu gehört zum Beispiel die Abkehr von festgelegten Schritten: *„Es ist hilfreich, wenn die Bearbeitung nicht durchmanualisiert ist, z.B. durch eine feste Abfolge von Stabilisierungstechniken, sondern wenn die Themen besprochen werden können, die gerade für die Betroffene wichtig sind" (Ermutigungspunkte Frau Ahrens 2015: 1).* Als wertschätzend wird auch artikuliert, wenn die Themen Raum haben, die aktuell anliegen: *„Und dass sie eben auch zuhören konnte und auf das reagiert hat, was gerade in dem Moment war und das nicht so überstülpte und sagte: So heute machen wir … oder heute machen wir das …, sondern sie hat geguckt, was war in der Woche, was hat mich überhaupt erstmal dahingetrieben und was brauche ich in diesem Moment. Und sie hat mich selber darauf kommen lassen, was in dem Moment wichtig ist" (Frau Bach 2016: 13f).* Insgesamt *„Man wünscht sich einfach ernst genommen zu werden. Das ist der Punkt. Und nicht immer: wir wissen jetzt mal, was du zu tun und lassen hast. Das hat man ja sowieso ganz oft" (Frau Enders 2016: Zeile 213-216).*

Die durch randomisiert kontrollierte Studien untersuchten Behandlungsformen haben eben auch die Kehrseite, dass diejenigen, die Gewalt erlebt haben, in der Regel keinen Einfluss auf die Vorannahmen – die Prämissen – der Forschung hatten. Die von den Forscher_innen zugrunde gelegten Prämissen sind – quasi – ihre ‚Thesen' dazu, was ein Trauma ausmacht: ihre jeweilige Theorie zu den Fragen, wie ein Trauma entsteht und wie es sich am besten bearbeiten lässt, entsprechen nicht den Prämissen unserer Forschungspartnerinnen. Diese haben andere Erfahrungen und andere subjektive Theorien dazu, was für sie hilfreich ist. Die Erfahrungen und Handlungsprämissen, die außerhalb des vorgegebenen Forschungsrahmens liegen, können keinen Eingang in die Forschung finden. Die Forschungsmethode schließt dies aus.

---

10 Die Namen wurden zum Schutz und auf Wunsch der Forschungspartnerinnen geändert.

2. Das partizipative Forschungsprojekt[11]: Forschungsstart, Forschungskooperation und Gestaltung des Prozesses

Am Start des partizipativen Forschungsprojektes stand die offene Frage: Was ist aus Sicht der Mitarbeiterinnen der Fachstellen gegen Gewalt an Frauen und vom Standpunkt der Expertinnen aus Erfahrung bedeutsam für die Bearbeitung erlebter Gewalt? Partizipative Forschung ist aus meiner Sicht kein *good will* gegenüber ‚Betroffenen'. Sie eröffnet die Möglichkeit, „Einseitigkeiten und Verkürzungen" (Osterkamp 1996: 34) in wissenschaftlichen Debatten zu korrigieren, in Frage zu stellen und zu verändern. Denn die (involvierten) Subjekte verfügen „über Erfahrungen […], die es zu verallgemeinern und für andere zugänglich zu machen gilt" (ebd.). Für mich als Initiatorin stand außer Frage, dass diese Forschung nur gemeinsam mit Forschungspartnerinnen aus der Praxis und Expertinnen aus Erfahrung[12] durchgeführt werden kann. Das setzte voraus, dass die Forschungsfrage für die Forschungspartnerinnen relevant ist.

2.1 Die Forschungskooperation(en)

2014 fragte ich den Bundesverband Frauenberatungsstellen und Frauennotrufe (bff), in dem bundesweit 189 Anlaufstellen[13] gegen Gewalt an Frauen zusammengeschlossen sind, ob es das Interesse an einer gemeinsamen Forschung zu den Besonderheiten der feministischen, kontexualisierten Traumaarbeit in den Fachstellen des bff gibt. Das Interesse war groß. Die Beraterinnen hatten den Wunsch, ihre Arbeit und ihre Arbeitshaltungen systematisch zu reflektieren, weil einmal ein anstehender Generationswechsel in den Beratungsstellen die Notwendigkeit einer Sicherung und Überprüfung des Praxiswissens unter-

---

11 Diese partizipative Forschung wurde von vielen getragen und gestaltet. Idealerweise und im Sinne der Partizipation hätte auch dieser Artikel gemeinsam geschrieben werden sollen. Dies konnte aufgrund von Ressourcenmangel der Forschungspartner_innen nicht umgesetzt werden. Ich beschreibe im Folgenden den Prozess aus meiner Perspektive in der Ich-Form, schreibe *wir*, wenn es um Aktivitäten von uns als wissenschaftlichem Forschungsteam geht (siehe Fußnote 1). Die Mitarbeiterinnen vom bff und die Expertinnen aus Erfahrung bezeichne ich als Forschungspartnerinnen.

12 ‚Betroffene' Frauen, die selbst Erfahrungen mit Gewalt und der Bearbeitung gemacht haben sollen mit der Bezeichnung ‚Expertinnen aus Erfahrung' weder auf die Gewalterfahrung reduziert werden, noch soll Erfahrung unvermittelt als Expertise verstanden werden.

13 Stand von 2019.

strich, weil zweitens großes Interesse an der Frage bestand, welche Bedeutung (‚Wirkung') die feministische Traumaarbeit in den Fachstellen für die betroffenen Frauen hat und weil drittens die skizzierten Trends in der aktuellen Traumadebatte eine Positionierung erforderten. „Besorgniserregend finden wir die Tendenz, gewaltbetroffene Frauen allzu sehr ins klinische Setting zu ‚verlagern'. So sind die Fachdebatten im Bereich ‚Traumatheorie und –therapie' zunehmend medizinisch/klinisch orientiert und entfernen sich immer mehr von einem gesellschaftskritischen Traumaverstehen" (Forschungskooperative 2015: 5). Eine Untersuchung der Besonderheiten der praktizierten Fachstellenarbeit/feministischen Traumaarbeit versprach eine kritische Reflektion, einen systematischen Austausch und mehr Klarheit über die Spezifika feministischer Traumaarbeit.

2.2 Kurzes Portrait des Bundesverbands Frauenberatungsstellen und Frauennotrufe (bff)

Die 189 Fachstellen, die im Dachverband bff zusammengeschlossen sind, bieten bundesweit ambulante Versorgungsstrukturen für Frauen an, die Gewalt erlebt haben. Einige Beratungsstellen und Notrufe bestehen bereits seit 40 Jahren. Die Anlaufstellen sind niedrigschwellig und kostenfrei. Sie „führen jährlich weit über 210.000 Beratungsgespräche mit gewaltbetroffenen Frauen und Mädchen, mit Angehörigen, Unterstützungspersonen und Fachkräften" (bff 2018: 19). 2004 gründete sich der Dachverband mit dem Ziel, übergreifende Aufgaben wie Vernetzung, Öffentlichkeitsarbeit, Fortbildungsarbeit, Gremientätigkeit, Qualitätsentwicklung und –sicherung der Arbeit gegen Gewalt an Frauen zu übernehmen. Eine Besonderheit des bff ist die verbindliche Qualitätshandreichung, mit der u.a. sichergestellt wird, dass gesellschaftliche Verhältnisse bei der Bearbeitung von Traumata beachtet und einbezogen werden. Gewalt wird nicht als Einzelschicksal, sondern im Zusammenhang mit Machtverhältnissen, inklusive „struktureller Ungleichheit zwischen den Geschlechtern zum Nachteil von Frauen" (bff 2013: 4) verstanden. Die unterschiedlichen ökonomischen, sozialen und kulturellen Bedingungen sowie Bewältigungsstrategien und Empfindungen der Frauen werden berücksichtigt (vgl. ebd.). Die Beratung und Unterstützung folgt zudem einem „parteilich-feministischen und gesellschaftskritischen Ansatz, der sich aus der Analyse gesellschaftlicher Machtverhältnisse zwischen den Geschlechtern ableitet" (ebd.: 17). Ziel parteilicher Unterstützung ist es, „statt einer möglichen Opferidentität die Handlungsfähigkeit und Selbstbestimmung der Betroffenen zu stärken" (ebd.: 18). „Die Interventionen richten sich nach den individuellen Bedürfnissen und Rahmenbedingungen. Frauen werden in ihrer Verantwortung für sich selbst und für ihr Verhalten unterstützt" (ebd.). Die Analyse struktureller Dimensionen der Gewalt an Frauen hinsichtlich „ungleich verteilter sozialer, ökonomischer, rechtlicher und politischer Entwicklungschancen zum Nachteil von Frauen" (ebd.) ist damit ebenso ein Qualitätskriterium für die Beratung und Unterstützung von Frauen und Mädchen wie die Aus- und Fortbildung in psychologischen, therapeutischen, sozialpädagogischen und beraterischen Trauma-Qualifikationen (vgl. bff 2013: 13).

Frauen, die Unterstützung suchen, werden als Expertinnen ihrer Erfahrung gesehen. Expertinnen aus Erfahrung als Forschungspartnerinnen anzusprechen sollte über die Beratungsstellen geschehen, ohne den genauen Weg dahin schon zu kennen.[14]

2.3 Gestaltung des Forschungsprozesses

Im Sommer 2014 stellte ich das Forschungsanliegen dem Verbandsrat[15] vor, es wurde diskutiert und positiv abgestimmt. Eine Forschungsförderung gab es nicht[16], umso wichtiger war es für das Gelingen des Forschungsprozesses, dass das Projekt ein eigenes Anliegen der beteiligten Forschungspartnerinnen war und von ihrem Interesse und Engagement mitgetragen wurde.

Das Forschungsvorhaben wurde nach Abstimmung und Diskussion im gesamten bff bekannt gemacht, um Mitstreiter_innen für eine Forschungskooperative zu finden. Im November 2014 gründeten dreizehn bff-Fachberatungsstellen[17] gemeinsam mit einer Vertreterin der Geschäftsstelle des bff und mir als Projektinitiatorin die Forschungskooperative. Die Vorgehensweise wurde von Beginn an gemeinsam entwickelt. Die Forschungskooperative war dabei das eine Herzstück der Forschung, sie stellte den Rahmen für eine syste-

---

14 Zum Start der Forschung führten wir zwei Gespräche mit Expertinnen aus Erfahrung, damit ihre Perspektive in die Konzeptionierung der Forschung eingeht. Wir haben ihre Aussagen auch im weiteren Verlauf der Forschung durchweg anonymisiert, weil alle – bis auf eine – Forschungspartnerinnen aus eigener Erfahrung nicht als solche sichtbar werden wollten oder konnten.

15 Das wichtigste Entscheidungsgremium des bff setzt sich aus Praxisvertreterinnen aus den einzelnen Bundesländern zusammen.

16 Wir sahen keine Möglichkeit, Mittel für eine offen angelegte partizipative Forschung zu beantragen (vgl. Schlingmann in diesem Band); die Ostfalia Hochschule finanzierte eine halbe Stelle für eine wissenschaftliche Mitarbeiterin über dreieinhalb Jahre und bis zu 60 Stunden für studentische Mitarbeiterinnen, meine Lehrermäßigung um 4 Semesterwochenstunden (das entspricht zwei Seminaren) über drei Jahre sowie Reisekosten, Räume usw..

17 Aufgrund des Weggangs einer Beraterin wurde die erste Etappe mit nur noch zwölf Beraterinnen durchgeführt.

matische kollektive, ‚soziale Selbstverständigung‘[18] über weitere Forschungsschritte und die Diskussion der jeweiligen Ergebnisse dar. Die vorhandene Kommunikationsstruktur innerhalb des bff ermöglichte einen kontinuierlichen offenen Austausch über das Forschungsprojekt. Einmal jährlich führten wir einen partizipativen Forschungsworkshop durch, in dem die Ergebnisse der jeweiligen Forschungsetappe vorgestellt und diskutiert wurden. Der partizipative Forschungsworkshop war das zweite wesentliche Element des Projekts. Der Austausch zwischen den Workshops fand zum großen Teil über einen Emailverteiler, aber auch in Einzelgesprächen vor Ort oder durch Telefonate/Telefonkonferenzen statt. Da es für die Beraterinnen schwierig war, aus der eigenen alltäglichen Praxis heraus zeitliche Ressourcen für konzeptionelle Überlegungen oder einen größeren schriftlichen Austausch innerhalb der Kooperative zu finden[19], hielten wir die Möglichkeit der Beteiligung an der Forschungskooperative an jedem Forschungsschritt für alle Mitwirkenden offen, sodass sich manche Berater_innen an der Kooperativengründung und den ersten Schritten beteiligten, andere später hinzukamen und einige einen Schritt auslassen konnten. Da ein Auftakttreffen der Forschungskooperative aus Ressourcengründen nicht möglich wurde, hatte eine Forschungspartnerin die Idee als ersten Schritt einen umfassenden, offenen Fragebogen zu erstellen. Dieser diente dazu, umfassendes Material zu den Besonderheiten von Konzepten und der Umsetzung feministischer Traumaarbeit zu erheben, eine erste Strukturierung vorzunehmen und aktuelle Problemlagen in der Traumaarbeit sowie der Bearbeitung von Gewalt sichtbar zu machen.

Noch offener und flexibler musste die gemeinsame Forschung mit ‚Expertinnen aus Erfahrung‘ gestaltet werden, da es – anders als bei den Beraterinnen – hier keine feste Gruppe oder Infrastruktur gab, die genutzt werden konnte. Von Beginn an waren Expertinnen aus Erfahrung (siehe Fußnote 12) an der Forschung beteiligt. Eine Herausforderung für die Beteiligung der ‚Expertinnen aus Erfahrungen‘ an der Forschung war, dass sie nicht öffentlich werden konnte, weil dies für sie eine direkter Bedrohung, Diskriminierung oder berufliche Diskreditierung bedeutet hätte. Daher erprobten wir vielfältige Formen der Einbeziehung/Mitforschung (siehe unten), die die Anonymität garantierten, aber zugleich Teilhabe an der Forschung ermöglichten.

---

18 Diese Herangehensweise aus der Kritischen Psychologie war ein weiterer theoretischer Bezugspunkt des Forschungsprojekts. Es geht um eine gemeinsame Verständigung über die Begründung der Arbeitsweise in den Fachstellen und wie diese mit den gesellschaftlichen Verhältnissen vermittelt ist.
19 Arbeitsverdichtung, geringe Ressourcen und das gänzliche Fehlen von Ressourcen für die Forschung ließen wenig Raum für die Reflexions- und Selbstverständigungsprozesse, wie sie das Forschungsprojekt erforderte.

3. Forschungsetappen

Die Forschung bestand aus insgesamt sechs zentralen Forschungsetappen: Drei Erhebungsetappen (1 bis 3), einer Etappe der teilpartizipativen Theoriebildung (4), einer Evaluation zur Bedeutung und Reflexion der partizipativen Vorgehensweise (5) und einer (unabgeschlossenen) Etappe der Intervention (6). Jede der drei Erhebungsetappen wurde mit einem partizipativen Forschungsworkshop abgeschlossen. Aus den Diskussionen in den Forschungsworkshops wurden in einem zirkulären Prozess die jeweils nachfolgenden Forschungsschritte entwickelt. Zum Abschluss der Forschung, wurden die Ergebnisse auf einer Tagung im Dezember 2018 dem gesamten bff und im Februar 2019 den Verbandsrätinnen präsentiert, zudem fand im Januar 2019 ein Zukunftsworkshop statt, in dem die politische Bedeutung der Ergebnisse diskutiert wurde.[20]

Forschungsetappe I (2015–2016): Offene Fragebogenerhebung

In Gesprächen mit einzelnen Beraterinnen aus der Forschungskooperative entwickelten wir einen offenen Fragebogen. Er wurde an zwölf Beratungsstellen der Forschungskooperative ausgegeben und enthielt u.a. folgende Fragen:

- Worin seht Ihr aktuell zentrale Schwierigkeiten, um Gewalt zu bearbeiten?
- Was sind die wichtigsten Herangehensweisen in der Beratung? Welche Traumakonzepte liegen ihr zugrunde? Wie werden sie umgesetzt?
- Was ist relevant bei der Bearbeitung der erlebten Gewalt? Welche Bedeutung haben Geschlechterverhältnisse, Selbstbestimmung, Anerkennung, dass Gewalt stattgefunden hat usw.?
- Was sind Bedingungen der Beratungsarbeit?
- Was sind Eure Forschungsfragen und – anliegen?

Die Erstellung eines offenen Fragebogens diente unter den skizzierten Bedingungen der ersten Strukturierung und Sichtbarmachung aktueller Problemlagen und Herangehensweisen in der Traumaarbeit. Der Fragebogen erwies sich als wichtige Etappe: Er diente der prinzipiellen Verständigung über das ge-

---

20 Der Workshop ‚Eine Vision für eine Welt frei von (sexualisierter) Gewalt gegen Frauen – die Rolle unserer (politischen) Arbeit' wurde von einer privaten Stifterin finanziert; es nahmen 10 Vertreterinnen des bff, zwei Mitarbeiterinnen des Forschungsteams und eine externe Expertin teil.

meinsame Forschungsinteresse, wurde intensiv in den Teams der Fachstellen diskutiert und umfangreich von allen Beteiligten beantwortet.

Exemplarisch dargestellt an der Fragebogenhebung sah unsere zirkuläre Forschungsweise folgendermaßen aus: Die Fragebögen wurden im Forschungsteam ausgewertet, Ergebnisse wurden in einer Lang- und einer Kurzfassung[21], hier in Form einer anonymisierten Synopse, der Forschungskooperative zur Verfügung gestellt. Diese kommentierte das Material, die Rückmeldungen wurden eingearbeitet. Für den jährlich stattfindenden partizipativen Forschungsworkshop bereiteten wir das Material zusätzlich so auf, dass es auch für diejenigen, die bisher nicht beteiligt waren, nachvollziehbar wurde. Wir erstellten acht Plakate, die einen schnellen Überblick über das bisher Erarbeitete ermöglichten, so dass alle mitdiskutieren und noch in die Forschung einsteigen konnten. Der partizipative Forschungsworkshop wurde transkribiert, zusammengefasst und anschließend den Forschungspartnerinnen aus der Forschungskooperative zugeschickt. Diese Vorgehensweise ermöglichte eine permanente Reflexion, Überprüfung und Überarbeitung der Erkenntnisse und stellt damit eine ‚kommunikative Validierung' dar. Zudem wurden in den Workshops Ideen für nachfolgende Forschungsfragen und Forschungsetappen gesammelt und ausgearbeitet.

Forschungsetappe II (2016–2017): Mehrperspektivische Analyse von Beratungsprozessen

In dieser Forschungsetappe wurden Beratungsprozesse von Beraterinnen und Expertinnen aus Erfahrung, die einen Beratungsprozess durchlaufen hatten, auf zentrale ‚Ermutigunspunkte' hin ausgewertet[22]: Was waren zentrale Aspekte im Beratungsprozess, die zu positiven Veränderungen geführt haben? Anhand eines Schemas von Bittenbinder (2012), das mit den Beratungsstellen fortlaufend gemeinsam modifiziert und weiterentwickelt wurde, wurden insgesamt vierzehn Beratungsprozessanalysen durchgeführt. Das Schema enthielt folgende Fragen: (1) Was war die Konflikt- oder Ausgangssituation? (2) Was waren angestrebte Ziele? (3) Was waren wichtige Schritte? (4) Was waren

---

21 Die unterschiedlichen Fassungen, die wir jeweils erstellten, ermöglichten zum einen Transparenz, indem auch die Transkripte zur Verfügung standen, zum anderen aber auch die Teilhabe an der Forschung, denn die Kurzfassung erleichterte es allen, sich in den Stand der Forschung einzuarbeiten.

22 Die Prozessanalysen waren durch eine Studie von Elise Bittenbinder: „Beyond Statistics" (2012) angeregt. Wir griffen auch das in der Studie entwickelte Analyseschema für die Bedeutung der psychosozialen Zentren für Geflüchtete auf, veränderten und modifizierten es jedoch in der Forschungskooperative für das Themenfeld Gewalt gegen Frauen.

erwartete/unerwartete Veränderungen? Dabei wurde die Betrachtung in verschiedenen Dimensionen von Veränderung angeregt, zum Beispiel: Was veränderte sich bezüglich der subjektiven/individuellen Situation, der Geschlechterverhältnisse, der sozialen/politischen Teilhabe, der ökonomischen/finanziellen Situation usw.? Die Analysen wurden in verschiedenen Konstellationen – mehrperspektivisch – durchgeführt: teilweise durch die Beratungsteams, teilweise gemeinsam durch Beraterinnen und Expertinnen aus Erfahrung. Sehr deutlich brachte die Forschungsetappe zu Tage, wie wichtig es war, dass verschiedene Dimensionen von Gewalt in der Unterstützung durch die Fachstellen aus unterschiedlichen Perspektiven beachtet werden. Die Fachstellen machen sich zuständig für die komplexen Problemlagen, die nach erlebter Gewalt entstehen können. Abschließend wurden die Erkenntnisse in einem zweiten partizipativen Forschungsworkshop 2016 diskutiert.

Forschungsetappe III (2017–2018): *Ihre Perspektive zählt* – Perspektiven von Expertinnen aus Erfahrung

Zusammen mit Beraterinnen und einer Expertin aus Erfahrung gestalteten wir einen Flyer mit dem Titel *Ihre Perspektive zählt*. Dieser wurde im Februar 2017 an alle Beteiligten der Forschungskooperative verschickt und in den Beratungsstellen ausgelegt. Der Flyer richtete sich an Frauen, die Erfahrungen in der Bearbeitung von erlebter Gewalt u.a. in einer bff-Beratungsstelle gemacht hatten. Wir baten sie darum, uns per E-Mail oder Post mitzuteilen, was aus ihrer Perspektive für die Bearbeitung von Gewalt hilfreich war. Wir erhielten elf Zuschriften mit Texten, Fotos und gemalten Bildern, einer Collage, einem Video und einer Musik-CD, und sprachen im Anschluss mit neun Expertinnen aus Erfahrung über ihre Zusendungen. In zwei Beratungsstellen wurden zudem Photovoice-Projekte durchgeführt. Photovoice ist eine Methode partizipativer Forschung (vgl. Böwe/Nürnberger in diesem Band): In einer Gruppe beschäftigten sich Expertinnen aus Erfahrung mit der Frage, was hilft Gewalt zu bearbeiten. Hierzu wurden Fotos gemacht und Texte verfasst, gemeinsam in der Photovoice-Gruppe diskutiert, reflektiert und kommentiert. Die Ergebnisse wurden in einem Fotobuch und einer Ausstellung der Öffentlichkeit zugänglich gemacht. Die Photovoice-Projekte stellten eine vom Forschungsteam begleitete selbstorganisierte Forschung im Rahmen des Projekts dar, in dem die Beteiligten ihre Begründungszusammenhänge[23] herausarbeiteten, Differenzen

---

23 ‚Begründungszusammenhang' ist ein Begriff aus der Kritischen Psychologie. Mit ihm wird der Frage nachgegangen, warum etwas für jemanden Bedeutung hat.

und Gemeinsamkeiten reflektierten und in einer Ausstellung sowie einer Veranstaltung der Öffentlichkeit präsentierten.[24]

Die Beiträge der Expertinnen aus Erfahrung brachten zentrale Erkenntnisse zu folgenden Fragen: Was hat aus ihrer Perspektive Bedeutung für die Überwindung von Traumata (auch in einer Fluchtsituation[25])? Warum gibt es Kritik an bestehenden Versorgungsstrukturen? Warum hat kontextualisierte Traumaarbeit für die Bearbeitung erlebter Gewalt Bedeutung? Die Expertinnen aus Erfahrung beschrieben auch, dass und wie die Teilhabe an der Forschung Prozesse in Gang setzten, die Bausteine zu Handlungsfähigkeit und Selbstermächtigung waren: „Von Passiv zu Aktiv von Opfer zu Selbstbestimmt" (Reimann 2018).

Den drei Erhebungsetappen folgte im Sommer 2018 eine intensive Phase teilpartizipativer Theoriebildung. Das Forschungsteam erstellte einen vorläufigen Ergebnisreader und stellte ihn allen Forschungspartnerinnen zur Verfügung. Elf Beraterinnen und Expertinnen aus Erfahrung beteiligten sich an der Auswertung, indem sie den Bericht ausführlich schriftlich und mündlich kommentierten, eine Beraterin und eine Expertin aus Erfahrung kamen zu einer jeweils eintägigen Diskussion an die Hochschule. Wir erarbeiteten im Auswertungsprozess gemeinsam die Idee zu einer Grafik, um die Komplexität und Mehrdimensionalität kontextualisierter Traumaarbeit besser darstellen und vermitteln zu können (siehe Bildteil). Eine Umfrage zur Bedeutung der partizipativen Vorgehensweise schlossen wir an. Last but not least geht es auch darum mit der Forschung etwas zu verändern. Interventionen gehören zu einer partizipativen Forschung. Das Forschungsprojekt ist abgeschlossen, aber „(e)ine partizipative Forschung, die eine Interventions- und Veränderungsperspektive verfolgt, ist ein prinzipiell unabgeschlossenes Projekt" (Bürgerstiftung Heidelberg 2013). Wir wollen weitere Diskussion anregen, eine Broschüre ist in Arbeit, die Konzeption einer Fortbildung steht im Raum, eine Wander- und Audioausstellung mit Zitaten aus der Forschung und Bildern der Forschungspartnerinnen aus den Photovoice-Projekten *wartet* auf Geldgeber_innen.

---

24 Photovoice-Projekt in Idar-Oberstein.
25 Photovoice-Projekt mit geflüchteten Frauen in München.

4. Besonderheiten kontextualisierter Traumaarbeit: Zentrale Erkenntnisse

Abbildung 1: Feministische kontextualisierte Traumaarbeit

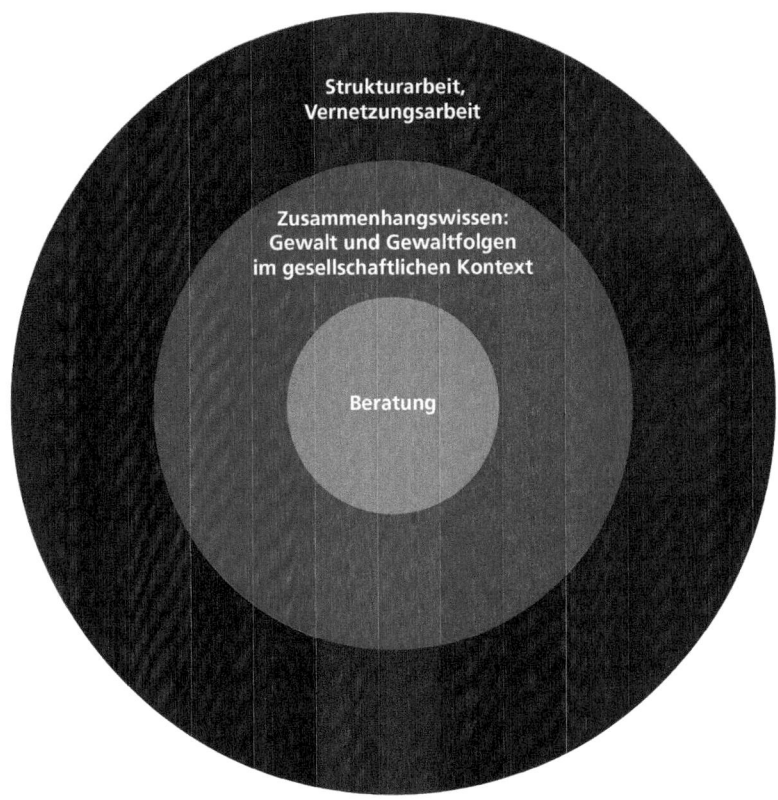

Quelle: Eigene Darstellung

Abbildung 2: Zusammenhangswissen

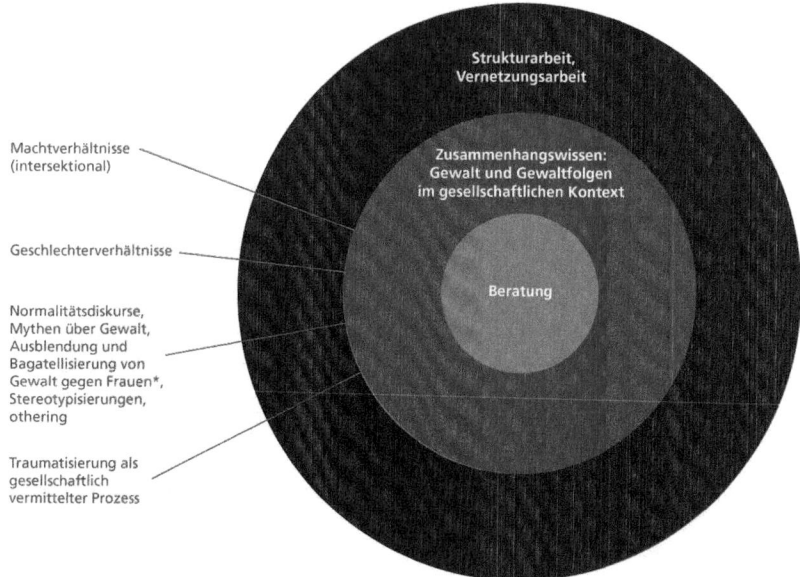

Quelle: Eigene Darstellung

Ohne Zusammenhangswissen geht es nicht (mittlerer Kreis)

Kontextualisierte Traumaarbeit zeichnet sich durch das Ineinandergreifen und das Zusammenwirken folgender Dimensionen und Bereiche aus.

1. Das Zusammenhangswissen über Gewalt und Trauma im Kontext von gesellschaftlichen Machtverhältnissen (mittlerer Kreis).
2. Die (direkte) Beratungs- und Unterstützungsarbeit vor dem Hintergrund des psychologischen, medizinischen, therapeutischen und sozialarbeiterischen Wissens (innerer Kreis).
3. Die politische Struktur- und Vernetzungsarbeit (äußerer Kreis).

Ohne Theorie keine Praxis, daher beginne ich die Erläuterung der Forschungserkenntnisse mit dem Zusammenhangswissen, dem mittleren Kreisausschnitt: Das Zusammenhangswissen ist ein Dreh- und Angelpunkt. Die Art des Wissens, welches der Praxis zugrunde liegt, organisiert auch das Wissen für die Beratung und individuelle Unterstützung (innerer Kreis) und zugleich das Wissen um Veränderungspotentiale (äußerer Kreis). Die Vermitteltheit/Verzahnung dieser drei Dimensionen begründet die spezifische Herangehensweise und Haltung feministischer, kontextualisierter Traumaarbeit.[26] Das ‚Zusammenhangswissen' über Gewalt und Trauma im Kontext von gesellschaftlichen Machtverhältnissen führt einerseits zu den Besonderheiten in der Beratungs- und Unterstützungsarbeit – etwa zu einer parteilichen Haltung – und zeigt andererseits eine Notwendigkeit von Struktur- und Netzwerkarbeit auf, zu der die aktive Veränderung von gesellschaftlichen Macht- und Ungleichheitsstrukturen, der Aufbau fehlender Versorgungsstrukturen, politische Arbeit, Fortbildungen, Menschenrechts- und Lobbyarbeit zählen.

Diese wechselseitige Einbettung – eine Art Vermittlungszusammenhang – verändert auch die Gestaltung der konkreten Beratungs- und Unterstützungsarbeit. Wenn die Beratungsarbeit allein auf neurobiologischem, psychologischem usw. Wissen basiert, also körperliche, biologische, psychische Folgen von Gewalt in den Blick nimmt, ist dies nur ein Teil vom Ganzen und beachtet nicht die bestehenden Machtverhältnisse. Ein Beispiel: Normalitäts-/Alltagsdiskurse transportieren zahlreiche Mythen über Gewalt an Frauen und Geschlechterstereotype. Etwa, dass Frauen eine Vergewaltigung durch ihr Verhalten und Aussehen oder ihre Kleidung provozieren. Solche Diskriminierungen bestimmen den Alltag von Frauen, die Gewalt erlebt haben, und diese erschweren den Prozess der Bearbeitung von Gewalterfahrungen, weil sie Ohnmacht reproduzieren. Im Zusammenhang mit sozialwissenschaftlichen Analysen von struktureller und geschlechtsspezifischer Gewalt erschließt sich, welche Bedeutung bestehende Machtverhältnisse für die Prozesse der Verarbeitung von Traumata haben und wie sie Traumatisierungen verschärfen können. Eine Expertin aus Erfahrung brachte dies in einem Interview in folgender Weise in die Forschung ein: „Wenn man davon ausgeht, dass Trauma in der Hinsicht, wenn es mit Menschen passiert, ja auch eine strukturelle Gewalt ist und mit dem Thema Macht zusammenhängt, denke ich mir unsere Gesellschaft besteht aus allen möglichen Strukturen und Machtverhältnissen und spiegelt eigentlich so ein Trauma in allen möglichen Alltagssituation und Behördengängen und was weiß ich wieder" (Interview Frau A. 2015: 3).

---

26 Weshalb sie nicht als Ebenen, also additiv – wie z.B. das Individuum und seine Umwelt – sondern konsequent verschränkt oder miteinander vermittelt gedacht werden sollen, was sich grafisch schwer darstellen lässt.

Abbildung 3: Beratung

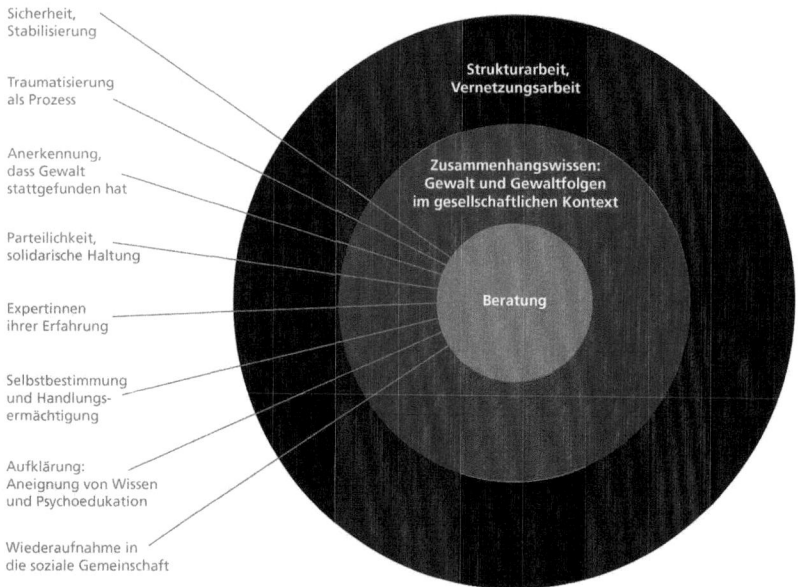

Quelle: Eigene Darstellung

Spezifische Haltungen und Herangehensweisen kontextualisierte Traumarbeit in der Beratung und Unterstützung (innerer Kreis)

In der Beratung im Sinne der kontextualisierten Traumaarbeit sind den Beraterinnen Diskriminierungen und strukturelle Gewalt, Macht- und Geschlechterverhältnisse immer präsent. Traumabearbeitung schließt zum Beispiel ein, dass sich durch die erlebte Gewalt die Problemlagen vieler Frauen verschärfen und verschränken: „Häufig haben die Frauen viele Baustellen, sind insgesamt in vielen Bereichen sehr belastet. Fehlende soziale Beziehungen, unsichere Arbeitsverhältnisse, schlechte Gesundheit usw." (Forschungskooperative 2016: Synopse Fragebogenerhebung: 2) greifen ineinander. Die Analyse verschiedener Formen geschlechtsspezifischer Macht zeigt, wie die Problemlagen der

Frauen mit Gewalt- und Diskriminierungsformen zusammenhängen.[27] So können in der Beratung die Formen institutioneller, personeller, geschlechtsspezifischer Gewalt und damit Abhängigkeiten erläutert und aufgeklärt werden, was nach Sicht der Expertinnen aus Erfahrung entlastend ist, weil ihre Erfahrungen nicht übergangen oder individualisiert werden.[28] Die Erfahrungen, die die Frauen in die Beratung einbringen, werden aufgegriffen und als Bedarfe für die Weiterentwicklung des Unterstützungsspektrums, für Präventionsarbeit, Schulungen, Lobbyarbeit usw. ermittelt, damit sich die belastenden Bedingungen verändern.[29] Als besonders belastend wurden von den Expertinnen aus Erfahrung sowie den Beraterinnen Geschlechterstereotype in Jugendämtern, Gerichten oder Jobcentern beschrieben, die dazu beitragen, dass Abhängigkeiten von gewalttätigen Partnern nicht gelöst werden können: „Ein Richter drohte z.B. ganz unverblümt, wenn sie sich weigere, Mediation zu machen, müsse er sich überlegen, ob sie weiter das Aufenthaltsbestimmungsrecht für das gemeinsame Kind behalten könne." (Forschungskooperative 2016: 2) Ebenso brisant sind Bagatellisierungen von Gewalt im Zusammenhang mit Umgangs- und Sorgerechtsfragen: „Vor allem wenn es um Umgangskontakt der Kinder mit dem Vater geht, wird der Gewaltschutz der Frau oft schnell hinten angestellt und unsere fachliche Einschätzung vom Tisch gewischt" (Email L. Wacker, Stuttgart 2019: o.S.).

Dass Vergewaltigungen und die subjektive Wahrnehmung der Frauen, die Gewalt erlebt haben, im Alltag immer wieder in Frage gestellt werden, ist eine gängige Erfahrung aller Forschungspartnerinnen: „Die Polizei glaubt in vielen Fällen den Frauen nicht und erkennt die Vorfälle nicht als Tat an. Ihre Glaubwürdigkeit wird in Frage gestellt" (Forschungskooperative: Synopse Fragebogenerhebung 2016: 12). Dass die alltäglichen Diskriminierungserfahrungen in den Fachstellen ernst genommen werden und entsprechende Strukturen für die Unterstützung aufgebaut wurden, wird von den Expertinnen aus Erfahrung als extrem hilfreich skizziert und in den Prozessanalysen (Forschungsetappe II) ausgearbeitet: Stabilisierungstechniken und Dissoziationsstopps in der Beratung kombiniert mit der Erwirkung eines Titels durch eine Rechtsanwältin gegen den Exmann, der keinen Unterhalt zahlte, und einem Antrag an eine Stiftung, um wichtige Haushaltsgeräte zu ersetzen, griffen ineinander und

---

27 Zum Beispiel ist ein aktueller Schwerpunkt der Arbeit im bff ‚digitale Gewalt': Das Thema bekam in den Beratungen immer mehr Gewicht, wurde so von den Fachstellen als zentrales Thema identifiziert und zum Schwerpunkt der Arbeit der Geschäftsstelle gemacht, es wurden Handreichungen dazu ausgearbeitet..
28 Als das Thema ‚KO-Drogen' aufkam, wurde den Frauen, die eine Vergewaltigung unter ‚KO-Drogen' anzeigten, zunächst prinzipiell unterstellt, dass sie Drogen genommen hätten und lügen. Erst Schulungen der Polizei, Fortbildungen und Öffentlichkeitsarbeit räumten mit diesem Mythos auf.
29 Beispiele hierfür sind Fortbildungen für die Polizei, die Einrichtung von Zeuginnenschutzzimmern in den Gerichtsgebäuden oder die psychosoziale Gerichtsprozessbegleitung.

brachten für die Expertin aus Erfahrung mehr soziale Teilhabe und die Verbesserung der finanziellen Situation, was eine ebenso große Rolle spielte wie therapeutische Unterstützung (vgl. Forschungskooperative: Beratungsprozessanalyse 2016: o.s.) Prioritäten in der Unterstützung bei der Traumabearbeitung werden von den Beraterinnen gelegt auf:

- Anerkennung, dass Gewalt stattgefunden hat: „Die Anerkennung der erfahrenen Gewalt [hat] eine sehr große Bedeutung. Hiervon hängt häufig ab, wie die Frau diese Erfahrung verarbeiten kann. Gibt es diese Anerkennung nicht, ist die Verarbeitung sehr erschwert, in manchen Fällen sogar gänzlich unmöglich" (Forschungskooperative 2016: Synopse Fragebogenerhebung: 5). Der gesellschaftliche Blick – der vielfach aus Mythen und Vorurteilen besteht – prägt die Selbstwahrnehmung und damit die Bewertung der individuellen Situation.
- Selbstbestimmung, was die Anerkennung der Frauen als Expertinnen ihrer Erfahrung einschließt: „Wichtig ist mir, mit den Frauen zusammen deren Gefühl für Selbstbestimmung wiederherzustellen. Das ist ja der Bereich, den Gewalt am meisten verletzt" (ebd.).
- „Was die Arbeit des bff ausmacht, ist das Zurückholen in die soziale Gemeinschaft" (Email, P. Klecina 2018: o.S.). Gewalt produziert soziale Ausschließung, und auch was nach der Gewalt folgt, geht mit einem häufig unterschätzten Maß an Ausschließung einher. Diese wird im Hilfesystem reproduziert, wenn hierüber das Wissen fehlt und wenn nicht über Machtverhältnisse in den jeweils eigenen Strukturen reflektiert wird. Auch das ist entscheidend für Unterstützung der Bearbeitungsprozesse von Gewalt.[30]

Eine solidarische, parteiliche Haltung, die die Frauen als Expertinnen ihrer Erfahrungen anerkennt[31], ist kombiniert mit der Analyse von Zusammenhängen, der Priorisierung von Selbstbestimmung/Handlungsermächtigung, der Ausrichtung der Unterstützung an den Bedürfnissen der Frauen im Bearbeitungsprozess und dem Wissen um strukturelle Gewalt in Geschlechterverhältnissen. Aus dieser Perspektive wird eine differenzierte Kritik[32] an bestimmten

---

30 Die Forschungspartnerinnen aus dem bff brachten auch ein, dass es eine Bedeutung hat, dass die in den Teams und Trägerstrukturen auf flache Hierarchien geachtet werden. Diese erforderten die kontinuierliche Auseinandersetzung mit Machtverhältnissen in der Arbeit und sorge mit dafür, dass eine Reflexion von Machtverhältnisse nicht außen vor bleibe (vgl. Interview E. Hallenga, Düsseldorf, 2016).

31 Klinische Praxen basieren häufig auf dem „Vorrecht der Professionellen, den Standpunkt der Normalität einzunehmen, der abweichendes Handeln (süchtiges Handeln, „ver-rücktes" Handeln etc.) als „unnormal" kennzeichnen muss (um die eigene Arbeit zu legitimieren)" (Weber 2018). Die parteiliche Haltung in den Fachstellen basiert auf dem Wissen um die Möglichkeit, dass Gewalt alle Frauen treffen kann. Traumatisierungen sind eine *normale* Reaktion auf ein *unnormales* Erlebnis, und darüber hinaus sind sie Dimensionen struktureller Gewalt.

32 In den Beratungsstellen werden, wie in Psychotherapien auch, viele aktuelle Entwicklungen und Erkenntnisse der Psychotraumatologie gewürdigt. Zudem werden viele traumtherapeutische Techniken und Methoden, zum Beispiel aus der psycho-

Traumakonzepten formuliert: „Es geht nicht darum alle Methoden zu verteufeln, aber sie politisch zu unterlegen" (Forschungskooperative 2016: Synopse Fragebogenerhebung: 7).

Abbildung 4: Struktur- und Vernetzungsarbeit

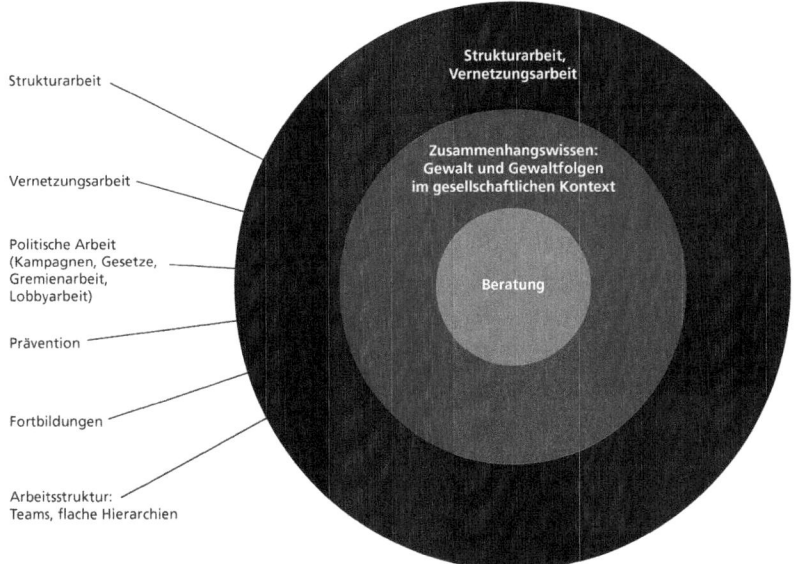

Quelle: Eigene Darstellung

Denn „Konzepte wie Vulnerabilität oder persönliche Resilienz als individuelle Faktoren ohne Kontext zu verwenden funktioniert nicht" (ebd.). Kontextualisierte Traumaarbeit ist so der Ausdruck eines klaren Grundverständnisses davon, dass Trauma und strukturelle Gewalt zusammen betrachtet werden müssen. So entstand im Laufe des Forschungsprozesses der Name des Forschungsprojekts: „Wir müssen die Forderung aufstellen, dass in der Arbeit mit traumatisierten Frauen wieder auf die Ursachen geguckt werden muss – ein möglicher Begriff hierfür wäre ‚Kontextbezogener Traumadiskurs'" (Forschungskooperative 2016: Synopse Fragenbogenerhebung: 6). Die Arbeitsweise der Fachstellen folgt einem Verständnis davon, dass Traumatisierung ein gesellschaftlich vermittelter Prozess ist. Dies begründet auch das aktive und strukturelle Verständnis von Traumaarbeit. Das, was nach der Gewalt passiert, gehört potentiell zum Prozess der Traumatisierung dazu. Denn Machtverhältnisse mit

---

dynamischen Traumatherapie eingesetzt, auch werden neurobiologische Erklärungsmodelle zum Beispiel zur Psychoedukation genutzt (vgl. Forschungskooperative 2015).

ihren geschlechtsspezifischen Hierarchien, Bildern und Diskriminierungsformen erschweren die Bearbeitung von Gewalt. Dies muss in einer Theorie von Traumatisierung dazu gedacht werden.[33]

Aktive Struktur- und Netzwerkarbeit als zentrale Dimension kontextualisierter Traumaarbeit (äußerer Kreis)

Auf Grundlage der skizzierten Zusammenhangsperspektive wird ersichtlich, dass eine aktive Arbeit am Abbau von Geschlechterungleichheiten, der Veränderung von Gewalt begünstigenden und reproduzierenden gesellschaftlichen Strukturen sowie am Aufbau adäquater Versorgungsstrukturen notwendig ist: „Ein zentrales Kriterium der strukturellen Arbeit ist es Bedarfe aus Sicht von Frauen zu identifizieren, Netzwerke aufzubauen und am Leben zu halten" (Forschungskooperative 2017: Transkript: 3. Forschungsworkshop: 20). Dazu gehört, die „Versorgungsstrukturen überhaupt aufzubauen für bestimmte Zielgruppen, wie meinetwegen jetzt geflüchtete Frauen. Das beinhaltet unglaublich viel Arbeit. Und da ist die Beratung nur ein Teil davon" (Interview K. Hille, Göttingen, 2016: 17). Netzwerkarbeit ist unabdingbar: „Mein Job ist es, so ein Netzwerk vorzubereiten und es zu ‚lieben' und am Laufen zu halten, dass wenn eine Frau sich entscheidet, eine Anzeige zu machen, sie weiß: Das ist die super Nebenklagevertretung. Hier ist eine super Frau, die einen Beratungshilfeschein ausstellen kann vom Weißen Ring" (Interview E. Hallenga, Düsseldorf, 2016: 5). Auch politische Kampagnenarbeit ist ein Moment von kontextualisierter Traumaarbeit: „Ein Beispiel ist die jüngste Kampagne des bff zur Reform des Sexualstrafrechts ‚Nein heißt Nein'. Sie war für viele von Gewalt betroffene Frauen sehr wichtig. Sie fühlten sich durch die Gesetzesänderungen bestätigt und durch die Postkarten zum Teil angeregt, ihre eigene Geschichte noch einmal zu reflektieren. Und die Klientin erfährt, auch meine Beraterin steht nicht allein, es ist nicht nur ihre persönliche Meinung, dass ich keine Schuld trage, sondern sie ist Teil eines großen Netzes von Menschen, die genau so denken." (Zuschrift B. Hönsch, Meschede 2016: 1) Die Bedeutung der politischen Arbeit bestätigen Expertinnen aus Erfahrung, wie hier eine Forschungspartnerin: „Also was meinen Prozess auch erleichtert hat, glaube ich sind, oder ist, dass ich Menschen gesehen hab, die für das Thema kämpfen. Also die sich einfach mit diesen Machtverhältnissen beschäftigen und die da

---

33 Hans Keilson (2005) hat in seiner Langzeitstudie mit jüdischen Kriegswaisen herausgearbeitet, dass Traumatisierung ein Prozess ist, der aus verschiedenen Sequenzen besteht: das Zusammenspiel der Sequenzen und das Danach – *nach* der eigentlichen Gewalterfahrung – sind demnach entscheidend dafür, wie und wie gut die Gewalt verarbeitet werden kann.

schauen, dass da eine Bewusstwerdung oder ein Umdenken geschieht" (Interview Frau A. 2015: 8).

5. Reflexion, Ausblick und Danksagung

Die tonangebende Forschung zu Gewaltfolgen und Traumata bleibt einem medizinischen Krankheitsmodell verhaftet. Dieses wird durch Forschungsmethoden verfestigt, die dieses immer wieder bestätigen, weil sie Widerspruch ‚von außen' und ‚von unten' methodisch nicht zulassen (können, um als valide zu gelten). Das macht es schwer, alternativen Perspektiven in der Psychotraumatologie mehr Gewicht zu verleihen. Unsere Forschung hat gezeigt, dass ein Paradigmenwechsel in der Forschungsmethode andere oder weitere Prämissen zur Frage, was hat Bedeutung für die Bearbeitung erlebter Gewalt, zum Vorschein bringen kann. Das konnte nur in einem offenen, partizipativen Vorgehen sichtbar werden. Zu einer kontrollwissenschaftlichen Forschung gehört – das ist ihr Spezifikum – dass gesetzte Prämissen nicht von den betroffenen Subjekten hinterfragbar sind. Es muss weitergehender auch gefragt werden: Wer setzt die Prämissen? Wer hat die Deutungshoheit, wie ist diese legitimiert und warum ist es nach wie vor so abwegig, die Subjekte, die die erlebte Gewalt – in oft vielen Lebensschleifen – bearbeiten, in die Konzeption von Forschung aktiv einzubeziehen? Es macht – so lässt sich zuspitzen – einen gravierenden Unterschied für die Ausrichtung von Therapien und Unterstützungsstrukturen, in welchen theoretischen Zusammenhang Gewalt und die Folgen von Gewalt gestellt werden. Dies muss ebenso reflektiert werden wie die Gütekriterien von Forschung.[34]

Danksagung

Weitgehende Partizipation[35] am Forschungsprozess mit wenig Ressourcen zu ermöglichen, war eine Realität unseres Forschungsprozesses zu kontexuali-

---

34 Michael T. Wright hat den Vorschlag für Gütekriterien partizipativer Gesundheitsforschung gemacht, wie beispielsweise: partizipativ, lokal situiert, kollektiver Forschungsprozess, Förderung von Engagement und kritische Reflexivität (vgl. Wright 2012).
35 Zeitweise auch eine gemeinsame Forschung, wie etwa im Auswertungsprozess und bei der Grafikentwicklung (vgl. Schlingmann in diesem Band).

sierter Traumarbeit.[36] Wir haben improvisiert, wir waren immer wieder herausgefordert Wege zu erfinden: Wenn kein Geld für ein gemeinsames Treffen vorhanden war, haben wir als Forschungsteam eine *Tournee* durch die Beratungsstellen gemacht, wenn Expertinnen aus Erfahrungen nicht *sichtbar* werden konnten, bekamen sie das Transkript von einem Forschungsworkshop, um es zu kommentieren. Subjektive Erfahrungen mit der Bearbeitung erlebter Gewalt und feministische Traumaarbeit können Forschungsanlass sein! Das war für die Expertinnen aus Erfahrung und die Mitarbeiterinnen des bff oft überraschend und auch ermutigend. „Die Forschung war während des gesamten Prozesses im bff präsent, die soziale Selbstverständigung hatte große Bedeutung und hat viele Reflexionen und Diskussionen entfacht, die anhalten. Das Ergebnis wird, über die Diskussion und Verständigung in der Forschung hinaus, Wirkung haben" (Email A. Hartmann, Geschäftsstelle bff 2019: o.S.).

Partizipative Forschung ist nach Michael T. Wright „ein dialektischer Prozess mit chaotischen Zügen" (Wright 2012), das ist eine schöne Beschreibung. Das Ideal einer reziproken gemeinsamen Forschung ist mit unserem Forschungsprojekt sicher noch nicht eingelöst, wohl aber konnten wir in der Forschung eine forschende, soziale Selbstverständigung und eine Vielzahl von Diskussionen ins Leben rufen sowie Reflektionen in Gang setzen, die weitergehen werden. Wir hatten eine lebendige Verständigung nicht *über*, sondern *von* und *mit* Expertinnen aus Erfahrung und Beruf, in Photovoice-Projekten und in zahlreichen Einzel- und Teamgesprächen. Es war unglaublich viel Arbeit, es hat uns als Forschungsteam – das die Fäden zusammenhalten musste – angesichts der großen Menge an Material, der Vielstimmigkeit und des Ressourcenmangels oft sehr gefordert. Es hat auch sehr großen Spaß gemacht mit Ihnen und Euch allen zusammen zu arbeiten, zu denken, zu forschen, zu diskutieren, mutig zu sein, neue Wege zu beschreiten und sich dafür Zeit zu nehmen. Danke an alle.

Literatur

Becker, David (2007): Die Erfindung des Traumas. Verflochtene Geschichten. Berlin: Edition Freitag.
Bittenbinder, Elise (2012): Beyond Statistics. Sharing, Learning and Developing Good Practice in the Care of Victims of Torture. Karlsruhe: Verlag von Loeper.
Brenssell, Ariane/Hartmann, Anna (2017): Kontextualisiertes Traumaverständnis in der Arbeit gegen Gewalt an Frauen. In: Familiendynamik 42, 1, S. 28-39.

---

36 Zudem waren die Beteiligungsmöglichkeiten für die bff-Beraterinnen und für die Expertinnen aus Erfahrung unterschiedlich, weil die Strukturen und Tagungen des bff eine bessere Beteiligung ermöglichten.

Kontextualisierte Traumaarbeit 93

bff Frauen gegen Gewalt e.V. (2018): Der Bundesverband. Hilfe – Aufklärung – Fortbildung. https://www.frauen-gegen-gewalt.de/de/der-bundesverband.html [Zugriff: 28.08.2018].

bff Frauen gegen Gewalt e.V. (2018): Kampagnen und Projekte. Nein heißt Nein! – Paradigmenwechsel im Sexualstrafrecht. www.frauen-gegen-gewalt.de/vergewaltigung-verurteilen.html [Zugriff: 28.08.2018].

bff Frauen gegen Gewalt e.V. (2013): Handreichung zur Qualitätsentwicklung und Qualitätssicherung in der Beratungsarbeit der Frauennotrufe und Frauenberatungsstellen.

bff Frauen gegen Gewalt e.V. (2018): Die Fachberatungsstellen: Aktiv gegen Gewalt gegen Frauen und Mädchen. Stark für Frauen – gegen Gewalt. Berlin.

Bürgerstiftung Heidelberg (2013): Partizipative Praxisforschung in der Kommune. Heidelberg.

Flatten, Guido et al. (2011): S3-Leitlinie Posttraumatische Belastungsstörung. https://www.awmf.org/uploads/tx_szleitlinien/051010k_S3_Posttraumatische_Belastungsstoerung2012-abgelaufen.pdf [Zugriff: 28.08.2018].

Council of Europe (2011): Übereinkommen des Europarats zur Verhütung und Bekämpfung von Gewalt gegen Frauen und häuslicher Gewalt. https://rm.coe.int/1680462535 [Zugriff: 30.03.2019].

Forschungskooperative (2015 – 2019): Synopsen und Ergebnispapiere der einzelnen Forschungsschritte, sowie Transkripte und Protokolle der partizipativen Forschungsworkshops, Auswertungspapiere.

Keilson, Hans (2005): Sequentielle Traumatisierung bei Kindern. Untersuchung zum Schicksal jüdischer Kriegswaisen. Gießen: Psychosozial-Verlag.

Maercker, Andreas et al. (2008): Posttraumatische Belastungsstörungen in Deutschland. Ergebnisse einer gesamtdeutschen epidemiologischen Untersuchung. In: Der Nervenarzt 79, 5, S. 577–586.

Markard, Morus (2018): Ist die Auswertung verbaler Daten ohne die Beteiligung der Interviewten mit einer Psychologie vom Standpunkt des Subjekts zu vereinbaren? In: Reimer-Gordinskaya, Katrin/Zander, Michael (Hrsg.): Krise und Kritik (in) der Psychologie. Hamburg: Argument Verlag, S. 55-67.

Merk, Usche (2015): Vom Trauma zur Resilienz. Anerkennung von Widerstandskraft oder Vorbereitung auf das Überleben in einer unsicheren Welt? In: Dr. med. Mabuse 213, 1, S. 28–30.

Mlodoch, Karin (2014): The Limits of Trauma Discourse. Women Anfal-Survivors in Kurdistan-Iraq, Studien/Zentrum Moderner Orient, 34. Berlin: Klaus Schwarz Verlag.

Mosser, Peter/Schlingmann, Thomas (2013): Plastische Chirurgie an den Narben der Gewalt – Bemerkungen zur Medizinisierung des Traumabegriffs. In: Forum Gemeindepsychologie, 18, 1. http://www.gemeindepsychologie.de/fg-1-2013_04.html [Zugriff: 28.08.2018].

Ochocka, Joanna/Janzen, Rich (2014): Breathing Life into Theory: Illustrations of Community-Based Research: Hallmarks, Functions and Phases. In: Gateways: International Journal of Communit Research and Engagement 7, 1, S. 18.

Osterkamp, Ute (1996): Rassismus als Selbstentmächtigung. Hamburg: Argument Verlag.

Pausch, Markus J./Matten, Sven J. (2018): Trauma und Traumafolgestörung. Wiesbaden: Springer Verlag.

Reimann, Katharina (2018): Von Passiv zu Aktiv oder von „Opfer" zu selbstbestimmt. Vorwort für eine Photovoice-Broschüre (unveröff.).
Thoma, Samuel (2016): Status Quo der psychiatrischen „Spitzenforschung" in Deutschland. Ein Tagungsbericht aus sozialpsychiatrischer Sicht. In: sozialpsychiatrische informationen 46, 3, S. 41- 43.
Weber, Klaus (2018): Beratung, das Einfache das schwer zu machen ist. In: Brenssell, Ariane/Weber, Klaus (Hrsg.): Psychologie, Schulen und Praxen. Texte zur kritischen Psychologie, 8/II. Hamburg, Argument Verlag.
Wright, Michael T. (2012): Gütekriterien partizipativer Gesundheitsforschung, Vortrag auf der aus der DGSMP Jahrestagung 14.09.2012.
Zedlick, Dyrk/Thoma, Samuel (2017): Where the Money Goes - Kritische Reflexionen zur gegenwärtigen Forschungsförderung in der Psychiatrie. In: Sozialpsychiatrische Informationen 47, 2, S. 15-17.

Das Queergesund*-Projekt. Methodik einer partizipativen Bedarfserhebung zur Gesundheitsförderung nicht-heterosexueller Frauen*[1]

Gabriele Dennert

1. Hintergrund: Leerstellen in der Diskussion um Gesundheitsförderung nicht-heterosexueller Frauen

Gesellschaftliche Diskriminierung und Ungleichstellung aufgrund von Geschlecht und sexueller Orientierung werden als Belastungsfaktoren für die Gesundheit lesbischer, bisexueller oder queerer (lbq) Frauen*[2] diskutiert. Im deutschsprachigen Raum gibt es bisher wenige Forschungsarbeiten, die die gesundheitlichen Anliegen nicht-heterosexueller Frauen* einschließen oder fokussieren (Übersicht in: Dennert 2016), obwohl bereits seit Längerem und wiederholt Forschungsdesiderate formuliert werden (vgl. Dennert 2005; Nordrhein-Westfalen/Landtag 2004). In der internationalen Gesundheitsforschung liegen hingegen zahlreiche Studien, Übersichtsarbeiten und Beiträge vor, die auf eine Reihe spezifischer Herausforderungen und Belastungen sowie deren negative gesundheitliche Konsequenzen verweisen. So sind erhöhte Risiken für chronische körperliche Erkrankungen (vgl. Meads et al. 2018) für psychische Belastungen sowie spezifische Barrieren im bedarfsgerechten Zugang zu Versorgungsangeboten international gut dokumentiert (vgl. Gay and Lesbian Medical Association 2001; Institute of Medicine 2011).

Nicht-heterosexuelle Frauen* – als in sich durchaus heterogene Gruppe – befinden sich gesellschaftlich an den Schnittstellen von – mindestens – zwei Marginalisierungslinien: Sexismus und Heterosexismus. Auf der Grundlage

---
1 Dieser Beitrag baut auf dem Vortrag „Queergesund*: Partizipative mixed-methods-Forschung zur Gesundheitsförderung für lesbische, bisexuelle und queere Frauen*" auf, gehalten von Gabriele Dennert und Ulrike Janz im 6. Braunschweiger Gender Forum Partizipative Forschung im Gender-Kontext, Wolfenbüttel, am 07. Oktober 2016 (Ostfalia Hochschule für angewandte Wissenschaften/in Kooperation mit Braunschweiger Zentrum für Gender Studies (o.J.))
2 In der Queergesund*-Studie wurden Begriffe, die soziale Geschlechtergruppen bezeichnen, z.B. Frauen* oder Männer*, mit einem Sternchen am Ende markiert, um auf die Binnenheterogenitäten innerhalb dieser Kategorien hinzuweisen.

der gesellschaftlichen Dichotomisierung der Geschlechtszugehörigkeit in ‚Männer' und ‚Frauen' meint dies zum einen die Privilegierung von ‚Männern' gegenüber ‚Frauen' und zum anderen die Privilegierung von Heterosexuellen gegenüber Nicht-Heterosexuellen. Die soziale Position nicht-heterosexueller Frauen* wird zudem durch weitere gesellschaftliche Ein- und Ausschlussmechanismen gestaltet, wie rassistische Verhältnisse, Fragen von Staatsangehörigkeit/citizenship, Behinderungserfahrungen, Klassismus, sozioökonomische Verhältnisse, Erfahrungen mit Gewalt und Verfolgung und weitere mehr.

Die intersektionale Verschränkung von sozialer Marginalisierung findet ihren Ausdruck nicht nur in den angesprochenen gesundheitlichen Nachteilen, sondern in Deutschland z.b. auch darin, dass die Anliegen nicht-heterosexueller Frauen* bisher in der Gesundheitsberichterstattung der Bundesländer nur vereinzelt und auf Bundesebene gar nicht berücksichtigt werden.

2. Queergesund*-Studie

Die skizzierten Leerstellen sind der Ausgangspunkt der Studie ‚Queergesund* – Gesundheitsförderung für lesbische, bisexuelle und queere Frauen*' (2014 bis 2017). Die Studie führte eine partizipative Bedarfsanalyse durch, um Handlungsansätze zu entwickeln, zu priorisieren und aufzuzeigen. Durch die Untersuchung wurden Grundlagen für die Gesundheitsförderung lesbischer, bisexueller und queerer Frauen* erarbeitet, die richtungsweisend für die Interventionen verschiedener Akteur*innen[3] aus Politik, Gesundheitsversorgung und LSBQTI[4]-Community sein können und zudem Anregungen für zukünftige Forschungsprojekte geben.

Das Projekt orientierte sich dabei an den Konzepten und Begriffen von ‚Gesundheit' und ‚Gesundheitsförderung' der WHO Ottawa Charta (World Health Organization WHO 1986):

> „Gesundheit wird von Menschen in ihrer alltäglichen Umwelt geschaffen und gelebt: dort, wo sie spielen, lernen, arbeiten und lieben. Gesundheit entsteht dadurch, dass man sich um sich selbst und für andere sorgt, dass man in die Lage versetzt ist, selber Entscheidungen zu fällen und eine Kontrolle über die eigenen Lebensumstände auszuüben sowie dadurch, dass die Gesellschaft, in der man lebt, Bedingungen herstellt, die all ihren Bürgern Gesundheit ermöglichen" (ebd.).

---

3   Im Text wird das Binnen-Gendersternchen (*) verwendet, um Menschen verschiedener Geschlechter und geschlechtlicher Selbstbezeichnungen zu adressieren.
4   LSBQTI ist ein Akronym für Lesben, Schwule, Bisexuelle, queere, trans und inter Personen. Trans und inter werden im Text als Abkürzungen für unterschiedliche (Selbst)Bezeichnungen verwendet, wie z.B. transsexuell, transident, transgeschlechtlich, transgender bzw. intersexuell oder intergeschlechtlich.

Das Queergesund*-Projekt 97

„Gesundheitsförderung zielt auf einen Prozess, allen Menschen ein höheres Maß an Selbstbestimmung über ihre Gesundheit zu ermöglichen und sie damit zur Stärkung ihrer Gesundheit zu befähigen. Um ein umfassendes körperliches, seelisches und soziales Wohlbefinden zu erlangen, ist es notwendig, dass sowohl einzelne als auch Gruppen ihre Bedürfnisse befriedigen, ihre Wünsche und Hoffnungen wahrnehmen und verwirklichen sowie ihre Umwelt meistern bzw. verändern können" (ebd.).

Abbildung 1: Darstellung der Studienergebnisse als Comic: Angebote, die sich spezifisch an lesbische, bisexuelle und queere Frauen* richten, wurden als Bedarf identifiziert (Zeichnung: 123comics).

Gesundheitsförderung in diesem Sinne weist Verbindungen zu Ansätzen von Partizipation, Empowerment, gesellschaftlicher Emanzipation und ‚Neuen Sozialen Bewegungen' auf (vgl. Altgeld/Kolip 2014), die ebenfalls auf die Veränderung sozialer Rahmenbedingungen und die Erweiterung individueller und kollektiver Handlungsmöglichkeiten marginalisierter Gruppen zielen. Strategien zur Gesundheitsförderung werden dabei klassischerweise für sogenannte Settings erarbeitet:

„Ein Setting ist ein Sozialzusammenhang, in dem Menschen sich in ihrem Alltag aufhalten und der Einfluss auf ihre Gesundheit hat. Dieser soziale Zusammenhang ist relativ dauerhaft und seinen Mitgliedern auch subjektiv bewusst. Er drückt sich aus durch formale Organisation (z.B. Betrieb, Schule, Kita), regionale Situation (z.B. Kommune, Stadtteil, Quartier), gleiche Lebenslage (z.B. Rentner/Rentnerinnen), gemeinsame Werte bzw. Präferenzen (z.B. Religion, sexuelle Orientierung) bzw. durch eine Kombination dieser Merkmale" (Hartung/Rosenbrock 2015).

Abbildung 2: Darstellung der Studienergebnisse als Comic: Ein gleicher, diskriminierungsfreier Zugang zur Gesundheitsversorgung wurde als Bedarf identifiziert (Zeichnung: 123comics).

Die Queergesund*-Studie zielte so auch darauf ab, überregional mit und für nicht-heterosexuelle Frauen* die Bedarfe für gesundheitsförderliche Lebenswelten zu identifizieren, dieses Wissen weiteren Akteur*innen zur Verfügung zu stellen und eine Umsetzung in abgegrenzten Settings, z.B. auf regionaler Ebene, anzuregen. Für lesbische, bisexuelle und queere Frauen*, die sowohl regional als auch überregional oft als Teil einer ‚Community' angesehen werden (unabhängig davon, wie zutreffend diese Zuordnung ist) bzw. sich selbst so verstehen, ergeben sich hier Überschneidungen zwischen community-basierten (vgl. Prasad in diesem Band) und Setting-Ansätzen. Eine weitere theoretische Ausarbeitung dieser Anknüpfungspunkte steht allerdings bisher noch aus.

Als besonders geeignet für dieses Vorhaben erschienen uns partizipative Forschungsansätze, da diese die ‚doppelte Zielsetzung' (Unger 2014: 35) verfolgen, „nicht nur zu forschen, sondern auch zu handeln, und dadurch soziale Wirklichkeit nicht nur zu verstehen, sondern auch zu verändern" (ebd.). Im

Sinne partizipativer Forschung (vgl. Bergold/Thomas 2010; Unger 2014) stellt das Queergesund*-Projekt deshalb auch eine Intervention dar und zielt darauf, erstens Diskurse über die Diskriminierung von lbq Frauen* in der Gesundheitsversorgung bei verschiedenen Akteurs- und Stakeholdergruppen zu initiieren und zu fördern, zweitens produktive Arbeitszusammenhänge zu unterstützen, die Praxis- und Theoriewissen in einen Austauschprozess bringen sowie zum Empowerment strukturell benachteiligter Akteur*innen beitragen (vgl. Bergold/Thomas 2010). Zentrales Moment partizipativer Forschungsansätze ist die Beteiligung von Akteur*innen als Co-Forscher*innen im Projekt, also als Beteiligte im Forschungsprozess, die mit Entscheidungsmacht über den Forschungsablauf ausgestattet sind.

Der vorliegende Beitrag stellt die methodische Durchführung der Studie dar und beleuchtet dabei insbesondere die partizipativen Aspekte der Methodik. Abschließend wird ein Ausblick auf die Ergebnisse gegeben, deren umfassende Veröffentlichung in einer zukünftigen Publikation erfolgen wird.

Forschungsethik und Datenschutz

Die Ethikkommission der Ärztekammer Westfalen-Lippe äußerte in ihrem Votum keine Bedenken gegen die Durchführung des Forschungsvorhabens (vgl. Az 2014-655-f-S vom 10.12.2014). Der Datenschutz und die Einhaltung der gesetzlichen Vorschriften wurden in Zusammenarbeit mit dem Datenschutzbeauftragten der FH Dortmund gewährleistet.

Methodik: ‚Group Concept Mapping'

Die Anliegen der Studie erforderten einen methodischen Zugang, der der Heterogenität von lesbischen, bisexuellen und queeren Frauen* Rechnung trägt. Bisher liegen im deutschsprachigen Raum wenige Erfahrungen mit intersektionalen Forschungszugängen zur Lebenssituation und Gesundheit von lbq Frauen* vor (vgl. Dennert 2005; LesMigras 2012).

‚Group Concept Mapping' (vgl. Kane/Trochim 2007) ist ein mehrschrittiges mixed-methods Verfahren für Bedarfserhebungen, das im deutschsprachigen Raum bisher wenig eingesetzt wird. Die Methode kombiniert qualitative (Brainstorming, Sortierung) mit quantitativen Verfahren (multidimensionale Skalierung, hierarchische ‚Cluster-Analyse', Rating), um Gruppenideen zu strukturieren und visuelle Repräsentationen zu entwickeln. So können komplexe Konzepte untersucht und für Interventionen zur Verbesserung des Ist-

Zustandes zugänglich gemacht werden. Das Vorgehen ermöglicht einen hohen Grad an Interaktion mit Communities an verschiedenen Stellen im Forschungsablauf und setzt teilweise eine aktive Beteiligung, die über die bloße Teilnahme an einer Befragung hinausgeht, sogar voraus. Dies macht das Verfahren für partizipative Ansätze besonders interessant. Darüber hinaus ist die Methode nicht auf eine Konsensbildung ausgelegt. Dies trägt dazu bei, dass in Gruppen, deren Lebenssituation von intersektionaler Diskriminierung geprägt ist, die Stimmen und Anliegen minoritär vorgebrachter Positionen methodisch bedingt nicht erneut marginalisiert werden.

Tabelle 1: Sieben Schritte des ‚Group Concept Mapping'-Prozesses

Schritt	Was	Wer	Wann
Vorbereitungsphase			
1	Vorbereitung: Entwickeln der Brainstorming-Frage Vortests Anwerben der Studienteilnehmer*innen Vorbefragung	Studienleitung Expert_innenkreis Teilnehmer*innen der Vortests Teilnehmer*innen der Vorbefragung	11'2014 – 4'2015
Durchführungsphase			
2	Generieren der Ideen: Brainstorming und Ideenanalyse	Teilnehmer*innen der Hauptbefragung	5'2015
3	Strukturieren der Ideen (thematisches Clustern)	Teilnehmer*innen der Hauptbefragung	5'2015 – 6'2015
4	Gewichtung der Ideen (Rating)	Teilnehmer*innen der Hauptbefragung	5'2015 – 6'2015
5	Darstellen der Ergebnisse	Studienleitung in Diskussion mit dem Expert_innenkreis	6' – 9'2015
Nachbereitungsphase			
6	Interpretation	Studienleitung Expert_innenkreis Teilnehmer*innen der Transfertagung	7'2015 – 2'2016 Transfertagung 2'2017
7	Anwendung		

Quelle: Eigene Darstellung

Der Ablauf des ‚Group Concept Mappings' gliedert sich in drei Phasen – Vorbereitung, Durchführung der empirischen Erhebung und Nachbereitung/Trans-

Das Queergesund*-Projekt 101

fer –, die in sieben Schritte unterteilt werden können (vgl. Tabelle 1).[5] Die empirischen Schritte (Brainstorming, Clustern, Rating) können sowohl im Rahmen von (einer oder mehreren) persönlichen Gruppendiskussionen durchgeführt werden als auch online. Wir haben uns für das web-basierte Verfahren entschieden, um eine überregionale Beteiligung inhaltlich unterschiedlich involvierter Personen zu ermöglichen.

3. Vorbereitungsphase und Expert_innenkreis

Die Initiative zum Projekt ging von der Studienleitung[6] aus. Der Finanzierungsantrag wurde bereits im Hinblick auf die Methode Group Concept Mapping gestellt.

Abbildung 3: Abschlusstagung der Queergesund*-Studie, Februar 2017, Dortmund (Zeichnung: 123comics, Foto: Bettina Steinacker)

---

5   In den methodischen Texten finden sich sechs Schritte (vgl. Kane/Trochim 2007). Die hier getrennt dargestellten Vorgänge ‚Interpretation' und ‚Anwendung' werden zumeist in einem Teilschritt zusammengefasst.
6   Prof. Dr. Gabriele Dennert, FH Dortmund.

Nach Bewilligung des Antrages konstituierte sich der Expert_innenkreis[7] aus 12 Fachfrauen und -personen aus Wissenschaft, Versorgungs- und Beratungspraxis, Community-Einrichtungen und Gesundheitspolitik[8] (Vorbereitungsphase des Group Concept Mappings Herbst 2014/Frühjahr 2015). Der Expert_innenkreis begleitete und gestaltete den kompletten Verlauf des Projektes mit. Das Gremium war dabei mit Entscheidungsmacht ausgestattet, die deutlich über eine beratende Funktion z.b. eines Projektbeirates hinausging. Der Expert_innenkreis traf sich vier Mal zwischen Februar 2015 und Februar 2016 und nutzte verschiedene elektronische Möglichkeiten des Austauschs wie eine Mailingliste und einen Onlinearbeitsbereich im E-Learning-Portal der Hochschule. Die Studienleitung wurde in der Durchführung und Umsetzung des Projektes von drei studentischen Hilfskräften[9] unterstützt, die ebenfalls an den Sitzungen des Expert_innenkreises teilnahmen und sich dort auch aktiv in Entscheidungen einbrachten.

Zentrale Schritte

Der Expert_innenkreis und die Studienleitung bestimmten zunächst gemeinsam die zentrale Ausrichtung des ‚Group Concept Mappings' und entwickelten die Frage für das Brainstorming. Zudem wurden die für die Studiendurchführung entwickelten Instrumente und Onlineapplikationen inhaltlich und bezüglich des technischen Ablaufs vorgetestet. An den verschiedenen Vortests beteiligten sich neben dem Expert_innenkreis auch weitere Freiwillige aus dem Umfeld der Projektgruppe.

Die konsentierte Fassung der Brainstorming-Frage lautet:

---

7   Expert_innenkreis ist die konsentierte Selbstbezeichnung des Gremiums. Als solche wird diese Bezeichnung hier verwendet, auch wenn im übrigen Text das Gendersternchen (*) benutzt wird.
8   Sati Arikpinar, Gesundheitszentrum für Migrantinnen und Migranten Köln; Eva Bujny, Frauenberatungsstelle Düsseldorf e.V.; Dr. Muriel González Athenas, Ruhr-Universität Bochum; Marta Grabski, Rosa Strippe e.V. Bochum; Ulrike Janz, Kompetenzzentrum Frauen und Gesundheit NRW; Prof. Dr. Marianne Kosmann, Fachhochschule Dortmund [verst. Dezember 2017]; Dr. Constance Ohms, Frankfurt/Main; Gema Rodríguez Díaz, Integrationsagentur im rubicon e.V. Köln; Helga Seyler, Familienplanungszentrum Hamburg und Fachgruppe ‚Gesundheit lesbischer und bisexueller Frauen' im Arbeitskreis Frauengesundheit AKF e.V.; Dr.in Gabi Stummer, Köln [bis Juli 2015]; Dr. Gesa C. Teichert, HAWK Hochschule für angewandte Wissenschaft und Kunst Hildesheim/Holzminden/Göttingen; Maria Zemp, Körperpsychotherapie, Heilpraktikerin, Schwerpunkt: Fachreferentin für Frauengesundheit Euskirchen und (internationale) Psychosoziale Traumaarbeit, regelmäßige Consultant für medica mondiale.
9   Lisa Hengst, Andrea Milan* Wolnik, Tobias Scheiter.

Das Queergesund*-Projekt 103

Welche Anliegen, Themen und Probleme haben lesbische, bisexuelle und queere Frauen* in Bezug auf Gesundheit und Gesundheitsversorgung? Im nächsten Schritt der Vorbereitungsphase wurden die Studienteilnehmer*innen für Brainstorming, Strukturierung und Gewichtung im ‚Group Concept Mapping' (im Folgenden zusammenfassend als Hauptbefragung bezeichnet) gewonnen. Dies geschah im Rahmen einer webbasierten[10], Fragebogen-gestützten (Vor-)Befragung, in der u.a. das Studienvorhaben erläutert und die informierte Zustimmung[11] zur elektronischen Datenverarbeitung eingeholt wurde. Zudem wurden demografische Daten und Angaben zu beruflichen und fachlichen Hintergründen erhoben sowie eine offene Frage zur Bedeutung von Gesundheitsforschung für lbq Frauen* gestellt.[12]

Abbildung 4: Graphic Recording der Abschlusstagung der Queergesund*-Studie, Februar 2017, Dortmund (Zeichnung: 123comics, Foto: Bettina Steinacker)

Auf der Grundlage einer initialen Stakeholderanalyse (zur Methode: Schmeer 1999; Ergebnisse hier nicht dargestellt) wurden 266 Einzelpersonen sowie 124

---

10 Es wurde die Befragungssoftware ‚limesurvey' auf einem FH-eigenen Server eingesetzt.
11 Da die mehrschrittige Methode erforderte, die Teilnehmer*innen wiederholt einzuladen, benötigten wir E-Mail-Adressen und die Zustimmung, jene Daten speichern und verarbeiten zu dürfen.
12 Auch diese Vorbefragung war einem Vortest mit Freiwilligen und dem Expert_innenkreis unterzogen worden.

Institutionen, Einrichtungen und Vereine per Anschreiben zur Vorbefragung und Studienteilnahme eingeladen. Darüber hinaus wurde die Einladung über soziale Medien auch öffentlich verbreitet. Als Stakeholder*innen werden Personen, Gruppen und Einrichtungen angesehen, die im Themenfeld ‚Gesundheit und Gesundheitsversorgung von lbq Frauen' relevante Interessen haben bzw. von Maßnahmen insofern betroffen sind, als sie sie entweder gestalten oder von ihren Auswirkungen direkt tangiert sind. In einer Stakeholderanalyse wird in einem Gruppendiskussionsverfahren identifiziert, inwiefern Stakeholder*innen (mutmaßlich) dem Forschungsanliegen aufgeschlossen gegenüberstehen und inwiefern sie Gestaltungsmacht im Themenfeld besitzen. Stakeholder*innen, die als aufgeschlossen oder wirkmächtig identifiziert wurden, wurden zur Teilnahme eingeladen.[13] Solche (mutmaßlich) ohne eigenes Interesse und ohne Gestaltungsmacht werden nicht gezielt adressiert. Die Stakeholderanalyse hilft, begrenzte Ressourcen möglichst wirkungsvoll einzusetzen.

Eingeladen wurden bundesweit, mit regionalem Schwerpunkt Nordrhein-Westfalen, insbesondere Ärzte*innen und andere Berufsgruppen aus der Gesundheitsversorgung, Parteienvertreter*innen, Mitarbeiter*innen von LSBQTI-Community-Einrichtungen und Beratungsstellen sowie Personen mit Expertise im Forschungsfeld. Von den persönlich eingeladenen Personen nahmen 37 % an der Vorbefragung teil.

Insgesamt lagen nach Abschluss der Vorbefragung 381 vollständige Fragebögen vor. 368 Personen erklärten ihre Bereitschaft zur Teilnahme an mindestens einem Schritt der Hauptbefragung.

4. Durchführungsphase

Die zentrale empirische Phase des Group Concept Mappings wurde webbasiert mit der Software ‚CS Global Max' (Concept Systems Inc.) durchgeführt. Zunächst sammelten die Teilnehmer*innen im Rahmen eines Brainstormings Antworten auf die schon erläuterte Frage ‚Welche Anliegen, Themen und Probleme haben lesbische, bisexuelle und queere Frauen* in Bezug auf Gesundheit und Gesundheitsversorgung?'. In einem zweiten Schritt sortierten sie die Ideen in thematische Cluster und bewerteten deren Wichtigkeit und Umsetzbarkeit. Der erforderliche Gesamtzeitaufwand für die Teilnehmer*innen variierte. Diejenigen, die uns eine Rückmeldung gaben, sprachen von mindestens ein bis eineinhalb Stunden Arbeitsaufwand.

---

13 Auch Stakeholder*innen, die sowohl als aufgeschlossen als auch als wirkmächtig angesehen werden, wären zu einer Studienteilnahme eingeladen worden. In der Stakeholder-Analyse der Queergesund*-Studie blieb diese Kategorie jedoch unbesetzt.

Das Queergesund*-Projekt 105

Zum Brainstorming wurden 367 Personen[14], zum Sortieren/Gewichten 320 Personen eingeladen. Die Teilnehmer*innen konnten vorab festlegen, dass sie nur am Brainstorming teilnehmen wollen, was die unterschiedlichen Einladungszahlen erklärt.

Abbildung 5: Ergebniss des World Cafés (Graphic Recording) auf der Abschlusstagung der Queergesund*-Studie, Februar 2017, Dortmund (Zeichnung: 123comics, Foto: Bettina Steinacker)

---

14 Eine Adresse war unzustellbar. Drei Personen widerriefen im Verlauf ihr Einverständnis zum Erhalt weiterer E-Mail-Einladungen, so dass wir von effektiv 363 eingeladenen Personen ausgehen.

In der zehntägigen Brainstorming-Phase wurde eine Liste mit 1.202 Aussagen generiert. Alle Teilnehmer*innen konnten dabei die bereits eingetragenen Antworten einsehen und nach Stichworten durchsuchen. Die Teilnahme am Brainstorming war mittels des zugestellten elektronischen Links anonym möglich, weshalb die exakte Anzahl der Teilnehmer*innen am Brainstorming nicht zu ermitteln ist. Das System verzeichnete 325 Log-ins zu diesem Erhebungsschritt. Es ist davon auszugehen, dass sich Teilnehmer*innen auch mehrfach eingeloggt haben.

Exemplarisch seien hier einige Aspekte aus dem Brainstorming aufgeführt, um die Heterogenität und den Gehalt der Aussagen zu verdeutlichen:

- Sensibilisierung von Menschen, die im Gesundheitswesen arbeiten, für die Anliegen von lbq Frauen*.
- gleicher Zugang zum Gesundheitswesen, unabhängig von Lebensweise.
- Orte fördern, an denen diskriminierungsfreie Beratung erfolgt, z.B. Frauengesundheitszentren oder Lesbenberatungsstellen.
- Spätfolgen von traumatisierender Gewalt und Vergewaltigung.
- Gesundheit als Thema wird auch in der Community oft nur als ‚privates Problem' angesehen – was die Community Gutes und Schlechtes für die Gesundheit macht, wird nicht gesehen.
- Ich wünschte, Leute würden nicht so oft so tun als wäre aktive Sexualität ein Zeichen von Gesundheit (psychisch oder körperlich). Ich bin asexuell und will keinen Sex, aber oft kommt es so rüber als wäre was falsch an mir oder es gäbe das gar nicht.
- Verinnerlichte Abwertung von Lesben (Homophobie) gibt es auch bei lesbischen Ärztinnen und Aktivistinnen – Anliegen von lbq Frauen* werden dann als nachrangig und *nicht so wichtig* angesehen.
- Unsicherheit von im Medizinsystem Tätigen gegenüber Trans*, Folge: zu viel Zeit fließt in Auseinandersetzung über deren Unsicherheit.

Um mit den Ergebnissen des Brainstormings weiterarbeiten zu können, ist es in einem nächsten Schritt erforderlich, die Ideenliste zu überarbeiten. Im Rahmen dieses als ‚Ideen-Synthese' bezeichneten Schrittes wird die Anzahl der Aussagen auf maximal 125 verringert[15] und sie werden sprachlich einheitlich und verständlich editiert. Dabei werden die Aussagen, nachdem redundante und nicht themenbezogene Äußerungen entfernt wurden, anhand der enthaltenen Schlüsselbegriffe und -konzepte thematisch gebündelt und verwandte Inhalte zusammengefasst (vgl. Trochim/Kane 2007: 59ff.). Die ‚Ideen-Synthese' wurde von vier Forschenden (Studienleitung, drei Expert_innen) gemeinsam durchgeführt und 125 Aussagen erarbeitet.

---

15 Die eingesetzte Statistiksoftware kann maximal 125 Aussagen im Rahmen der multidimensionalen Skalierung verarbeiten und auch für Teilnehmer*innen scheint bei dieser Zahl eine Grenze der Handhabbarkeit erreicht.

Anschließend wurden die Studienteilnehmer*innen gebeten, diese 125 Ideen zu strukturieren und zu gewichten.[16] In diesem Erhebungsschritt sind alle Aussagen in Kategorien (‚Stapel') zu sortieren, wie sie ‚am besten inhaltlich oder thematisch zusammenpassen', und die entstandenen Cluster mit einem Stichwort zu benennen. Die hier vorgenommenen Zuordnungen stellen die Rohdaten für die multidimensionale Skalierung und ‚Cluster-Analyse' dar. In die Auswertung einbezogen wurden die Sortierungen aller Personen, die mindestens 105 der 125 Aussagen in Cluster sortiert und diese thematisch benannt hatten.[17]

Anhand zweier siebenstufiger Skalen konnten die Teilnehmer*innen für jede der 125 Aussagen bewerten, wie wichtig und wie machbar es aus ihrer Sicht ist, innerhalb der nächsten 5 Jahre deutliche Verbesserungen im genannten Bereich zu erreichen. Die Skalierung reichte dabei von 1 = völlig unwichtig bis 7 = äußerst wichtig (Wichtigkeit) und von 1 = gar nicht machbar bis 7 = äußerst gut machbar (Machbarkeit). Die Aussagen sollten relativ zu den anderen Aussagen gewichtet und möglichst das gesamte Spektrum von 1 bis 7 auf den Skalen genutzt werden. Aus den Angaben wurden die Aussage- und Clusterspezifischen Mittelwerte kalkuliert. In die Auswertung eingeschlossen wurden die Angaben, wenn jeweils mindestens 40 der 125 Aussagen nach Wichtigkeit bzw. Machbarkeit bewertet wurden. Ausschlusskriterien waren erkennbare Muster im Rating oder das Bewerten von mehr als 90 % der Aussagen mit demselben Skalenwert.[18]

Die Teilnahme an den Schritten ‚Sortierung' und ‚Gewichtung' erfolgte pseudonymisiert. Angaben von 95 Personen konnten in die Auswertung einbezogen werden.

---

16 Vor Sortierung und Gewichtung wurde die Reihenfolge randomisiert, in der die Aussagen den Teilnehmer*innen angezeigt wurden. Bei einer Randomisierung wird die Reihenfolge per Zufallsgenerator festgelegt. Dies verringert systematische Antworteffekte gegenüber einem Vorgehen, bei dem die Forscher*innen die Reihenfolge der Aussagen bestimmen.

17 Die Anweisung zu diesem Schritt gab vor, dass keine Cluster nach Gewichtung (‚unwichtig', ‚wichtig') oder unspezifische Sammel-Cluster (‚anderes', ‚weiteres') gebildet werden sollten. In den wenigen Fällen, in denen Teilnehmer*innen dies trotzdem taten, wurden diese Cluster im Rahmen der Aufbereitung des Rohdatensets wieder aufgelöst. Die in diesen aufgelösten Clustern enthaltenen Aussagen wurden vom System als ‚nicht sortiert' gewertet.

18 Das Ziel war es, mit der Gewichtung eine Binnendifferenzierung zwischen den Ideen zu erreichen. Wenn Personen alle Ideen als gleich wichtig einstuften (erkennbar an der Verwendung immer desselben Skalenwertes), dann trugen ihre Angaben zur Binnendifferenzierung nicht bei und wurden ausgeschlossen. Zudem werteten wir dies als Hinweis auf ein Antwortmuster, das auf wenig inhaltliche Auseinandersetzung schließen ließ.

Teilnehmer*innen am ‚Group Concept Mapping'

Das Alter der 95 Teilnehmer*innen am ‚Group Concept Mapping', deren Angaben in die Endauswertung eingingen, lag im Mittel bei 45 Jahren (Spannbreite 16 bis 65 Jahre). Nordrhein-Westfalen und Berlin stellten die regionalen Schwerpunkte dar, gefolgt von Baden-Württemberg und Bayern. 80 % der Teilnehmer*innen lebten in Großstädten.

Es nahmen 75 Frauen, vier Männer, zwei Trans*Frauen, ein Trans*Mann sowie 13 Personen weiterer geschlechtlicher Selbstbezeichnungen teil (genderqueer, Femme, Lesbe, Frau*, Demigirl, agender, dyke_trans, trans*Butch).[19]

63 Teilnehmer*innen verorteten sich als lesbisch, vier als bisexuell, drei als homosexuell, zwei als heterosexuell, einer als schwul, drei als queer, vier als pansexuell, acht konnten/wollten sich gegenwärtig nicht einordnen und sieben nutzten weitere Selbstbezeichnungen, zumeist Mehrfachbezeichnungen (z.B. ‚lesbisch und queer und pansexuell').

Das Bildungsniveau in der Stichprobe war durchgängig sehr hoch: sechs Teilnehmer*innen hatten einen Realschul- oder Fachschulabschluss, alle anderen hatten die Fachhochschul- oder Hochschulreife. Über die Hälfte der Befragten hatte ein Universitätsstudium abgeschlossen. Ca. 80 % waren gegenwärtig berufstätig, zumeist im Gesundheits- und Sozialwesen oder im Bereich Lehre und Erziehung. Sie schätzten ihre Kompetenzen zu gesundheitlichen Versorgungsfragen als eher hoch ein.

Sechs Personen gaben an, nach Deutschland eingewandert zu sein, überwiegend aus anderen europäischen Ländern. Aus der Selbsteinschätzung der Teilnehmer*innen zu ihren Kompetenzen und Erfahrungen zur Lebenssituation von Schwarzen Frauen*/Frauen* of Color, jüdischen Frauen*, muslimischen Frauen* und Frauen* mit Behinderung, schlossen wir, dass wir überwiegend, jedoch nicht ausschließlich ‚weiße', nicht-jüdische und nicht-muslimische Teilnehmer*innen ohne Behinderungserfahrung erreicht haben (Zahlen hier nicht dargestellt).

---

19   Da bei 95 Teilnehmer*innen die Prozentangaben fast den absoluten Zahlen entsprechen (6 von 95 Personen sind z.B. 6,3 %) wird im Text aus Gründen der Lesbarkeit zumeist auf die Prozentangaben verzichtet.

Exkurs: Fragebogenmethodik im Kontext von Intersektionalität

Wir haben den indirekten Weg, die Heterogenität im Sample über eine Frage nach der Selbsteinschätzung von Kompetenzen zu erfassen, u.a. auch deshalb gewählt, weil sich die direkte Erhebung von Diversitätsmerkmalen in anderen Studien als methodisch schwierig erwiesen hat (z.b.: LesMigras 2012, Dennert 2005). Hier fiel jeweils ein großer Anteil an ‚Item-Non-Responder*innen'[20] bei Fragen nach ethnischen Selbstbezeichnungen auf. Die Vermutung war, dass weiße Teilnehmer*innen oftmals nicht angeben, ‚weiß' zu sein. Teilweise fanden sich in den beiden genannten Studien auch aversive Reaktionen auf diese Frage in den Freitextfeldern oder als Randnotizen in den Papierfragebogen. Fragen, die von vielen Teilnehmer*innen nicht beantwortet werden und offen bleiben, stellen ein Problem in der quantitativen Auswertung dar, da sie zum Ausschluss (dem sog. ‚Drop-Out') etlicher Teilnehmer*innen aus der Analyse führen. Systematischer ‚Drop-Out' von denjenigen, für die eine bestimmte Frage nicht akzeptabel ist, trägt zu weiteren Verzerrungen in der Stichprobe bei. Frageformulierungen bewusst einzusetzen, die potentiell von Teilnehmer*innen als verletzend erlebt werden, ist aus Sicht der Studienleitung zudem forschungsethisch nicht akzeptabel. Durch eine Frage nach Kompetenzen in verschiedenen Bereichen konnten wir zudem viele Aspekte vergleichsweise effizient und unkompliziert erheben. Zu diesem Vorgehen gab es in den Freitextfeldern des Fragebogens nur eine inhaltlich relevante Rückmeldung und kaum ‚Item-Non-Response', was dieses Vorgehen unseres Erachtens stützt. Ein*e Teilnehmer*in gab an, sich grundsätzlich nicht stellvertretend für Gruppen zu äußern, denen sie nicht angehöre und sich deshalb zu ihren Kompetenzen, die Situation dieser Personen zu beschreiben, nicht äußern zu wollen.

5. Nachbereitungsphase: Interpretation und Anwendung

Die Studie hat neun zentrale Handlungsfelder zur Gesundheitsförderung für lesbische, bisexuelle und queere Frauen* identifiziert, die sich wiederum in drei Hauptbereiche gliedern lassen:

---

20 ‚Item-Non-Responder*innen' sind diejenigen, die an einer Befragung teilnehmen, jedoch bestimmte Einzelfragen nicht beantworten. Wenn einzelne Fragen besonders hohe Non-Response-Werte erreichen, deutet dies auf methodische Probleme in der Frageformulierung hin.

Belastungen und Ungleichstellungen abbauen:

- Rechte, Schutz und finanzielle Sicherung
- Entpathologisierung von lbq Frauen*, Trans* und Inter*
- (Mehrfach)Diskriminierung als Gesundheitsbelastung

Ressourcen ausbauen:

- Vernetzung, Teilhabe und Empowerment
- LBQ*-spezifische Angebote
- Zugang zur Gesundheitsversorgung
- Gesundheit und Krankheit bei lbq Frauen* besser verstehen

Versorgungsstrukturen akzeptierend gestalten:

- LBQ*-gerechte Gesundheitsversorgung
- Diskriminierung und Akzeptanz im Gesundheitswesen

Auf der Grundlage der Gewichtung der einzelnen Aussagen und Handlungsfelder wurden drei zentrale Forderungen priorisiert:

1. Spürbare Akzeptanz und rechtliche Gleichstellung der Lebensweise und selbstgewählter sozialer Bezüge.
   - Beispiele: Gleichberechtigtes Einbeziehen von Partner*innen und dem selbstgewählten sozialen Netzwerk (Wahlfamilie) als ‚nächste Angehörige' bei der Gesundheitsversorgung mit gleichen Rechten bezüglich Auskunfts- und Besuchsregelungen, Entscheidungen bei der Totenfürsorge u.a.m.; Gleichstellung im Adoptionsrecht, Steuerrecht, Erbrecht; affirmative Darstellung von LBQ* in der Schule und Aufnahme von LBQ*-Inhalten in die Curricula der Gesundheitsberufe.
2. Anerkennung für jede Person und eine besondere Beachtung von sich überschneidenden und mehrfachen Diskriminierungsverhältnissen.
   - z.B. durch den Abbau von rassistischer und sexistischer Diskriminierung in der Versorgung, der Entpathologisierung von trans und inter Personen und dem Abbau der sog. ‚heterosexuellen Vorannahme', also der Unterstellung einer heterosexuellen Lebensweise in der Gesundheitsversorgung.
3. Verbesserungen im Gesundheitswesen und Abbau von Diskriminierungen in der Versorgung.
   - z.B. durch den Einschluss von lbq Frauen* in die mit öffentlichen Mitteln geförderte Gesundheitsforschung, das Ahnden von verbalen/körperlichen/sexuellen Grenzüberschreitungen und Übergriffen seitens des medizinischen Personals und der Förderung von Akzeptanz nicht-heteronormativer Lebensweisen in der Gesundheitsversorgung.

Für eine detailliertere Darstellung der Ergebnisse seien Interessierte auf die anderen Veröffentlichungen der Studie verwiesen.[21]

Transfertagung : Handlungsperspektiven gemeinsam entwickeln

Mitte Februar 2017 fand die Transfer- und Perspektiventagung „Partizipation schafft Gesundheit – Strategien zur Gesundheitsförderung für lesbische, bisexuelle und queere Frauen*" in Dortmund statt.[22] Über 100 Tagungsteilnehmer*innen diskutieren zwei Tage lang die Ergebnisse der Studie, beschäftigten sich in Plenumsvorträgen und Workshops mit Gesundheit und Gesundheitsförderung von lbq Frauen* und entwickelten Ideen für eigenes zukünftiges Handeln (weiter). Im Rahmen einer Pre-Conference-Sitzung gründete sich das „Netzwerk* Sexuelle und Geschlechtliche Diversität in Gesundheitsforschung und -versorgung" (Netzwerk*).[23]

Die Tagung und die Netzwerk*-Gründung nahmen innerhalb der Queergesund*-Studie in mehrfacher Hinsicht eine bedeutsame Stellung ein. Neben der Möglichkeit, die Studie einem größeren Publikum vorzustellen und in der Diskussion gemeinsam Handlungsperspektiven weiter zu entwickeln, stellten die Fachtagung, ihre Gestaltung und die Netzwerk*-Gründung selbst bereits Konsequenzen aus der Queergesund*-Studie dar. In der Planung der Studie war zunächst keine größere Fachveranstaltung vorgesehen, weil kleinere, regionale Vorträge und Diskussionen im Vorfeld als das geeignetere Mittel angesehen wurden, um die Ergebnisse zu verbreiten.[24] Die Studie identifizierte allerdings als wichtigen Bedarf, mehr inter- und transdisziplinär zu arbeiten, insbesondere Fachkräften aus der Gesundheitsversorgung mehr Fortbildung zu ermöglichen und eine Vernetzungsstruktur für Interessierte zu schaffen. Auf der Grundlage dieser Befunde fiel die Entscheidung, die Transfer- und Perspektiventagung durchzuführen.[25] Auch die konkrete Durchführung der

---

21 Im Druck: Houben/Dennert/González Athenas/Ohms (2019). Vorträge mit den Studienergebnissen als Videos finden sich im Videoportal des Wissensportals LSBTI[2] unter: www.wissensportal-lsbti.de/videoportal.
22 Tagungsberichte finden sich auf der Webseite: www.fh-dortmund.de/queertagung und bei Träbert (2017).
23 Mehr Informationen zum Netzwerk* finden sich hier: www.wissensportal-lsbti.de/netzwerk.
24 Die Fachtagung hat die Vorträge nicht ersetzt, sondern ergänzt diese. Eine Übersicht der Vorträge und Veranstaltungen zur Queergesund*-Studie findet sich im Bereich Vorträge auf der Webseite: www.fh-dortmund.de/dennert.
25 Die Gründung des ‚Netzwerk*s' wurde von Prof. Dr. Regina Brunnett, Hochschule für Wirtschaft und Gesellschaft Ludwigshafen am Rhein, und mir auf den Weg gebracht.

Tagung griff Anregungen und Wünsche aus dem Expert_innenkreis sowie weitere Bedarfe auf, die in der Queergesund*-Studie formuliert wurden. Exemplarisch sei hier auf die Videografien der Vorträge, ein ‚Graphic Recording', die Simultanübersetzung in Gebärdensprache und die Themenauswahl verwiesen, die aus den Ergebnissen der Studie entwickelt worden war. Die Aufnahmen der Tagung sind auf dem Wissensportal LSBTI² (www.wissensportal-lsbti.de) veröffentlicht.[26]

6. Kritische Reflexion: zur Qualität der Partizipation im Studienverlauf

Aus der Sicht der Studienleitung nahm der Expert_innenkreis mehrfach im gesamten Studienverlauf prägenden Einfluss auf die Projektgestaltung. Auf dem ersten Treffen des Expert_innenkreises wurde die Grundausrichtung der Brainstormingfrage besprochen und festgelegt. Zur Diskussion stand dabei, inwiefern die Frage für das Brainstorming sich auf eine Bestandsaufnahme und Beschreibung des Ist-Zustandes fokussieren oder aber auf eine Handlungs- und Zukunftsorientierung gesundheitsförderlicher Maßnahmen abzielen soll. Beschlossen wurde – entgegen der Stimme der Studienleitung – eine Ausrichtung auf Gesundheit (anstatt Gesundheitsförderung) und auf die aktuelle Situation (anstatt auf Wünsche für Veränderungen). Die konkrete Formulierung der Brainstormingfrage wurde dann im Rahmen eines ausführlichen Vortests und mehrerer weiterer Feedbackrunden erarbeitet. Rückblickend wurde diese Entscheidung sowohl von den Freitextantworten in der Vorbefragung als auch vom gesamten weiteren Verlauf der Studie und der Transfertagung als angemessen bestätigt. So zeigte sich in etlichen Rückmeldungen, dass Teilnehmer*innen mit den Begriffen ‚Gesundheit' und ‚Gesundheitsversorgung' gut arbeiten konnten und ein großes Interesse bestand, mit aktuellen Erfahrungen in diesen Bereich zu Wort zu kommen. Aus der Sicht der Studienleitung trug die weichenstellende Entscheidung des Expert_innenkreises deutlich dazu bei, dass die Studie selbst sich mehr an den aktuellen Bedürfnissen der Community und weniger an den Forschungsanliegen einer Wissenschaftlerin orientierte.

Die Idee entstand nach einem gemeinsamen Panel beim Kongress ‚Armut und Gesundheit' in Berlin, das von Regina Brunnett initiiert worden war. Die Netzwerk*-Idee an sich ist also nur in Teilen ein Produkt der Queergesund*-Studie. Die Gründung der Fachtagung selbst hingegen ist der Studie geschuldet.

26 Das Wissensportal LSBTI² („LSBTI hoch zwei") ist ein Projekt der Dortmunder Arbeitsgruppe mit finanzieller Förderung durch das Ministerium für Kultur und Wissenschaft des Landes Nordrhein-Westfalen. Die Idee zum Projekt entstand aus den Ergebnissen der Queergesund*-Studie.

Auch auf das Verständnis der eigenen Rolle der Studienleitung – welche mehr die Rolle einer Moderatorin der gemeinsamen Entscheidungsfindung und weniger die Rolle einer ‚Entscheiderin' war – hatte dieser Schritt wichtige und nachhaltige Auswirkungen.

Die unterschiedlichen Perspektiven, die im Expert_innenkreis vertreten waren, erwiesen sich an verschiedenen Stellen im Studienverlauf als besonders wertvoll und verbesserten aus Sicht der Studienleitung die Validität der Ergebnisse. Verwiesen sei hier auf den Schritt der Ideensynthese, in dem die Liste von 1.202 Aussagen aus dem Brainstorming auf die Anzahl von 125 Ideen verdichtet wurde. Hieran waren vier Forschende aus Studienleitung und Expert_innenkreis beteiligt, die zunächst unabhängig voneinander die Ideensynthese durchführten. Die vier Beteiligten stimmten in hohem Maße in ihren Ergebnissen überein. An den Stellen, an denen Differenzen bestanden, verwiesen diese auf unterschiedliche Lesarten und Interpretationsmöglichkeiten von Einzelaussagen. Hier waren die unterschiedlichen Expertisen der vier Beteiligten sehr hilfreich, um nicht möglicherweise vorschnell Verstehenszugänge auszuschließen. Diese Differenzen konnten in einer gemeinsamen Diskussion geklärt und abschließend eine Liste von 125 Ideen zur Weiterarbeit konsentiert werden.

In der anschließenden Evaluation der Ideensynthese im gesamten Expert_innenkreis gab das Vorgehen jedoch auch Anlass zu einer Kontroverse über die eingesetzte Methode ‚Group Concept Mapping'. Aus Sicht der Studienleitung trugen hierzu verschiedene Umstände bei. So fand dieser Arbeitsschritt unter Zeitdruck statt, so dass sich in der einen Woche, die dafür im Zeitablauf vorgesehen war, nicht alle Expert_innen beteiligen konnten, die dies gerne getan hätten. Zudem sieht die Methode vor, dass das inhaltliche Spektrum der Ergebnisse des Brainstormings in diesem Schritt möglichst nicht reduziert wird. Um dennoch eine Verminderung der Gesamtanzahl von Aussagen zu erreichen, mussten in einigen Themenbereichen viele, teils sehr differenzierte Brainstorming-Einträge zu nur einer oder zwei Aussagen zusammengefasst werden. Das betraf insbesondere die Bereiche Pflege und pflegerische Versorgung sowie Körper- und Geschlechternormativitäten.[27] Diese zusammenfassenden Aussagen hatten notwendigerweise einen deutlich höheren Abstraktionsgrad als die Einträge im Brainstorming. Im Expert_innenkreis wurde zu Recht angemerkt, dass dies mit einem Verlust von Detailinformation einhergeht, die in das Brainstorming eingebracht worden war. Es bestand Einigkeit darin, dass die Details einiger Rohdaten eher einer anderen, qualitativ ausgerichteten Auswertung zugänglich sind als dem auf Konzeptualisierung ausgerichteten ‚mixed-method'-Verfahren des ‚Group Concept Mapping'.

---

27 Zum Bereich Kritik an Körper- und Geschlechternormativitäten in der Queergesund*-Studie wurde eine eigenständige Publikation erarbeitet: Houben/Dennert/González/Ohms (im Druck, 2019).

Gabriele Dennert

Grenzen eines partizipativen Anspruchs im Forschungsverlauf: Der Faktor Zeit

In der Zusammenarbeit mit dem Expert_innenkreis zeigte sich, wie gesellschaftliche Veränderungen und Bedingungen Einfluss auch auf partizipative Forschungsarbeiten nehmen können. Ein Thema war hier der Faktor Zeit: Partizipation benötigt Zeit. Je mehr Themenfelder die Fachfrauen und Fachpersonen kompetent bearbeiten und auch bearbeiten müssen, weil es sonst niemand tut, umso weniger der kostbaren Ressource Zeit steht ihnen für weitere Projekte zur Verfügung. Geplant wurde die Queergesund*-Studie im Jahr 2014 mit einem gezielt intersektionalen Ansatz, dem Wunsch, transdisziplinär zu arbeiten und möglichst unterschiedliche Perspektiven und Erfahrungen miteinzubeziehen. Anfangs war vorgesehen, explizit auch Frauen mit Transitionsbiografie in der Studie zu adressieren und im Titel zu benennen. Die angefragten Expert_innen nahmen das Anliegen auch sehr wohlwollend und interessiert auf, machten aber auch deutlich, dass ihnen schlichtweg die Zeit zur Mitwirkung fehlte, da sie ehrenamtlich und auch beruflich komplett ausgelastet waren. Ohne die entsprechende fachliche Expertise im Expert_innenkreis, so waren sich die Beteiligten einig, sollte eine Studie jedoch nicht den Begriff ‚trans*' im Titel führen, auch wenn die Diversität verschiedener Dimensionen von Geschlecht weiterhin ein wichtiges Thema blieb.

Im Verlauf der Studiendurchführung im Jahr 2015 nahmen dann die Anforderungen insbesondere an diejenigen Expert_innen deutlich zu, die in den Bereichen Flucht und Migration arbeiteten. Im Zusammenhang mit der Ein- und Durchreise einer größeren Anzahl an Menschen in diesem Jahr nahmen die Aufgaben z.B. der einschlägigen Beratungsstellen deutlich zu. Trotz des Zeitmangels über das gesamte Jahr und darüber hinaus nutzten die beteiligten Expert_innen ihre Möglichkeiten, sich im Rahmen der Treffen durch wertschätzendes Feedback oder hilfreiche Rückmeldungen in den Studienverlauf einzubringen. Die Studienleitung geht aufgrund der Rückmeldungen auch von angefragten potentiellen Studienteilnehmer*innen davon aus, dass das zeitliche Zusammentreffen der Befragung mit den sich intensivierenden zeitlichen Anforderungen an die Aktiven in den Bereichen Flucht und Migration zur Zusammensetzung der Befragungsgruppe beigetragen hat.

Beide Erfahrungen bringen m.E. eine Wirkweise multidimensionaler Diskriminierungsverhältnisse zum Ausdruck, die auch regulieren, wie Arbeit, Zeit und daran hängende Partizipationsmöglichkeiten verteilt sind.

Das Queergesund*-Projekt 115

‚Sicherheit' in diskriminierungsrelevanten Kontexten

Neben der gesellschaftlichen Verteilung der Ressource ‚Zeit' begleitete auch die Frage von ‚Sicherheit' die Studiendurchführung. Dass Sicherheit, Akzeptanz und Wertschätzung gesellschaftlich ungleich verteilt sind, stellte eine Grundannahme des Vorhabens dar. Sichtbar zu werden mit den eigenen Anliegen und öffentlichen Raum einzunehmen bedeutet jedoch auch, immer wieder mit der eigenen Prekarität in dieser Gesellschaft konfrontiert zu werden. So galt es im Projektverlauf für einzelne und auch immer wieder gemeinsam, sexistische, rassistische, behinderten- und lesbenfeindliche Gewalt in verschiedener Form aushalten zu müssen, sich zu wehren und zu widersetzen und einen Umgang damit zu finden. Die Fragen von Sicherheit und Unsicherheit in partizipativer Forschung (und der an ihr Mitwirkenden) werden sich in diskriminierungsrelevanten Kontexten auch weiterhin stellen, möglicherweise verstärkt, wenn wir die aktuellen gesamtgesellschaftlichen Entwicklungen betrachten. Insbesondere Projekte der feministischen Geschlechterforschung sehen sich in der letzten Dekade zunehmend Anfeindungen und Versuchen der Einflussnahme von Außenstehenden ausgesetzt (vgl. Hark/Villa 2015).

Partizipativer Ansatz und die Studienteilnehmer*innen

Anders als die Fachfrauen und -personen im Expert_innenkreis waren die Teilnehmer*innen der Studie selbst zwar durchaus mit Einflussmöglichkeiten, jedoch nicht mit Entscheidungsmacht bezüglich des weiteren Projektverlaufs ausgestattet. Der Wunsch sich selbst aktiv in die weitere Gestaltung der Studie einzubringen wurde von Seiten der Teilnehmer*innen an die Projektleitung telefonisch, per E-Mail und über soziale Medien herangetragen. Zeitweise überstiegen die Anfragen auch das, was wir zeitlich gut bewältigen konnten. Die Anregungen von Dritten wurden bei der Projektleitung gesammelt, auf ihre grundlegende Umsetzbarkeit hin überprüft und bezüglich des Benefits für den weiteren Studienverlauf bewertet. Teilweise wurden die Wünsche aufgegriffen und umgesetzt, manche dem Expert_innenkreis zur Entscheidung vorgelegt und andere verworfen.

Das Projektteam in Dortmund erhielt viele positive Rückmeldungen von lesbischen, bisexuellen und queeren Frauen*, Community-Organisationen und anderen Interessierten, nicht nur in den Freitextfeldern des Onlinefragebogens, sondern auch telefonisch, per E-Mail, persönlich, über soziale Medien und nicht zuletzt auf der Abschlusstagung. Besonders der partizipative Ansatz wurde dabei positiv hervorgehoben: „Partizipation, Aktionsforschung, Betroffenenkontrolle und liebe Grüße" hieß es einmal wörtlich und vielfach sinngemäß im abschließenden Freitextfeld des Fragebogens. Besonders der Eindruck, wahrgenommen, gesehen und mit den eigenen Anliegen ernst genommen zu werden, schien einen Effekt von ‚Empowerment' für Teilnehmer*innen mit Marginalisierungserfahrung zu haben.

Die Adressierung der Partizipations- und Mitwirkungsbedarfe eines noch breiteren Kreises von Interessierten, als wir es in der Queergesund*-Studie leisten konnten, könnte ein lohnenswertes Handlungsfeld für zukünftige Projekte darstellen.

7. Fazit

Forschung in einem Feld, das durch Ausblenden und Ignorieren der Anliegen einer gesellschaftlichen Gruppe geprägt ist, stellt immer auch eine Intervention dar. Ein partizipativer Forschungsansatz hat sich für die Queergesund*-Studie, die den Fokus auf die gesundheitlichen Anliegen lesbischer, bisexueller und queerer Frauen* legte, als sehr fruchtbar erwiesen. Die Partizipation der Fachfrauen und -personen im Expert_innenkreis hat wesentlich zur Qualität des Forschungsprojektes, zu seiner Akzeptanz und zum Wirken des Projektes als Intervention im Themenfeld beigetragen.

Als zentrale Herausforderungen für den partizipativen Ansatz erwiesen sich genau die gesellschaftlichen Mechanismen, die Ausgangspunkt für das Projekt waren: intersektionale Diskriminierungsverhältnisse und der durch sie bedingte unterschiedliche Zugang zu gesellschaftlichen Ressourcen wie Anerkennung, Akzeptanz, Freiheit von Gewalt, Zeit und Gestaltungsfreiräume.

Danksagung

Wir bedanken uns sehr bei allen Teilnehmer*innen der Befragung, der Fachtagung und bei allen, die das Projekt aktiv unterstützt haben. Besonderer Dank gilt auch den Beteiligten im Expert_innenkreis der Studie, den Referent*innen und Mitwirkenden der Fachtagung sowie den studentischen Mitarbeiter*innen für ihre Arbeit.

Des Weiteren möchten wir uns beim Fachbereich Angewandte Sozialwissenschaften der FH Dortmund für die finanzielle und infrastrukturelle Unterstützung bedanken, insbesondere auch bei den Mitarbeiter*innen aus Verwaltung und IT, die beispielsweise die Umsetzung der Onlinebefragung ermöglichten oder auch im Rahmen der Fachtagung viel Geduld mit uns bei den nötigen Verwaltungsvorgängen bewiesen.

Die Queergesund*-Studie wurde finanziell unterstützt durch Mittel des NRW-Landesprogramms ‚Gender in Forschung und Lehre' und durchgeführt in Zusammenarbeit mit der ‚Arbeitsstelle für regionale Sozialarbeitsforschung' (AreSo) sowie dem Projekt ‚Vertrauen in der Sozialen Arbeit' (VeSA, Prof. Dr. Stefanie Rosenmüller) an der FH Dortmund. Die Abschlusstagung wurde finanziell unterstützt durch ‚ANDERS & Gleich' (NRW) und das ‚Ministerium für Gesundheit, Emanzipation, Pflege und Alter' (NRW) sowie aus Hochschulmitteln zur Internationalisierung in Forschung und Lehre.

Wir bedanken uns zudem beim ‚L.Mag – Das Magazin für Lesben' als Pressepartnerin der Abschlusstagung.

Literatur

Altgeld, Thomas/Kolip, Petra (2014): Konzepte und Strategien der Gesundheitsförderung. In: Hurrelmann, Klaus/Klotz, Theodor/Haisch, Jochen (Hrsg.): Lehrbuch Prävention und Gesundheitsförderung. 4. Auflage. Bern: Huber, S. 45–56.

Bergold, Jarg/Thomas, Stefan (2010): Partizipative Forschung. In: Mey, Günter (Hrsg.): Handbuch Qualitative Forschung in der Psychologie. Wiesbaden: Springer VS, S. 333–344.

Dennert, Gabriele (2005): Die gesundheitliche Situation lesbischer Frauen in Deutschland. Herbolzheim: Centaurus.

Dennert, Gabriele (2016): Gesundheit lesbischer und bisexueller Frauen. In: Kolip, P./Hurrelmann, K. (Hrsg.): Handbuch Geschlecht und Gesundheit. 2. Auflage. Bern: Hogrefe, S. 398–408.

Gay and Lesbian Medical Association (2001): Healthy People 2010. Companion Document for Lesbian, Gay, Bisexual, and Transgender (LGBT) Health. San Francisco.

Hark, Sabine/Villa, Paula-Irene (Hrsg.) (2015): Anti-Genderismus. Sexualität und Geschlecht als Schauplätze aktueller politischer Auseinandersetzungen. Reihe gender studies. Bielefeld: transcript.

Hartung, Susanne/Rosenbrock, Rolf (2015): Settingansatz/Lebensweltansatz. https://www.leitbegriffe.bzga.de/alphabetisches-verzeichnis/settingansatz-lebensweltansatz/ [Zugriff: 19.04.2018].

Houben, Malin/Dennert, Gabriele/González Athenas, Muriel/Ohms, Constance (im Druck, 2019): Gesundheit „jenseits der Mann/Frau-Binarismen": Bedarfe an eine nicht-geschlechter- und nicht-körpernormative Versorgung. In: Appenroth, Max/do Mar Castro Varela, María: Trans* Care. Bielefeld: transcript.

Institute of Medicine (US) Committee on Lesbian, Gay, Bisexual, and Transgender Health Issues and Research Gaps and Opportunities (Hrsg.) (2011): The Health of Lesbian, Gay, Bisexual, and Transgender People. Building a Foundation for Better Understanding. Washington (DC): National Academies Press.

Kane, Mary/Trochim, William M. K. (2007): Concept Mapping for Planning and Evaluation. Thousand Oaks: Sage Publications.

LesMigraS Antigewalt und Antidiskriminierungsbereich der Lesbenberatung Berlin e.V. (Hrsg.) (2012): „… nicht so greifbar und doch real". Eine quantitative und qualitative Studie zu Gewalt- und (Mehrfach-)Diskriminierungserfahrungen von lesbischen, bisexuellen Frauen und Trans* in Deutschland. Berlin. http://lesmigras.de/tl_files/lesmigras/kampagne/Dokumentation%20Studie%20web.pdf [Zugriff: 25.08.2018].

Meads, Catherine et al. (2018): Systematic Review and Meta-Analysis of Diabetes Mellitus, Cardiovascular and Respiratory Condition Epidemiology in Sexual Minority Women. In: BMJ Open, 8 (4). e020776.

Nordrhein-Westfalen/Landtag (Hrsg.) (2004): Zukunft einer frauengerechten Gesundheitsversorgung in NRW. Bericht der Enquetekommission des Landtags Nordrhein-Westfalen. Wiesbaden: Springer VS.

Ostfalia Hochschule für angewandte Wissenschaften/in Kooperation mit Braunschweiger Zentrum für Gender Studies (o.J.): Tagungsdokumentation. 6. Braunschweiger Gender Forum Partizipative Forschung im Gender-Kontext.https://www2.ostfalia.de/export/sites/default/de/pws/brenssell/downloads/fertig_Tagungsdokumentation_PartizipativeForschungim_GenderKontext.pdf [Zugriff: 19.04.2018].

Schmeer, Kammi (1999): Guidelines for Conducting a Stakeholder Analysis. Bethesda, MD. http://www.who.int/management/partnerships/overall/GuidelinesConductingStakeholderAnalysis.pdf [Zugriff: 05.01.2016].

Träbert, Alva (2017): Partizipation schafft Gesundheit – Strategien zur Gesundheitsförderung für lesbische, bisexuelle und queere Frauen. 17.-18.02.2017 in Dortmund. In: Feministische Studien 35, 2, S. 373–374.

Unger, Hella von (2014): Partizipative Forschung. Einführung in die Forschungspraxis. Wiesbaden: Springer VS.

World Health Organization WHO (1986): Ottawa-Charta zur Gesundheitsförderung. http://www.euro.who.int/__data/assets/pdf_file/0006/129534/Ottawa_Charter_G.pdf [Zugriff: 17.10.2015].

Critical Participatory Action Research.
Ein feministisches Commitment

Michelle Fine und Maria Elena Torre
Übersetzung mit einer Vorbemerkung von Andrea Lutz-Kluge

Vorbemerkung

‚Changing Minds. The Impact of College in a Maximum-Security Prison' ist der Titel der 2001 erschienenen Studie, welcher eine der ersten ‚Participative Action Research (PAR)'-Projekte zugrunde lag, die die US-amerikanischen Feministinnen und Wissenschaftlerinnen Michelle Fine sowie Maria Elena Torre durchgeführt haben (Fine u.a. 2001). In „Changing Minds" geht es um eine Forschung zur Bedeutung von College als Bildungsangebot für inhaftierte Frauen in einem Hochsicherheitsgefängnis im Bundesstaat New York, USA. Hintergrund war die in den USA der 1990er Jahre aufgepeitschte öffentliche Debatte über ‚Kriminalität' und über ‚Kriminelle', die mit Forderungen nach härteren Gefängnisstrafen und der Abschaffung von Resozialisierungsmaßnahmen wie z.B. dem Förderprogramm ‚College im Gefängnis' einherging.

Vom Bundesstaat New York mit der Studie beauftragt, konzipierte Michelle Fine als Professorin des Graduate Center der City University of New York (CUNY) die Forschungsarbeit zweiteilig: Eine quantitative Langzeitanalyse über Rückfallquoten von Frauen mit bzw. ohne Collegestudium im Gefängnis wurde mit einer gemeinsam mit Insassinnen durchgeführten partizipativen Aktions-Forschung verknüpft.

Gemeinsam mit Maria Elena Torre als eine der drei damals beteiligten Studentinnen sowie mit sieben in der Strafvollzugsanstalt Bedford Hills Correctional Facility (BHCF) als Schwerverbrecherinnen inhaftierten Frauen, lief das PAR-Projekt mit einer Laufzeit von vier Jahren. Gegenstand der Untersuchung war die Bedeutung des Collegestudiums für die inhaftierten Frauen, die Auswirkungen auf deren Lebenssituation nach der Entlassung, auf die Rückfallquoten sowie die Bedeutung für die Institution des Gefängnisses selbst.

Mit dem Ergebnis der Forschung gelang der Gruppe von Forscherinnen eine überzeugende Darlegung, dass die Investition in höhere Bildung für Frauen im Gefängnis der effektivste Weg ist, um perspektivisch die Rückfallquoten zu verringern. Das Ergebnis der Studie trug maßgeblich dazu bei, dass der Bundesstaat New York sich Anfang der nuller Jahre letztlich entschloss, weiterhin Finanzmittel für das Collegeprogramm bereitzustellen. Über den

Nachweis der perspektivischen Einsparung von Steuermitteln hinaus, konnte aufgezeigt werden, auf welche Weise das Bildungsangebot eines Collegestudiums für Frauen im Gefängnis eine gesellschaftliche Arbeit an sozialer Gerechtigkeit ist. Die Arbeit an ‚Social Justice' stellt somit das zentrale Moment des von Fine und Torre entwickelten Ansatzes ‚Critical Participatory Action Research' dar.

Als sich im Frühjahr 2018 ein persönlicher Kontakt zwischen den Herausgeberinnen dieses Bandes und den heute beiden am CUNY tätigen Wissenschaftlerinnen Michelle Fine und Maria Elena Torre ergab, fragten wir wegen eines Beitrags zum vorliegenden Buchprojekt an. Wir wollten von diesen PAR-erfahrenen Forscherinnen gerne mehr wissen über das *Wie* der Umsetzung theoretischer und methodologischer Reflexionen in die Forschungspraxis. Wie lässt sich die viel beschworene Zusammenarbeit *auf Augenhöhe* her- und dauerhaft sicherstellen? Wie kann mit extrem ungleichen Lebenssituationen zwischen Forscherinnen und Co-Forscherinnen fair umgegangen werden? Wie mit der ungleichen Verteilung von Privilegien und Macht? Wie lassen sich Sternstunden gemeinsam feiern, wie Tiefpunkte gemeinsam bearbeiten, wenn es für die einen um den Erfolg eines wissenschaftlichen Projekts geht und für die anderen um die Gestaltung essentieller Lebensbedingungen? Wie wird mit Meinungsverschiedenheiten oder Konflikten innerhalb des partizipativ besetzten Forscherinnenteams konstruktiv umgegangen? Und wie lässt sich gemeinsam weiterarbeiten, wenn dieses umfänglich nicht gelingt?

Was uns interessierte, war das *Wie* des Miteinanders von Forscherinnen und Co-Forscherinnen in einem solch erweiterten Verständnis von wissenschaftlicher Arbeit und damit letztlich die Frage nach der Qualität des Umgangs mit *Differenz* in PAR-Projekten.

Michelle Fine und Maria Elena Torre ließen uns ein englischsprachiges Manuskript zukommen, welches sie in zeitlich größerem Abstand zu der Studie ‚Changing minds' erst in 2005 verfasst hatten und mit dem sie uns eine dichte Beschreibung dessen an die Hand gaben, wie sie das Miteinander von Forscherinnen und Co-Forscherinnen erlebt hatten. Dieser persönliche Text gestattet auf noch einmal ganz andere Weise Einsicht in das, was Participatory Action Research im Wesen ausmacht und welche Bedeutung dem feministischen Commitment im forschungsmethodologischen Diskurs zukommt. Der Wert des Beitrags von Fine und Torre liegt vor allem in seiner Ermutigung zur partizipativen Forschung: Er macht deutlich, wieviel Potential zur Verbesserung von konkreten Lebensumständen dieser Art zu Forschen innewohnt. Hierbei verschweigt er jedoch nicht, welch hohe Bereitschaft des Sich-Einlassens, auf ein Abenteuer mit ungewissem Ausgang, allen Akteurinnen des Forschungsprojektes abverlangt wird. Für die wertvollen Einblicke in ihre Arbeit und die großzügige Überlassung des Manuskripts für diesen Band sei Michelle Fine und Maria Elena Torre herzlich gedankt.

Ludwigshafen, Februar 2020   Andrea Lutz-Kluge

1. Critical Participatory Action Research.

Bevor die totalitären Bewegungen die Macht haben [...], beschwören sie eine Lügenwelt der Konsequenz herauf, [...].

Hannah Arendt, Elemente und Ursprünge totaler Herrschaft[1]

Es ist das grundlegende Unbehagen an dieser – von Hannah Arendt in ihrer Theorie der Totalen Herrschaft beschriebenen – „Lügenwelt der Konsequenz", aus dem heraus die Partizipative Aktionsforschung (PAR) das Moment von ‚Differenz' zu ihrem wesentlichen Konstituens erklärt. PAR versteht sich so als Verstärker der *anderen* Stimmen, der Stimmen von unten und vom Rande der Gesellschaft – Stimmen, die widersprechen, Stimmen die einfordern.

PAR basiert auf der Theorie und Praxis vor allem lateinamerikanischer Wissenschaftler*innen und Aktivist*innen und bezieht sich auf neo-marxistische, feministische, indigene, queere sowie rassismuskritische Theoretiker*innen (siehe etwa: Anzaldua 1997; Bhavnani 1994; Tolman/Brydon-Miller 2001; Cahill 2004; Crenshaw/Golanda/Peller/Thomas 1995; Fine/Carney 2001; Fine/Torre 2004; Lykes 2001; Matsuda 1995; Williams 2003; Zavella 2003). PAR-Projekte zeigen gesellschaftliche Widersprüche und politische Forderungen auf, indem sie Prozesse anstoßen, in denen die als ‚privat' verhandelte Probleme von Frauen aus verschiedenen Lebenszusammenhängen zusammengetragen und die ihnen gemeinsamen sozialen Ursachen herausgearbeitet werden (Mills 1959). PAR demontiert den vermeintlichen Konsens trügerischer Komplizenschaften, indem es die Bedingungen von alltäglicher Unterdrückung hinterfragt sowie denaturalisiert und so die von Arendt beschriebene "Lügenwelt der Konsequenz" herausfordert.

Der methodologische Standpunkt von PAR gründet in der Überzeugung, dass valides Wissen nur kollaborativ und im Prozess gemeinsamen Handelns produziert werden kann. In der partizipativen Aktionsforschung wird grundlegend davon ausgegangen, dass diejenigen, die üblicherweise ‚beforscht' werden, über kritisch soziales Wissen verfügen, und deshalb als Architekt*innen

---

1 Anm. d. Ü.: Das Zitat im Zusammenhang des gesamten Satzes lautet bei Arendt: „Bevor die totalitären Bewegungen die Macht haben, die Welt wirklich auf das Prokrustesbett ihrer Doktrinen zu schnallen, beschwören sie eine Lügenwelt der Konsequenz herauf, die den Bedürfnissen des menschlichen Gemüts besser entspricht als die Wirklichkeit selbst, in der die entwurzelten Massen mit Hilfe der menschlichen Einbildungskraft sich erst einmal einrichten können und in der ihnen jene ständigen Erschütterungen erspart bleiben, welche wirkliches Leben den Menschen und ihren Erwartungen dauernd bereitet.". Siehe Hannah Arendt: The Origins of Totalitarianism. New York 1951; von Arendt übersetzter und durchgesehener Text: Elemente und Ursprünge totaler Herrschaft. Antisemitismus, Imperialismus, totale Herrschaft. 20. Auflage, München: Piper Verlag 2017, S. 748.

und nicht als ‚Objekt' von Forschung positioniert werden sollten (Fals-Borda 1979; Fine 1991; Freire 1982; Martin-Baro 1994; Torre 2005). PAR macht Wissen *von unten* (Matsuda 1995) und *von den Rändern* sichtbar und begründet so die Notwendigkeit demokratisch konzipierter Untersuchungen von Institutionen, sowohl aus der Binnenperspektive als auch von außen. PAR steht für das grundlegende Recht, Fragen zu formulieren, Nachforschungen anzustellen, Widerspruch zu artikulieren und das einzufordern, „was sein könnte" (Torre 2005). PAR überführt ein feministisches Commitment – wie die Anerkennung von Verschiedenheit, Kritik und solidarisches Handeln – in eine methodisch radikale Forschungspraxis.

In den vergangenen zehn Jahren haben wir eine Reihe von PAR-Projekten durchgeführt: In einem Frauengefängnis im Bundesstaat New York, in dem wir die Bedeutung des Collegebesuchs für Frauen im Gefängnis, für das Gefängnis als Institution sowie die Auswirkungen für die Frauen nach ihrer Entlassung untersucht haben. In gutsituierten Schulen, in denen es offiziell keine rassistische Diskriminierung gibt, haben wir die segregative Ordnung innerhalb der Institution aufzeigen können. Wir haben in Schulen in armen Stadtteilen geforscht, in denen wir in den Strukturen begründete Chancenungleichheit nachweisen konnten (Fine u.a. 2001; Fine u.a. 2004).

Basierend auf feministischen und rassismuskritischen Theorien arbeiten wir in jedem Setting intensiv mit einer explizit an ihrer Diversität orientierten Gruppe von Insider*innen zusammen – Frauen im Gefängnis, Schüler*innen in den Highschools, Aktivist*innen in den Communities. Wir entwickeln eine Reihe von zweitägigen ‚Methodencamps', um uns gemeinsam mit der Entstehung der lokalen Konflikte und Kämpfe auseinanderzusetzen und uns eine Sprache zu erarbeiten, die auf sozialwissenschaftlicher, feministischer, rassismuskritischer Theorie und Methodologie basiert. Diese partizipativen Forschungskollektive, die sich intensiv mit den Fragen nach Macht und Differenz beschäftigen, verpflichten sich zu dem verbindlichen Bekenntnis „konsequenter Inkludierung, der Zurückweisung der Vorstellung von vermeintlicher Gleichheit und der gemeinsamen Arbeit gegen die Ursachen von Macht und Privileg." (Fraser 1990). Diese bewusst divers zusammengesetzte Gruppe, die sich als ‚Raum der Begegnung' organisiert, soll die ungleichen Machtpositionen und Privilegien explizit auch innerhalb der Gruppe reflektieren (vgl. Pratt 1992) und diese Unterschiede produktiv als Ressource nutzen, um die Agenda ‚Social Justice' des Forschungsprojekts voranzutreiben. In dem Spannungsfeld von Differenz und Machtungleichheit innerhalb der Forschungsgruppe das *Wir* herzustellen, muss der Ausgangspunkt jeder feministischen Arbeit sein.

Wir möchten im Folgenden Einblick in ausgewählte Momente aus dem Verlauf des PAR-Projekts in einem Hochsicherheitsgefängnis für Frauen im Bundesstaat New York, der ‚Bedford Hills Correctional Facility', geben. Über vier Jahre hinweg haben wir die Bedeutung des Förderprogramms ‚College im Gefängnis' für die inhaftierten Frauen, deren Kinder sowie das

Gefängnispersonal untersucht und herausgearbeitet, welche Auswirkungen dieses auf das Leben der Frauen während des Strafvollzugs als auch nach der Entlassung hat (vgl. Fine/Torre/Boudin/Bowen/Clark/Hylton/Martinez/ Missy/Roberts/Smart/Upegui 2001; Fine/Torre 2004).

2. Eine Errungenschaft: College im Gefängnis

Die 1980er und 1990er Jahre in den USA waren die Ära einer politisch signifikanten Empörung über ‚Kriminalität' und über ‚Kriminelle'. Während dieser Jahre wurden für begangene Delikte zunehmend härtere Strafen verhängt, überall wurden Gefängnisse gebaut und dem Gedanken der Resozialisierung verpflichtete Optionen wie eine vorzeitige Entlassung auf Bewährung, wurden deutlich zurückgefahren. Stattdessen verabschiedeten viele Bundesstaaten Gesetzesnovellierungen nach dem Tenor „Three Strikes and You´re Out"[2]- und stellten die öffentliche Finanzierung von College-Programmen für Frauen und Männer in Gefängnissen ein.

Es war Präsident Bill Clinton, der mit der Unterzeichnung des „Violent Crime Control and Law Enforcement Act"[3] die Bundesmittel für solche Stipendien strich, welche es Frauen und Männern im Gefängnis ermöglicht hatte, an College-Programmen teilzunehmen[4]. Insgesamt 340 Gefängnis-College-

---

2 Anm. d. Ü.: Mit der ursprünglich aus dem Baseball bekannten Spielregel ‚Three Strikes and You´re Out' wird ein strafrechtlicher Ansatz bezeichnet, der sich Mitte der 1990er Jahre in weiten Teilen der USA durchsetzte. Kreiert wurde hier der Typus des ‚unverbesserlichen und gefährlichen Rückfall- bzw. Gewohnheitstäters' und Gerichten so die Möglichkeit eröffnet, bei einer dritten gerichtlichen Verurteilung auch bei kleineren Delikten eine unverhältnismäßig hohe, bis zu lebenslängliche Freiheitsstrafe zu verhängen. Der ‚Three Strikes'-Ansatz steht in prägnanter Weise für die Abkehr von dem Resozialisierungsideal in den USA und einer primär am Sicherungsgedanken sowie an Lobbyinteressen der privaten Gefängnisunternehmen ausgerichteten Politik, welche einen explosionsartigen Anstieg der US-Gefangenenpopulation zur Folge hatte (vgl. Köstler-Loewe, Alexander: Strafrecht US-Style: „Three Strikes and You´re Out!". Baseball, Rückfall und Kriminalpolitik? In: Frankfurter kriminalwissenschaftliche Studien. Band Nr. 111. Frankfurt am Main: Peter Lang-Verlag 2008).
3 Anm. d. Ü.: Bekannt auch als ‚Clinton Crime Bill' trat der ‚Violent Crime Control and Law Enforcement Act' in den USA 1994 in Kraft und gilt als eine der grundlegendsten Justizreformen in der Historie der USA. Die neuen Bestimmungen beinhalteten u.a. auch die des College-Förderprogramms in Form der sogenannten Pell-Grants-Stipendien für Gefängnisinsassen. Es wurde dabei einer Argumentation Folge geleistet, welche den Zugang zu höherer Bildung für diese Personengruppe als unverdientes Privileg bewertete (vgl. https://www.congress.gov./bill/103rd-congress/house-bill/3355 [Zugriff: 30.01.2020]).
4 Anm. d. Ü.: Es handelt sich hier um das sog. ‚Pell Grant'-Programm, ein staatliches Ausbildungsförderungsprogramm des U.S. Department of Education. Es sollte als

Programme wurden damals – in letzter Instanz dann von den jeweiligen Bundesstaaten – landesweit eingestellt. Auch das als besonders erfolgreich geltende Programm im Hochsicherheitsgefängnis Bedford Hills Correctional Facility, welches 15 Jahre lang vom Mercy College koordiniert worden war, wurde 1995 eingestellt. Diese Entscheidung erzeugte auf der Ebene der betroffenen Insassinnen in Bedford Hills eine Flut von Enttäuschung, Entrüstung und Verzweiflung. Durch die Zusammenarbeit einer Gruppe von Gefängnisinsassinnen, der Gefängnisleitung, einem ehrenamtlich tätigen Akteur der Kommune und schließlich durch eine Kooperation mit dem Marymount Manhatten College gelang die Wiederaufnahme des College-Programms in Bedford Hill. Es handelte sich nun um eine private und ehrenamtliche Initiative, ein freiwilliger Zusammenschluss von Colleges und Universitäten, welche sich für die Bildung in Gefängnissen engagierten.

Das Konzept des College-Programms war angewiesen auf eine engagierte und kontinuierliche Beteiligung der Gefängnisverwaltung, des Personals, der Insassinnen, des Lehrkörpers und ehrenamtlicher Unterstützer*innen. Insbesondere an die studierenden Häftlinge waren hohe Erwartungen gestellt, zum Gelingen des Programms beizutragen und schon während der Haftzeit etwas an die Gemeinschaft *zurückzugeben*. So unterrichteten die fortgeschrittenen Studentinnen die Studienanfängerinnen und begleiteten diese als Mentorinnen. Die Gefangenen zahlten den Gegenwert eines Monatslohns für den Unterricht und blieben nach der Entlassung für die Sache ehrenamtlich aktiv. Der strukturelle Rahmen des College-Programms verlangte, dass sich die College-Administrator*innen in Bedford regelmäßig mit der Gefängnisverwaltung, dem Häftlingskomitee sowie Repräsentant*innen des Vorstands zusammensetzen, um so die Möglichkeit der kontinuierlichen Reflexion, Überarbeitung sowie Weiterentwicklung des Programms zu garantieren. Es wurde als wesentlich erachtet, eine Struktur zu erschaffen, in der alle beteiligten Gruppen sich in die Konzeptionsprozesse einbringen können. Viele der Beteiligten, darunter vor allem langzeitinhaftierte Frauen, die den Abbruch des College-Programms selbst miterlebt hatten, legten großen Wert darauf, den jüngeren inhaftierten Frauen zu vermitteln, wie voraussetzungsvoll und fragil die Bedingungen sind, die das Programm möglich machen.

Die meisten Frauen in Bedford haben in ihrem Leben vor der Inhaftierung Armut, Rassismus und Unterdrückung durch Männer erfahren. Im Gefängnis-College dagegen erleben sie sich als Akteurinnen, die Entscheidungen treffen, Verantwortung übernehmen, Veränderungen für sich selbst und für andere herstellen (z.B. ihre Familien, ihre Kinder und für jüngere Frauen in Bedford).

---

bedürftig eingestuften Studienbewerbern ein Studium ermöglichen. In einer reduzierten Form besteht das Programm bis heute. Die Gewährung der Unterstützung erfolgt allerdings nach sehr strengen Kriterien und deckt lediglich etwa ein Drittel der Studiengebühren ab.

Ihre Zukunft, die nicht nur von der Vergangenheit bestimmt und überlagert wird, entwerfen sie nun selbst.

Im Kern dieses College-Programms stand nicht einfach die Teilnahme an Kursen, sondern das tiefe Eintauchen in eine intellektuelle und solidarische Gemeinschaft von Studentinnen und Wissenschaftlerinnen. Der physische Raum des Learning-Centers – ausgestattet mit Computern ohne Internetzugang, gespendeten Büchern, Zeitschriften und Zeitungen, geschmückt mit den Flaggen der im Konsortium vertretenen Colleges und Universitäten – schafft ein Gemeinschaftsgefühl. Er stellt zudem einen Ort dar, von dem die Frauen bezeugen können: „Wenn ich Hilfe brauche, kann ich sie hier finden – selbst wenn das bedeutet, dass mir jemand in den Hintern tritt um wieder an den Schreibtisch zu gehen und die Hausarbeit fertigzustellen."[5]. Dieses intellektuelle Gemeinschaftsgefühl breitet sich räumlich aus, z.B. in den Gefängnishof, in welchem man hören kann, wie Studiengruppen über den Philosophen Michel Foucault, qualitative Forschung oder die Schriftstellerin und politische Aktivistin Alice Walker diskutieren. Auch in dem Block mit den Zellen, in denen bis spät in die Nacht das Klappern der Tastaturen zu hören ist oder das „vorsichtige Klopfen einer jungen Insassin um Mitternacht an der Wand zur Nachbarzelle, die fragt, wie man etwas buchstabiert oder ein Komma setzt..."[6] ist dieses Gemeinschaftsgefühl zu fühlen. Als Michelle Fine angefragt wurde, eine empirische Begleitforschung über die Auswirkungen des Gefängnis-College auf die Teilnehmerinnen durchzuführen, war ihr sofort klar, dass eine partizipative Forschung hinter Gittern offiziell zwar nahezu unmöglich, jedoch inhaltlich essentiell notwendig sei. Doch aus irgendeinem, nicht ganz nachvollziehbaren Grund konnte die Gefängnisleitung für das partizipative Forschungsdesign gewonnen werden und nachdem das New York State Department of Correctional Services (NYSDOCS)[7] eine offizielle Genehmigung für die Begleitforschung erteilt hatte, ebnete die Gefängnisleitung die Wege für die konkrete Umsetzung.

3. Partizipative Forschung heißt: Den Umgang mit Differenz gestalten

Das ursprüngliche Forschungskollektiv setzte sich aus einer Gruppe von acht Gefängnisinsassinnen und vier Frauen vom Graduate Center der City University of New York (CUNY) zusammen. Mit Kathy Boudin, Iris Bowen, Judith

---

5   Aus den unveröffentlichten Feldnotizen von Michelle Fine.
6   Aus den unveröffentlichten Feldnotizen von Michelle Fine.
7   Anm. d. Ü.: Das NYSDOCS ist die für den Strafvollzug im Bundesstaat New York zuständige Behörde.

Clark, Aisha Elliot, Donna Hylton, Migdalia Martinez, ‚Missy', Pamela Smart, sowie Michelle Fine, Rosemarie A. Roberts, Maria Elena Torre, Debora Upegui kamen in dieser Gruppe Frauen aus unterschiedlichen sozialen Milieus zusammen. Was die Gruppe hingegen einte, war die Wut auf den US-amerikanischen ‚Gefängnis-Konzernkomplex' sowie der Wunsch, das College innerhalb der *Mauern der Hölle* zu retten. Ein Teil der Gruppe lebte in Gefangenschaft, der andere Teil nicht. Als Team sind wir kontinuierlich immer wieder zusammengekommen. Trotz aller Einschränkungen bezüglich Privatheit, Freiheit, Kontaktmöglichkeiten und Zeit, waren wir zutiefst beseelt von der Vision, die uns trennenden Mauern zu überwinden und einen kleinen besonderen Raum des Vertrauens für unsere gemeinsame Forschung zu schaffen, die das Ziel verfolgt, die Lebenssituation von Frauen im Gefängnis zu verbessern.

Um in diesen gemeinsamen Raum zu gelangen, mussten wir nicht nur äußere Grenzen wie den Stacheldrahtzaun vor dem Gefängnisgebäude überwinden, sondern auch die Grenzen, die sich kreuz und quer durch unseren Arbeitsraum in der Vollzugsanstalt zogen: Grenzen zwischen uns Frauen, begründet in unseren jeweils klassenspezifischen Biografien und unserer ethnischen Zugehörigkeit, Grenzen zwischen solchen Lebenswegen, die gesäumt waren von zu viel Gewalt und von zu wenig Hoffnung und solchen, die von zu vielen Privilegien und zu wenig Reflexivität geprägt waren. Wir nahmen einen Dialog auf, so wie Paulo Freire diesen verstanden hat: „eine von Empathie getragene Beziehung zwischen zwei Polen, deren Verbindendes in der gemeinsamen Suche besteht" (Freire 1982: 45). Die Herausforderung bestand also nicht lediglich darin, uns mit dem *was ist* auseinanderzusetzen, sondern ebenso mit dem, *was war* und – wie Maxine Green dazu ermuntert hat – unserer Fantasie für das, *was sein könnte* freien Lauf zu lassen (Greene 1995: 5).

4. Zwischen Euphorie und dem Risiko des Scheiterns: Von der Fragilität partizipativer Prozesse

„Dieses emotionale Moment, in dem eine radikale Offenheit im Miteinander möglich ist, ist ein schmaler Grat. Sich dort zu bewegen ist schwierig und doch unerlässlich. Es ist immer ein gefährdetes Moment, in seiner Beständigkeit nicht gesichert, um ein solches herzustellen, braucht es das Gemeinsame..." (bell hooks 1984: 149).

Wir waren nun als ein Team zusammengewürfelt, eine Gruppe von Frauen mit vollkommen unterschiedlichen Lebensrealitäten, zu einem beträchtlichen Anteil bedingt allein durch schichtspezifische und ethnische Zugehörigkeit. Die eine Hälfte der Gruppe ging abends nach Hause, die andere Hälfte blieb im

Kritische partizipative Aktions-Forschung 127

Gefängnis. Etliche von uns hatten persönlich Gewalt erlebt, für uns alle war Gewalt gegen – und manchmal auch von – Frauen ein aufwühlendes Thema. Manche der Gruppenmitglieder verfügten über langjährige Erfahrung als Aktivistinnen in den Bewegungen für ‚Social Justice'; andere hatten in ihrem Alltagsleben gerade eben zu überleben vermocht. Manche von uns sind weiß, manche jüdisch, manche lateinamerikanischer, manche karibisch-afrikanisch-amerikanischer, manche gemischter Herkunft. Die meisten von uns sind in den USA geboren, einzelne sind außerhalb der Grenzen dieser Nation auf die Welt gekommen. Der offensichtlichste Unterschied zwischen uns Frauen macht sich an der Frage fest, ob wir in Freiheit oder in Gefangenschaft leben, aber all die psychischen Narben und Tattoos auf unseren Seelen weben sich ebenfalls in unsere gemeinsame Arbeit, in unsere Sorgen, in unsere Schriften und in unsere Beziehungen untereinander hinein. Meistens können wir die Verschiedenheit als Bereicherung empfinden. Aber manchmal trennt sie uns auch voneinander, und in manchen Momenten befremdet sie uns sogar. Uns selbst verstehen wir als Trägerinnen von Wissen und Bewusstsein, welches zugleich von unserer Herkunft geformt ist, aber auch davon, was wir entscheiden sein zu wollen (vgl. Harding 1983; Hartsock 1983; Smith 1987).

Wir arbeiten mit Fokusgruppen und führten Interviews mit Gefängnisinsassinnen, mit Justizvollzugsangestellten, mit den Kindern inhaftierter Mütter und mit ehemals inhaftierten Frauen. Eine quantitative Langzeitstudie über Rückfallquoten von Frauen mit und ohne Collegebesuch im Gefängnis wurde erstellt. Wir erarbeiteten ein politisches Strategiepapier über die Auswirkungen des Collegebesuchs für Frauen im Gefängnis, welches wir allen Abgeordneten des Bundesstaates New York sowie sämtliche*n Gouverneur*innen der USA zukommen ließen. Zudem entstand eine Reihe wissenschaftlicher Abhandlungen (siehe etwa: Fine et. al. 2001; Fine/Torre 2004), die Website sowie ein Set von Informationsbroschüren in englischer und spanischer Sprache.

Unsere persönlichen Beziehungen brachten eine fiebrige Leidenschaft in die Arbeit, zumal die Zukunft des College-Programms zwischen der Aussicht auf Stabilisierung und endgültiger Einstellung schwankte. Wir brachten Gefühle von Angst, Verzweiflung, Sehnsucht und Wut mit an den Tisch und mussten uns zugleich im Zaum halten, da wir permanent unter Beobachtung standen. Ein Zuviel an Tränen oder auch nur ein paar mitgebrachte Snacks konnten dazu führen, dass das Wachpersonal das Arbeitstreffen beendete.

Unkontrollierte Gefühlsausbrüche konnten den Erfolg unseres Forschungsvorhabens gefährden. Angesichts der Bedingungen, unter denen wird arbeiteten, angefangen von der unsicheren Zukunft des College-Programms bis hin zu der Abhängigkeit zur Gefängnisleitung erlebten wir uns zwischen Hoffnung und Verzweiflung. Diese Emotionen, eingewoben in das Engagement für die Arbeit, hinterließen uns manchmal wie betäubt – das Ergebnis zu großer Gefühlsintensität und der Bewältigung all der Verzweiflung, Sehnsucht und Wut. Manchmal mussten wir unsere Arbeitstreffen oder den im Gefängnis angebotenen Graduiertenkurs über wissenschaftliche Methoden unterbrechen. Etwa als eine der Frauen ausführte, wie es sie belastete bei der Registrierung der neuen Studentinnen zu erleben, wie sehr diese sich auf ihre ersten Kurse freuten während sie selbst sich insgeheim Sorgen machte, ob das Programm vielleicht eingestellt würde, noch bevor diese Frauen ihren Abschluss gemacht hätten; als eine der Co-Forscherinnen weinte, weil ihre Eltern aus Nevada angereist waren und das verantwortliche Gefängnispersonal die für einen Besuch erforderlichen Unterlagen nicht auffinden konnte; als wir der detaillierten Erzählung einer verpfuschten Nierentransplantation zuhörten; als wir uns gegenseitig in den Armen hielten, weil eine zu 20 Jahren bis lebenslänglich verurteilte Mutter gerade erfahren hatte, dass ihr Sohn dealte und sie ihn davon nicht abhalten konnte; als wir mitbekamen, dass eine Studentin in Einzelhaft verlegt worden war, weil sie versucht hatte, sich selbst Schnittwunden zuzufügen.

Andere Male entschieden wir uns bewusst dafür, Gespräche zu meiden, die zu schmerzhaft waren, trieben unsere Arbeit voran um das Gefühl zu haben, die Kontrolle zu behalten – vielleicht gerade weil es so wenig gab, was wir kontrollieren konnten. Die physische wie atmosphärische Umgebung unseres Arbeitens gestaltete sich rauh und laut.

Im Learning-Center des Gefängnisses drängten wir uns um einen eckigen, zu kleinen und wackeligen Holztisch und steckten die Köpfe über heimlich mitgebrachten Früchten und Butterkeksen zusammen. Da war so eine Chemie, die aus dieser Runde herausdampfte – das Wachpersonal hätte ein Hexengebräu vermuten können. Wir trieben unser gemeinsames Anliegen voran, während zugleich immer wieder Splitter und Scherben aus unseren Verschiedenheiten heraus auftauchten. Wir versuchten, achtsam miteinander umzugehen, mal kamen wir dabei mit unserer Arbeit gut voran, oft auch nicht.

Wir erinnern uns an die langen, ausgedehnten Gespräche, die an diesem Tisch im Learning-Center stattfanden, während andere der am Programm teilnehmenden Frauen Hausarbeiten fertigstellten, sich auf die GED-Prüfung[8] vorbereiteten, als Tutorinnen neue Studentinnen unterrichteten oder sich um die Ausbildung der Blindenhunde kümmerten. Innerhalb unseres PAR-Forschungskollektivs brachten die Frauen die von ihnen verfassten Texte ein, die sich jeweils auf unterschiedliche Aspekte und Anliegen fokussierten. Zwei Gesprächssituationen kommen uns in den Sinn, die die extrem fragile Grundstruktur partizipativer Forschung hinter Gittern deutlich machen und die verworrenen Spannungen offenbaren, die solch einer feministischen Praxis eigen sind.

---

8   Anm. d. Ü.: Für Personen ohne Schulabschluss stellt die General Education Development (GED)-Prüfung eine Möglichkeit zur nachträglichen Erlangung einer dem Highschoolabschluss formal gleichwertigen Qualifikation dar. Der GED-Abschluss eröffnet u. a. den Zugang zum College.

Erfahrungen von Differenz: Beispiel I

Wir hatten gerade mit den Interviews und den Fokusgruppen abgeschlossen, beides gemeinschaftlich durchgeführt von jeweils einer Forscherin aus dem Gefängnis zusammen mit einer Forscherin von draußen aus dem Graduiertencenter. Die Transkripte waren fertiggestellt und die Analyse in Arbeit. Wir Frauen aus dem Graduierten Center kamen mit einem Vorschlag für das Kodifizierungsschema ins Gefängnis und wollten wissen, ob die Frauen aus dem Gefängnis einverstanden wären. Es lief soweit alles gut, als eine der Frauen aus dem Gefängnis namens Judy recht unvermittelt fragte: „Also erheben wir die Daten und ihr macht die Analyse? Was für eine Arbeitsteilung soll das sein?". Im Sinne des vertraulichen und ethisch korrekten Umgangs mit den Daten hatten wir (unbeabsichtigterweise?) die *Muskeln* von den *Gehirnen* getrennt, die Erhebung der Daten von der theoretischen und politischen Analysearbeit. Und so ergab sich eine lange und intensive Diskussion über den Projektverlauf, über Macht und Demokratie. Es hat ewig gedauert, bis wir schließlich eine Lösung dafür gefunden haben, wie sich die transkribierten Interviews ins Gefängnis bringen und dort sicher verwahren ließen. Die Inhaftierten hatten keinen Zugang zu verschließbaren Schränken, umgekehrt würde die Vertraulichkeit der Daten verletzt, wenn die Interviews öffentlich einsehbar herumliegen würden. Im kollaborativen Miteinander ließ sich eine pfiffige Lösung austüfteln.

Erfahrung von Differenz: Beispiel II

An einem späteren Punkt in unserem Forschungsprozess, wir hatten die eigentliche Forschung abgeschlossen, diskutierten wir darüber, in welchem Stil wir unseren Text verfassen sollten: monoperspektivisch oder multiperspektivisch? Im feministischen Stil konsequent subjektiver Reflexion oder im Duktus empirischer Objektivität? Wir verfolgten eine ganze Reihe von Anliegen, allen voran den Wunsch, die Abgeordneten des Bundesstaates New York zu überzeugen, die Mittel für die Finanzierung des Programms für ‚College im Gefängnis' wieder bereitzustellen. Wir entschieden uns, die Forschung in unterschiedlichen Aufmachungen zu veröffentlichen. Das Hauptdokument sollte ein ausführlicher monoperspektivisch verfasster Bericht sein, ergänzt durch unterstützende Statements von Personen sowohl der politischen Linken wie Rechten. Die inhaftierten Frauen wünschten sich, dass Michelle Fine die Erstautorin sein sollte und ‚Missy' bestand darauf, unter diesem Namen zu veröffentlichen. Dieser Bericht ging an alle Gouverneur*innen der USA sowie sämtliche New York State Senats- und Assembly-Mitglieder. Über eine Website sollte der Bericht darüber hinaus einem großen Publikum zugänglich sein. Zusätzlich würden wir wissenschaftliche Abhandlungen über feministische Methodologie publizieren, in denen die von uns erfahrenen Ambivalenzen und Widersprüchlichkeiten diskutiert werden sollten (siehe etwa: Fine / Torre / Boudin / Bowen / Clark / Hylton / Martinez / „Missy" / Rivera / Roberts / Smart / Upegui 2003). Zudem wurde eine Informationsbroschüre in Auflage von 1000 Exemplaren produziert, zweisprachig in Englisch und Spanisch, die um Unterstützung für die Idee von ‚Social Justice' warb und die Weiterfinanzierung des Collegeprogramms im Gefängnis forderte.

Als wir uns mit der Frage auseinandersetzten, wie das *Wir* der Forschungsgruppe zu beschreiben sei, machte ich naiv den Vorschlag: „Wie wäre es, wenn wir so etwas schreiben wie *„Wir sind alles Frauen, die von Gewalt gegen Frauen betroffen sind; einige von uns haben selbst Gewalt erfahren, andere haben sie als Zeuginnen mitbekommen und alle sind wir über Gewalt gegen Frauen außer uns vor Entsetzen."* Stolz hatte ich meinen Text über den Stacheldrahtzaun geschmuggelt, durch die schweren Stahltüren und am Wachpersonal vorbeigetragen. Ich wartete gespannt auf die Reaktion der Frauen, als eine der Co-Forscherinnen, Donna, sagte: „Michelle, bitte romantisiere uns nicht. Deine Formulierung ist eloquent, aber Du blendest völlig aus, dass einige von uns wegen Mordes hier sitzen. Wenn wir nicht hier im Learning-Center sind, sondern in unseren Zellen, dann stellt sich uns die Aufgabe darüber nachzudenken, was wir durch unser Handeln anderen Menschen angetan haben. Wir übernehmen die Verantwortung dafür und das muss sich in dem Text ebenfalls abbilden, neben unseren Anliegen als Frauen, als Feministinnen, als politisch Engagierte ...".

Diesem Moment kam eine hohe Bedeutung zu, denn er offenbarte eine maßgebliche Ambivalenz in der Kluft zwischen feministischer Theorie und Praxis. Der Einwand der Frauen machte unmissverständlich deutlich: „Romantisiere uns nicht! Bitte stelle dar, dass auch wenn strukturelle Bedingungen unser Leben extrem eingeschränkt, wir trotzdem furchtbare Fehler gemacht haben. Theoretisiere uns nicht aus unserer persönlichen Verantwortung heraus!".

Entsprechend sind der Abschlussbericht sowie die gemeinsam verfassten Kapitel weitaus stärker durchtränkt von einer Sprache persönlicher Verantwortlichkeit, Eingeständnis und Reue, als wenn die Forscherinnen des Graduierten Centers ihn alleine geschrieben hätten. Die Co-Forscherinnen bestanden darauf. Im Innersten unserer Gemeinschaft – zwischen den Sphären des feministisch Akademischen und dem Leben auf der Straße bzw. im Gefängnis erwuchsen wichtige Debatten über die Entstehung sozialer Probleme, über strukturell bedingten Determinismus und existentielle Freiheit. Partizipative Forschung verpflichtet dazu, sich in diese Debatten hineinzubegeben und sie nicht zu überschreiben und unsichtbar zu machen. In der Auseinandersetzung um das *Wir* und Themen wie Macht und den Umgang mit Privilegien gab es harte, manchmal quälende, jedoch wichtige Diskussionen zu führen über Schuld und Schmerz über Freiheit und Möglichkeiten zu führen.

So großartig die Erfahrung unseres PAR-Projekts hinter Gittern auch war, so naiv waren unsere Fantasien von feministisch-kollektiver Freiheit im Denken, Sprechen und Schreiben. Es wurde uns regelmäßig bewusst gemacht, dass die inhaftierten Frauen verletzlicher waren als wir, die von draußen kamen. Persönliche Dinge in der Zelle, wie z.b. ein Gedichtband, Zeitschriften, das Lieblingsgewürz oder Briefe von zu Hause wurden einkassiert, wann immer die Gefängnisverwaltung beschloss, Macht zu demonstrieren und die Insassinnen von ihrem Engagement zur akademischen Arbeit abzuschrecken. Mit dem zunehmenden Wissen und Bewusstsein über soziale Benachteiligung emotionalisierte sich die Stimmung im Gefängnis. Und genau an dieser Stelle lässt sich ein weiteres Dilemma innerhalb des Verhätnisses von feministischer Theorie und Praxis identifizieren: Die Theorie-Praxis-Kluft geht immer auf Kosten der am stärksten Unterdrückten und beschädigt ihre Körper und ihre Seelen.

5. Reflexion: Vulnerabilität steht immer im umgekehrten Verhältnis zu Macht

Critical Participatory Action Research bietet Feminist*innen eine grundlegende Methodologie, die es ermöglicht, die Hintergründe sozialer Ungerechtigkeit sichtbar zu machen. PAR-Projekte tragen Geschichten aus dem Leben zusammen, verleihen dem Wissen, das sich dahinter verbirgt, Legitimation und entfachen das Feuer für politisches Engagement. Partizipative Aktionsforschung weist jeglichen hegemonialen Diskurs über ‚Frauen', ‚Kriminalität' und ‚Strafe' zurück und fordert damit heraus, was Arendt als „Lügenwelt der Konsequenz" bezeichnete. Das PAR-Projekt hat es – in leidenschaftlich schwesterlicher Verbundenheit über die Gefängnismauern hinweg – gewagt, kritisch zu hinterfragen, *was ist* und ein Nachdenken über das *was sein könnte* in Gang zu setzen (vgl. Harris/Carney/Fine 2001).

Inmitten der historischen Situation eines massiven Anstiegs der Inhaftierung von People of Color und dem zunehmenden Anteil von Frauen dabei, war die Stimmung unter uns Forscherinnen getragen von einem energetischen und solidarischen Miteinander. Wir fühlten uns wie in einer Mission für eine gerechtere Gesellschaft unterwegs, auch wenn die meisten von uns um die Kluft zwischen Utopie und Realität aus eigener Erfahrung wussten. Wir haben hier einige der Konflikte herausgearbeitet, über die es zu reflektieren gilt, wenn man ein PAR-Projekt in geschlechtsspezifischen Räumen der Überwachung, der Ungerechtigkeit und des Missbrauchs konzipiert. Sobald sich ein Forschungskollektiv zusammenfindet ist es wichtig, Privileg und Macht innerhalb der Gruppe kontinuierlich zu hinterfragen. Es gilt darauf zu achten, dass jede Phase der Forschung auf dem Prinzip der Kollaboration basiert, nicht nur die Phase der Erhebung von Daten. Der ständigen Begleitung der Arbeit durch intensive Diskussionen kommt eine wichtige Bedeutung zu, nur durch diese lässt sich Differenz herausarbeiten und erkennen.

In Referenz auf die von Hannah Arendt demaskierte „Lügenwelt der Konsequenz" möchten wir mit Worten von Maxine Green schließen:

Eine Welt kann nur in Form eines ständigen Dialogs entstehen [...].

Maxine Greene: Releasing Imagination (1995: 196).

Literatur

Anzaldua, Gloria Evangelina (1997): Words of Women Quotations for Success. https://www.famousquotes.com/show/1063768/ [Zugriff: 01.09.2019].

Arendt, Hannah (1951): The Origins of Totalitarianism. New York: Harcourt Brace Jovanovich.

Bell, Hooks (1984): Feminist Theory from Margin to Center. Boston: South End Press.

Bhavnani, Kum-Kum (1994): Tracing the Contours. Feminist Research and Objectivity. In: H. Afshar, H./Maynard, M. (Hrsg.): The Dynamics of "Race" and Gender. Some Feminist Interventions. London: Taylor & Francis.

Cahill, C. (2004): Defying Gravity? Raising Consciousness through Collective Research. In: Children's Geographies 2, 2, S. 273-286.

Collins, P.H. (1998): Fighting Words. Black Women and the Search for Justice. Minneapolis, Minnesota: University of Minnesota Press.

Crenshaw, K./Gotanda, N./Peller G./Thomas, K. (1995): Critical Race Theory. The Key Writings That Formed the Movement. New York: New Press, S. 63-79.

Davis, A. (2003): Are Prisons Obsolete? New York: Seven Stories Press.

Fals-Borda, O. (1979): Investigating the reality in order to transform it. The Colombian experience. In: Dialectical Anthropology, 4, S. 33-55.

Fine, M. (1998): Framing dropouts. Albany: SUNY Press.

Fine, M./Torre, M.E./Boudin K./Bowen I./Clark, J./Hylton, D./Martinez, M./"Missy"/ Roberts, R.A./Smart, P./Upegui, D. (2001): Changing Minds. The Impact of College in a Maximum –Security Prison. Effects on Women in Prison, the Prison Environment, Reincarceration Rates and Post-Release Outcomes. Collaboration Research by The Graduate Center of the City University of New York & Women in Prison at the Bedford Hills Correctional Facility. New York: Ronald Ridgeway.

Fine, M./Carney, S. (2001): Women, Gender and the Law: Toward a Feminist Rethinking of Responsibility. In: R. Unger (Hrsg.): Handbook of the Psychology of Women and Gender. New York: John Wiley & Sons, S. 388-409.

Fine, M./Freudenberg, N./Payne, Y./Perkins, T./Smith, K./Wanzer, K. (2002): "Anything Can Happen with Police Around". Urban Youth Evaluate Strategies of

Surveillance in Public Places. In: Daiute, C./Fine, M. (Hrsg.): Youth Perspectives on Violence and Injustice. Journal of Social Issues. Special Volume.
Fine, M./Torre, M.E./Boudin, K./Bowen, I./Clark, J./Hylton, D./Martinez, M./„Missy"/ Rivera, M./Roberts, R.A./Smart, P./Upegui, D. (2003): Participatory Action Research: Within and beyond Bars. In: Camic, P./Rhodes, J.E./Yardley, L. (Hrsg.): Qualitative Research in Psychology: Expanding Perspectives in Methodology and Design. Washington, DC: American Psychological Association, S. 173 – 198.
Fine, M./Roberts, R.A./Torre, M.E./Bloom, J./Burns, A./Chajet, L./Guishard, M./ Payne, Y. (2004): Echoes of Brown: Youth Documenting and Performing the Legacy of Brown v. Board of Education. New York: Teachers College press.
Fine, M./Bloom, J./Burns, A./Chajet, L./Guishard, M./Payne, Y./Torre, M.E. (2004): Dear Zora: A letter to Zora Neal Hurston Fifty Years after Brown. Teachers College Record.
Fraser, N. (1990): Rethinking the Public Sphere: A Contribution to the Critique of Actually Existing Democracy. Social Text 25/26, S. 56-80.
Freire, P. (1982): Creating Alternative Research Methods. Learning to Do It by Doing It. In: Hall, B./Gillette, A./Tandon,R. (Hrsg.): Creating Knowledge. A Monopoly. New Delhi: Society for Participatory Research in Asia, S. 29-37.
Gordon, A.F. (1997): Ghostly Matters. Haunting and the Sociological Imagination. Minneapolis, MN: University of Minnesota Press.
Greene, M. (1995): Releasing the Imagination: Essays on Education, the Arts, and Social Change. San Francisco: Jossey-Bass.
Guishard, M./Fine, M./Doyle, C./Jackson, J./Roberts, R./Staten, S./Singleton, S./Webb, A. (Mai 2003): „As Long As I Got Breath, I'll Fight". Participatory Action Research for Educational Justice. The Family Involvement Network of Educators. Harvard Family Research Project http://www.gse.harvard.edu/hfrp/projects/fine.html [Zugriff: 30.01.2020].
Harding, S./Hintikka M.B. (Hrsg.) (1983): Discovering Reality. Feminist Perspectives on Epistemology, Metaphysics, Methodology, and Philosophy of Science.
Harris, A./Carney, S./Fine, M. (2001): Counter Work. Introduction to ‚Under the Covers: Theorizing the Politics of Counter Stories'. International Journal of Critical Psychology, 4, S. 6-18.
Hartsock, Nancy (1983): Money, Sex and Power: Toward a Feminist Historical Materialism. New York: Longman.
Lykes, M.B. (2001): Activist Participatory Research and the Arts with Rural Maya Women. Interculturality and Situated Meaning Making. In: Tolman, D./Brydon-Miller, M. (Hrsg.): From Subjects to Subjectivities: A Handbook of Interpretive and Participatory Methods. New York: NYU Press, S. 183-199.
Martín-Baró, I. (1994): Writings for a Liberation Psychology. Cambridge, MA: Harvard University Press.
Matsuda, M. (1995): Looking to the Bottom. Critical Legal Studies and Reparations. In: Crenshaw, K./Gotanda, N./Peller G./Thomas, K. (Hrsg.): Critical Race Theory. The Key Writings that Formed the Movement. New York: New Press, S. 63-79.
Mills, C.W. (1959): The Sociological Imagination. London: Oxford University Press.
Pratt, M.L. (1991): Arts of the Contact Zone. In: Modern Language Association, New York: Profession, S. 33-40.
Smith, D. (1987): The Everyday World as Problematic: A Feminist Sociology. Boston: Northeastern University Press.

Smith, L.T. (1999): Decolonizing Methodologies: Research and Indigenous Peoples. London: Zed Books.
Smith, L. T. (2001): Troubling Spaces. In: International Journal of Critical Psychology, 4, 1, S.167-182.
Tolman, D./Brydon-Miller, M. (2001): From Subjects to Subjectivities: A Handbook of Interpretive and Participatory Methods. New York: NYU Press.
Torre, M. (2005): The Alchemy of Integrated Spaces. Youth Participation in Research Collectives of Difference. Beyond Silenced Voices. Albany, NY: State University of New York Press.

Häkeln als Forschungsmethode?
Wie partizipative Forschungsprozesse durch ästhetische Methoden an Qualität gewinnen können

Sandra Köstler und Andrea Lutz-Kluge

1. ‚Häkelnd' forschen oder ‚forschend' häkeln?

Etwa ein Dutzend Frauen aus Eritrea, Myanmar, Russland, der Türkei und Deutschland sitzen um einen großen Tisch herum, sie trinken Tee, lachen und unterhalten sich. Jede von ihnen arbeitet an einem textilen Handarbeitsstück. Es wird gestickt, gehäkelt, gestrickt, genäht. Auf dem Tisch liegen Garne verschiedenster Farben, Materialität und Stärke, dazwischen halbfertige Werkstücke, Scheren, Nadeln und Zubehör aller Art.

Bei dieser Runde handelt es sich um einen Deutschkurs für Analphabetinnen, der in einem Gemeinschaftsraum eines konfessionellen Trägers in Mannheim einmal in der Woche angeboten wird. Geleitet wird der Kurs von der Deutschlehrerin sowie Textil- und Konzeptkünstlerin Ursula Steuler. Seit vielen Jahren bietet sie solche oder ähnliche Kurse an.[1]

Dass aus dem ‚Deutschkurs' ein ‚Handarbeitskurs' geworden sei, in dem – eher nebenbei – die Sprache gelernt wird, das habe sich mit der Zeit so entwickelt, erzählt Steuler und berichtet, wie ihre Lerngruppen früher unter der Heterogenität der Sprachkenntnis-Level und unregelmäßigen Anwesenheit der Teilnehmerinnen gelitten hätten. Das habe sich schlagartig geändert, seit die Teilnehmerinnen das textile Arbeiten ins Zentrum der Treffen gestellt haben. Sie sei zutiefst beeindruckt von den textilen Fertigkeiten, dem Wissen, Geschick und der Kreativität der einzelnen Frauen, die zu einem Großteil die traditionellen Verfahren aus ihren Herkunftsländern beherrschen und sich mit viel Freude gegenseitig über Techniken, Muster und Farbkombinationen austauschten. Sie habe an all diesem Wissen und Können teilhaben dürfen, sagt Steuler; jede habe hier von jeder gelernt.

---

1   Ursula Steuler führt seit 2003 für verschiedene Träger in Mannheim und in Hamburg Kurse im Bereich Alphabetisierung, Deutsch als Fremdsprache und ‚Integration' durch, siehe hierzu auch Lutz-Kluge 2018.

Als Künstlerin interessiert sich Ursula Steuler für konventionelle wie auch sich aktuell verändernde Formen des häuslichen Lebensbereichs, sie forscht künstlerisch zu den dort herrschenden Beziehungsmustern und stellt diese in den komplexen Wirkungszusammenhang von ökonomisch und kulturell unterlegten gesellschaftlichen Machtstrukturen. Wenn die Teilnehmerinnen im Deutschkurs mit der Zeit untereinander eine Vertrauensbasis aufbauen, dann kommen oft Themen aus dem häuslich-familiären Bereich zur Sprache. Für viele der Frauen stellt der Kurs inzwischen ein substantielles Netzwerk dar, in dem sie Probleme aller Art besprechen und Lösungsansätze entwickeln.

Dem Verhältnis zwischen Teilnehmerinnen und Kursleiterin wurde von der Gruppe selbst eine Form gegeben. Die Frauen boten der Künstlerin ein Tauschgeschäft an: Sprachkurs gegen Handarbeiten. Die produzierten Textilien wurden so zu einer Währung, über die die Teilnehmerinnen selbständig verfügten, die Handarbeiten durften von Ursula Steuler für künstlerische Installationen genutzt und öffentlich ausgestellt werden. Hatten die Frauen zu Beginn meist Funktionales wie Babykleidung, Kissen oder Topflappen produziert, haben sie inzwischen – nach einer Ausstellung mit eben diesen Topflappen als textile Objekte[2] – Vergnügen daran gefunden, experimenteller zu arbeiten.

Die eigentliche künstlerische Arbeit finde jedoch in den Kursen und lange vor der Erarbeitung einer Installation statt, betont Steuler. In dem zunächst vorsichtigen, dann offeneren, immer aber behutsamen und respektvollen Miteinander, in dem Geschichten oder auch nur Fragmente, Splitter, Puzzleteile aus dem Alltag und Leben der Frauen ausgetauscht werden, passiere etwas mit allen Beteiligten. Es entstehe ein Interesse an der jeweils Anderen und Neugier auf Neues. Das *Herstellen* dieser Begegnungen, der Kommunikation und der Beziehungen, das sei die eigentliche Kunst, resümiert Steuler.

Was hat nun das oben beschriebene Setting mit wissenschaftlicher Forschung zu tun? Auf den ersten Blick zunächst einmal gar nichts, es fehlt an Systematik im Vorgehen, der Dokumentation des Geschehens u.a. – doch tritt man einen Schritt zurück und lässt sich auf die gedankliche Umdeutung des Sprachkurses zur Forschungssituation ein, dann lässt sich die Qualität eines partizipativen Forschungssettings entdecken: Der ‚Deutschkurs' der Künstlerin Steuler stellt Bedingungen her, die es den ‚Co-Forscherinnen' ermöglichen, Wissen zusammenzutragen: Wissen über textiles Gestalten und ‚soziologisches' Wissen über Schwierigkeiten der alltäglichen Lebensführung. Wissen, welches sich mittels ‚klassischer' Forschungsvorgehen in dieser subjektiven und situierten Qualität vermutlich so nicht würde produzieren lassen. Der konkreten Frage, der dabei in diesem Beitrag nachgegangen werden soll, ist die nach der Bedeutung einer ästhetischen Praxis in einem forschenden

---

2   Ursula Steuler: Raus aus dem Effeff. Installationen mit Arbeiten von Abrehet A., Hatun D., Hediye K., Zeynep K., Safiye K., Dürdane Ö. und Irina Z.; Kunstladen, Mannheim, 2004.

Zusammenhang: Welche Funktion kommt der ästhetischen Praxis des – in diesem Fall – Handarbeitens zu? Wird hier ‚häkelnd' geforscht? Oder ‚forschend' gehäkelt? Soll heißen: Inwiefern fungiert ästhetische Praxis als eigenständiger Erkenntnismodus und inwiefern dient sie der Gestaltung des Forschungsprozesses? Die folgenden Ausführungen verfolgen ausgehend von diesem und weiteren Beispielen wie dem Fotografieren und dem Gehen das Ziel, unter methodologischen und forschungspraktischen Gesichtspunkten die zu differenzierenden Potenziale ästhetischer Praxis im Kontext von *partizipativer* Forschung herauszuarbeiten.

2. Der Anspruch partizipativer Forschung verlangt nach methodologischer Reflexion

Der – bezogen auf einen Idealfall – formulierte Anspruch von partizipativer Forschung ist ein hoher: Als Grundlage jeder partizipativen Forschung wird ein kollektiver Arbeitsprozess gefordert, in dem Wissenschaftler*innen mit Personen, deren Leben Gegenstand der Forschung ist, *auf Augenhöhe*, d.h. gleichberechtigt zusammenarbeiten.

„[...] keine [hierarchische, d.V.] Unterscheidung zwischen Forschenden und ‚Beforschten'" fordert Prasad und weiter, dass die Menschen, „[...] um die es geht, am gesamten Forschungsprozess beteiligt werden, also bereits bei der Entwicklung der Fragestellung bis hin zur Diskussion von möglichen Lösungen."[3]

Ferner soll sicher gestellt sein, dass die Verfügungsgewalt über das Forschungsunterfangen bei der Personengruppe bleibt, die über ihre eigenen Lebensrealitäten forscht. Sämtliche Entscheidungen sollen von der Gruppe im Konsens gefällt werden und am Ende eine konkrete Verbesserung der Lebensrealität der beteiligten Co-Forscher*innen zumindest angestoßen worden sein (vgl. Wright u.a. 2010: 35-52/Wright 2012).

Die Praxis eines partizipativen Forschungsprojekts kann immer nur der Versuch einer Annäherung an ein solches Ideal sein. Die Beschreibung des Ideals mit den genannten Setzungen macht vor allem deutlich, dass ‚partizipative Forschung' eine *Haltung* darstellt, mit der Sozialwissenschaft sich ins empirische ‚Feld' begibt – und nicht etwa ein Konzept oder eine Methodik, die sich schematisch abarbeiten ließe. Umso drängender wirft partizipative Forschung Fragen bezüglich ihrer Methodologie auf.

In Berichten über partizipative Forschungsprojekte nimmt die Thematisierung von Hürden und Widersprüchen innerhalb des Arbeitsprozesses großen Raum ein. Es geht dabei z.B. um die Schwierigkeiten im Zugang zum ‚Feld',

---

3   Prasad in diesem Band, erste Seite des Beitrags.

der Kontaktaufnahme, dem Aufbau und Zusammenhalten einer Gruppe.[4] Es geht um Differenzen und auch um Konflikte zwischen den Beteiligten, um das Ringen in Hinblick auf eine geeignete, gemeinsame Sprache, um Verantwortung und Verbindlichkeit, um Ressourcen und Rechte.[5]

Was braucht es, um als Forschungsgruppe in einen gemeinsamen Arbeitsprozess einsteigen zu können? Wie stellt sich der Kontakt zwischen Forscher*innen und Co-Forscher*innen her? Wie kommt die Gruppe an den Punkt, produktive Fragen zu stellen und in den Austausch zu kommen? Wie wird definiert, was das Anliegen ist und was verändert werden soll?

Wenn der Anspruch an partizipative Forschung ist, dass sie den in sozialwissenschaftlicher Tradition ‚Beforschten' die Macht einräumt, sich als Subjekte zu beteiligen, dann muss partizipative Forschung auch methodisch nachziehen und kann sich nicht mehr damit begnügen, Menschen mit dem gängigen methodischen Instrumentarium z.B. zu beobachten oder zu interviewen – auch nicht dann, wenn sie die Beteiligten zuvor bei der Festlegung der Erhebungsinstrumente mit einbezogen hat. Zum einen ist in diesen ‚klassischen' empirischen Methoden bereits ein Subjekt/Objekt-Verhältnis definiert: Wissenschaftler*innen befragen und beobachten ihren *Forschungsgegenstand*. Es braucht daher vielmehr Methoden, in denen die Menschen, deren Lebensrealität beforscht wird, selbst sprechen, beginnend damit, dass sie selbst ihr Anliegen formulieren. Zum anderen transportiert jede Methode immer nur eine bestimmte Form von Wissen, z.B. das visuell Erkennbare, das begrifflich Gefasste o.a.. Sowohl die Überwindung der Subjekt/Objekt-Relationen als auch der aus der ‚Krise der Repräsentation' erwachsene Anspruch, *anderes* Wissen – nämlich vorsprachliches, implizites, emotionales, verkörperlichtes Wissen – zu generieren, verlangt nach einer kritischen Reflexion des Methodologischen (vgl. Winter 2014: 117-132).

Es sollen hier die spezifischen Qualitäten ästhetischer Forschungsmethoden aufgezeigt werden, die – für sich stehend oder auch in Kombination mit etablierten qualitativen Methoden – in besonderem Maße geeignet sind, Ansprüche partizipativer Forschung umzusetzen, zumindest aber produktiv bearbeiten oder im besten Fall vorantreiben zu können. Es soll dargestellt werden, um was es sich bei ‚ästhetischen Methoden' handelt und daran anknüpfend die Potentiale wie auch die Schwierigkeiten bezüglich Kompatibilitäten an den

---

4 Vgl. z.B. Specht, Anabell (2017): „Geflüchtet oder einfach jugendlich?" Unveröffentlichter Projektbericht zum partizipativen Forschungsbericht mit Jugendlichen aus dem Ausbildungswerk Kreuzberg e.V., im Rahmen des Masterstudiengangs ‚Soziale Arbeit als Menschenrechtsprofession'. In: Prasad, Nivedita – in diesem Band.

5 Michelle Fine und Maria Elena Torre beschreiben in ihrem Beitrag über ein PAR-Projekt im Hochsicherheitsgefängnis für Frauen im Bundesstaat New York eindrücklich, was die ungleiche Verteilung von Macht, allem voran das Unterscheidungsmerkmal ‚frei' vs. ‚gefangen' im Miteinander des Forschungsprozesses bedeutet und wie die Gruppe dieser Differenz durch den begleitenden Prozess einer kontinuierlichen Reflexion versucht zu begegnen (vgl. Fine, Michelle/Torre, Maria Elena in diesem Band).

Schnittstellen zu qualitativ-interpretativer Forschung deutlich gemacht werden.

3. Ästhetische Forschungsmethoden – was ist das?

Die forschende Arbeit mit ästhetischen Methoden ist ein ‚messy field' mit viel Wildwuchs in Bezug auf die Kontexte, Ziele und Praktiken des Forschens. Die Kunstpädagogik spricht von ‚Ästhetischer Forschung' (vgl. Kämpf-Jansen 2001) und meint damit einen an künstlerischen und wissenschaftlichen Strategien orientierten Bildungsansatz. Unter dem Schlagwort der ‚Visuellen Forschung' kommen in Soziologie und Ethnografie insbesondere bildbasierte Medien wie Fotografie und Video zum Einsatz (vgl. Prosser 1998/Harper 2012/Margolis 2011/Pauwels 2011). Forschende Künstler*innen nutzen ästhetische Vorgehens- und Artikulationsweisen, um Erkenntnisse zu gewinnen über den künstlerischen Prozess selbst oder über gesellschaftliche Themen (siehe z.B. Klein 2010 sowie die Beiträge in Badura u.a. 2015 und Busch 2016). Und im Gemeinwesen setzen Ansätze von ‚Community-Based Research' (vgl. Minkler 2005) auf ästhetische Methoden zur Identifizierung von Problemlagen und der Verbesserung von nachbarschaftlichem Miteinander (siehe z.B. Odierna 2013: 413-418).

In Anbetracht der äußerst heterogenen Forschungspraxis verwundert es nicht, dass kaum Konsens darüber besteht, was genau ästhetische Methoden sind. Wir behelfen uns deshalb mit einer Arbeitsdefinition und verstehen unter dem Begriff *ästhetische Forschungsmethoden* all jene gestalterischen, performativen und sensorischen Praktiken, die mit dem Ziel des Generierens von Erkenntnis und Wissen angewandt werden. Eine forschende ästhetische Praxis kann vielerlei Gestalt annehmen (vgl. Elberfeld/Krankenhagen 2016: 16). Sie orientiert sich an den Praktiken der Künste, indem sie das Zeichnen, Fotografieren oder Theaterspielen zum Modus des Wissenserwerbs macht; sie bedient sich vorgefundener medialer Darstellungen und kultureller Artefakte; sie beruht aber auch auf leiblich-sinnlichen sowie kulturellen Praktiken des Alltags wie dem Gehen oder eben auch dem Häkeln. In dieser Bandbreite finden ästhetische Methoden in allen Phasen des Forschungsprozesses Verwendung – sie unterstützen die Identifizierung von Forschungsbedarfen, ermöglichen neue Formen der gemeinsamen Datenerhebung sowie deren Analyse und eröffnen einen größeren Spielraum bei der Darstellung von Forschungsergebnissen, ohne dabei akademische Fertigkeiten vorauszusetzen.

Die folgenden Überlegungen nehmen partizipative Forschungsprozesse in sozialwissenschaftlichen Kontexten in den Blick und gehen der Frage nach, wie ästhetische Methoden darin gewinnbringend eingesetzt werden können bzw. an welchen Stellen hier auch besondere Herausforderungen und

Schwierigkeiten liegen mögen. Ästhetischen Forschungsansätzen wird innerhalb der Sozialwissenschaften nach wie vor eine randständige Rolle zugeschrieben – zu sehr wurden die Fachkulturen historisch durch die Vorrangstellung standardisierter Umfrageforschung geprägt (vgl. Schnettler/Baer 2013: 7-15; Bortz/Döring 2006: 302). Doch auch wenn ästhetische Methoden einer anderen Logik als der der quantifizierenden Empirie folgen, liegen sie dennoch nicht quer zu sozialwissenschaftlichen Forschungstraditionen. Ästhetische Forschungspraxis ist anschlussfähig, vor allem innerhalb des qualitativ-interpretativen Paradigmas (vgl. Wang u.a. 2017: 11f./Haas 2018: 67), demzufolge die explorative Rekonstruktion sozialer Phänomene das Forschungsziel darstellt und nicht das standardisierte Überprüfen von Hypothesen. Interpretative Verfahren stülpen dem zu untersuchenden *Material* kein vorab angefertigtes Theoriekonstrukt über, sondern sie operieren nach dem ‚Prinzip der Offenheit' (vgl. Flick 2004: 69). Analog dazu ist für das interpretative Forschen mit ästhetischen Methoden ein entdeckungsgeleitetes, deutendes Vorgehen charakteristisch, „in dem Bahnen des Gewohnten verlassen werden, oder das Gewohnte in seinen Spielräumen überprüft wird" (Elberfeld/Krankenhagen 2017: 25).

Trotz methodologischer Gemeinsamkeiten weist die ästhetische Forschungspraxis essentielle Unterschiede zu qualitativen Verfahren auf, die im Medium der Sprache operieren: Während verbal- und schriftsprachlich basierte Methoden – zum Beispiel Leitfadeninterviews oder hermeneutische Interpretationstechniken – auf einem rational-begrifflichen Vorgehen beruhen und diskursiv verhandelbares Wissen generieren, erfolgt die Wissensproduktion mit ästhetischen Methoden im Modus des sinnlich-intuitiven Wahrnehmens und Verstehens.[6] Körperliche, sensorische und emotionale Prozesse, die üblicherweise in der Forschung wenig Berücksichtigung finden, sind hierbei konstitutiv. In beiden Fällen handelt es sich um Formen des Erkennens, doch – wie später anhand von Beispielen aus der ästhetischen Forschungspraxis zu sehen sein wird – unterscheiden sich sinnliche Erkenntnisprozesse[7] von den rein begrifflichen und ziehen eine andere Gestalt wie auch eine andere Qualität des Wissens nach sich.

Ein mit ästhetischen Methoden gewonnenes Wissen muss nicht zwangsläufig verbalisiert werden, es kann in Ausstellungen, Performances oder

---

6 Badura (2015: 46) plädiert dafür, die rational-begriffliche und die sinnlich-intuitive Erkenntnis nicht als gegensätzliche, sondern als komplementäre Modi zu betrachten.

7 Hans Dieter Huber (2007: 321) betrachtet Sinnlichkeit als eine eigene, nicht sprachlich verfasste Domäne von Wissen: „Die Frage nach der Sinnlichkeit ist also die Frage nach der Vermittlung der Welt durch die Sinne. Aber nicht nur das. Sie ist auch die Frage nach der Vermittlung unserer selbst durch die Sinne. Sinnlichkeit ist eine Fähigkeit und eine Voraussetzung, um die Welt und sich selbst wahrzunehmen" (ebd.: 323). Sinnliches Wissen sei demzufolge sowohl ein „durch die Sinne von außen nach innen vermitteltes Wissen" als auch „ein Wissen von sich selbst, über sich selbst und um sich selbst" (ebd.: 327).

musikalischen Darbietungen zugänglich gemacht und erneut im Modus ästhetischer Erfahrung rezipiert werden – in der künstlerischen Forschung ist das die übliche Darstellungsform. Suchen solche sinnlich-intuitive Wissensbestände jedoch Anschlussfähigkeit im Wissenschaftsbetrieb, stehen sie vor der Herausforderung, ihre Form wechseln zu müssen – sie müssen in das Medium der Sprache überführt werden, damit sie in Form eines Vortrags oder einer Publikation der Überprüfung auf intersubjektive Nachvollziehbarkeit standhalten können (vgl. Van der Vaart u.a. 2018).[8]

Darüber hinaus ist die Forschung mit ästhetischen Methoden noch in weitaus höherem Maße kontextspezifisch, als es bei anderen qualitativen Verfahren der Fall ist. Gebunden an subjektive Wahrnehmungen und erfahrungsbezogenes Wissen bietet die ästhetische Forschungspraxis weitreichende Einsichten in die Eigentümlichkeit von Lebens-, Gefühls- oder Gedankenwelten. Die Erkenntnisse beziehen sich jedoch auf eine konkrete Person bzw. eine konkrete Gruppe, an einem spezifischen Ort, zu einer spezifischen Zeit und sind in ihrer Situiertheit nur beschränkt bzw. gar nicht übertragbar sowie nicht generalisierbar. Damit entziehen sie sich ‚klassischen' Gütekriterien der Wissenschaft und werden von jener folglich mit Skepsis betrachtet oder eben auch gar nicht erst zur Kenntnis genommen.

Wie im Folgenden anhand von Beispielen aus der Forschungspraxis zu sehen sein wird, erweisen sich ästhetische Methoden jedoch in mehrfacher Hinsicht als gewinnbringend, auch wenn ein ästhetischer Modus der Wissensproduktion im (deutschsprachigen) Wissenschaftsbetrieb immer wieder auf Schwierigkeiten bezüglich seiner diskursiven Anschlussfähigkeit und generellen Akzeptanz stößt. Doch insbesondere im Kontext von partizipativ angelegter sozialwissenschaftlicher Forschung stellen ästhetische Methoden mit ihrer Akzentuierung von Exploration, Intuition und Subjektivität eine vielversprechende Bereicherung dar, die von Seiten der Wissenschaft systematisch auszuloten, auf jeden Fall lohnend wäre.

---

8 Markus Maeder (2011: 12) kritisiert unter Rekurs auf den Philosophen Nelson Goodman die „zweifelhafte Dichotomie" ästhetischer Aktivität und wissenschaftlicher Forschung. „Denn ästhetische wie wissenschaftliche Aktivität bestehen beide in hohem Maße aus Symbolverarbeitung: dem Erfinden, Annehmen, Interpretieren, Umformen, Manipulieren von Symbolen und Symbolsystemen." Für die künstlerische Forschung nimmt Maeder daher an: „Wenn die künstlerische Praxis zu einem großen Teil aus (…) dem Operieren mit Symbolen und Symbolsystemen (sprachlichen und vor allem nichtsprachlichen) besteht, dann kann die künstlerische Forschung ästhetische, soziale und letztendlich politische Handlungsmöglichkeiten in diesen Symbolsystemen über das Kunstwerk exemplifizieren und explizieren".

… Sandra Köstler und Andrea Lutz-Kluge

4. Ästhetische Methoden in der sozialwissenschaftlichen Forschungspraxis

Man darf sich ästhetische Methoden nicht als ein abgeschlossenes Arsenal oder gar ein ‚Tool-Kit' an methodischen Vorgehensweisen vorstellen. Vielmehr handelt es sich um immer wieder neu zu kreierende Vorgehensweisen, die sich aus Verknüpfungen von Verfahren, Strategien, Materialien und Medien in Resonanz mit einem jeweils spezifischen Umfeld heraus ergeben oder entwickelt werden. Je korrespondierender sich die Bezüge zwischen Methode und Umfeld beschreiben lassen, desto höher wird vermutlich die Qualität der Methode in Hinblick auf ihre *Dichte* im Erkenntnisgewinn sein. Sammeln, Tanzen, Bauen, Kritzeln, Singen, Dichten oder Comics zeichnen – all das und vieles mehr kann zur ästhetischen Methode werden. Künstlerische Praktiken aus den Sparten Theater, Performance, Bildende Kunst, Literatur oder Musik genauso wie Kulturtechniken als alltägliche Formen des Tuns bieten hierfür unbegrenzte Anregungen.

Im Folgenden werden ein spezifisches Konzept des Fotografierens (Photovoice) und verschiedene Konzepte des Gehens in ihrer Qualität als ästhetische Forschungsmethode skizziert. Es sind hiermit zwei ästhetische Praktiken ausgewählt, zu deren Nutzbarmachung in wissenschaftlichen Forschungszusammenhängen bereits Erfahrung besteht.

4.1 Fotografieren als Methode

In einem Gemeindezentrum der nordirischen Hauptstadt Belfast beugt sich eine Gruppe von Frauen über 400 Fotoabzüge, die in langen Reihen ausgebreitet sind. Sie erzählen sich gegenseitig, was sie auf den Bildern sehen und diskutieren lebhaft über die Höhen und Tiefen ihres Alltags in der Monument Road – einem Arbeiterviertel, das jahrzehntelang unter der Gewalt des Nordirlandkonflikts litt und nach wie vor kein sicherer Wohnort ist. Der Workshop ist Teil eines Photovoice-Projekts der US-amerikanischen Forscherin und Aktivistin Alice McIntyre (2003), in dem sie gemeinsam mit Bewohnerinnen der Monument Road untersucht, wie diese ihren Alltag erleben und sich in ihrem sozialen Umfeld verorten. Über einen Zeitraum von fünf Monaten hinweg haben neun Co-Forscherinnen ihren persönlichen Alltag fotografisch dokumentiert. Aus dem so entstandenen Bildfundus wählte jede Teilnehmerin fünf ihrer Aufnahmen aus, die für sie persönlich besonders bedeutungsvoll waren und versah sie jeweils mit einem kurzen Text. Die Geschichten der Frauen – bestehend aus Bild und Text – spiegeln einerseits ein breites Spektrum subjektiv erlebter Lebensrealitäten wider und zeigen zugleich auf, an welchen Stellen Problemlagen identifizierbar sind, die die Gemeinschaft betreffen. Das reicht von der Feststellung eines Bedarfs an Computerkursen für Frauen bis hin zu der ständigen Sorge um die Sicherheit ihrer Kinder, die inmitten eines gewaltvollen politischen Konflikts aufwachsen müssen. Das Photovoice-Projekt mündet in eine Ausstellung im Rahmen des ‚West Belfast Festivals‘, mittels derer die Teilnehmerinnen ihre Anliegen in die Öffentlichkeit tragen.

*Co-Forscher*innen als Akteur*innen ihrer Forschung*

Methodisch vereint Photovoice eine visuell-ästhetische Herangehensweise mit einem dezidiert partizipativen Ansatz[9]: Personen, die im Forschungsprozess üblicherweise passive Informationsgeber und *Studienobjekte* sind, nutzen Kameras, um ihre eigenen Lebensumstände oder ihr soziales Umfeld fotografisch zu erforschen. Im Prozess des Bildermachens sowie in der anschließenden Diskussion über die Fotografien findet eine Reflexion des Forschungsgegenstandes aus der Binnenperspektive einer sozialen Gruppe statt. Nicht die Initiatorin Alice McIntyre sammelte Daten über den Alltag von Frauen in der Monument Road (etwa in teilnehmender Beobachtung oder, indem sie selbst fotografisch tätig wurde), sondern die Frauen sind die Forschenden und nutzen die Fotografie als Ausdrucksform, um ihre Erfahrungen, Erkenntnisse und Bedürfnisse zu artikulieren sowie um Gemeinsamkeiten zu identifizieren. Photovoice, so resümiert Amanda Latz, „decentralizes the role of the researcher and honors the authenticity of participant's vantage points" (2017: 43).

*Die Deutungshoheit über die Daten verbleibt bei den Co-Forscher*innen*

Was Photovoice darüber hinaus besonders auszeichnet, ist die methodisch inhärente Deutungshoheit der Fotografierenden über ihre eigenen Bilder. Die Co-Forscher*innen sind hier nicht nur Expert*innen ihrer eigenen Lebenswelt, sondern auch für die von ihnen produzierten Fotografien. In der Forschung mit Photovoice ist eine Analyse ohne Beteiligung der Bildautor*innen überhaupt nicht möglich, denn ohne deren Kommentierung und Kontextualisierung sind die Bilder für Außenstehende zumeist nicht verständlich (vgl. Harper 2012: 200). Es bedarf daher einer gemeinschaftlichen Diskussion über die Bilder –

---

9 Caroline Wang und Mary Ann Burris konzipierten die Photovoice-Methode in den 90ern auf dem Nährboden von PAR und feministischer Theorie (z.B. Wang/Burris 1997). Im angelsächsischen Raum stellt Photovoice heute sowohl in Community Work als auch in akademischen Kontexten eine etablierte und viel genutzte Methode dar. Vgl. für eine Übersicht: Harper 2012: 190ff.

das Erzählen der persönlichen Geschichten, aber auch den Abgleich mit den Geschichten der Anderen, um wiederkehrende Strukturen herauszuarbeiten. Die Wissenschaftlerin nimmt an diesem Prozess als Zuhörerin und Moderatorin teil.

Forschen auf Augenhöhe ist kein Selbstläufer

Selbst eine Methode wie Photovoice ist vor der problematischen Asymmetrie zwischen Wissenschaftler*innen und Co-Forscher*innen nicht gefeit: meist verfügen die Wissenschaftler*innen über das Budget, die technische Ausrüstung, das fotografische Fachwissen; sie sind es in der Regel, die den Zeitrahmen vorgeben und die ethischen und rechtlichen Bedingungen vermitteln (Latz 2017:106ff./Chalfen 2011: 194f.). Ob sich ein Photovoice-Projekt unter solchen Bedingungen dem Ideal des gleichberechtigten Forschens anzunähern vermag, hängt im Wesentlichen von einer Gratwanderung der Wissenschaftler*innen ab. Sie müssen in dem ohnehin komplexen Prozess fortlaufend abwägen zwischen einem geplanten methodischen Vorgehen und der flexiblen wie uneitlen Anpassung an die Fähigkeiten bzw. Wünsche der Co-Forscher*innen. Alice McIntyre (2003: 53f.) hatte ursprünglich geplant, die Fotografien von den Co-Forscher*innen anhand der gut etablierten ‚SHOWED'-Kategorien[10] explizieren zu lassen. Einige Frauen äußerten jedoch Bedenken, sie wollten ihre Bilder nicht in ein aus ihrer Sicht abstraktes Schema pressen, sondern lieber frei oder anhand eigener Fragestellungen erläutern, welche Bedeutung die fotografierten Situationen und Personen jeweils in ihrem Alltag haben. In der Diskussion einigten sich die Beteiligten auf die freie Interpretationsweise – das Vorgehen führte zu aufschlussreichen Ergebnissen.[11]

Forschen – niederschwellig und in den Alltag integrierbar

Als bildbasierte Methode ist Photovoice hilfreich, wenn es gilt, in einer Forschungssituation mit Sprachbarrieren umzugehen. Im Vergleich zu textbasierten Methoden stellt das Fotografieren geringe Anforderungen an die Sprachkenntnisse der Teilnehmer*innen. Genau dies macht die Photovoice-Methode attraktiv für das kollaborative Forschen in Gruppen, in denen die sprachlichen

---

10 Es handelt sich hierbei um Leitfragen, die Caroline Wang (1999: 188) für die Diskussion von Bildern formulierte: What do you see here? What is really happening here? How does this relate to our lives? Why does this situation, concern, or strength exist? What can we do about it?

11 In dem Beitrag von Lilli Böwe und Monika Nürnberger in diesem Band ist die – für das Gelingen des Projekts – notwendige Anpassung des Forschungsdesigns an die persönlichen Lebenslagen der Teilnehmer*innen sehr gut nachvollziehbar dargestellt.

Kommunikationsmöglichkeiten eingeschränkt sind – z.b. in der Forschung mit Kindern, mit gemischtsprachigen Gruppen, mit Personen mit eingeschränkter Sprechfähigkeit o.a. (vgl. z.B. Wang 1999: 370).

Darüber hinaus bringt es einige praktische Vorteile mit sich, wenn der Forschungsprozess um das fotografische Bild herum organisiert ist: Das Fotografieren ist leicht zu erlernen, es macht Spaß und es lässt sich gut in den Alltag integrieren.[12] Dank der Popularität und Beiläufigkeit des Mediums, gestaltet es sich in vielen Situationen einfach, Teilnehmerinnen zu gewinnen. Obwohl die Teilnehmerinnen des Projektes in Belfast zwischen Familienarbeit, Erwerbsarbeit und Engagement im Gemeindezentrum üblicherweise wenig Zeit finden, um über die Dinge zu reflektieren, die ihren Alltag bestimmen (McIntyre 2003: 52), produzierten sie im Projektverlauf eine beträchtliche Anzahl an Fotografien. Das Fotografieren kann zu einem beiläufigen Teil des Alltags werden und erfordert nur kurze Unterbrechungen der Routinen.

Vorsprachliches, implizites, emotionales und verkörperlichtes Wissen wird kommunizierbar

Auf einer wahrnehmungstheoretischen Ebene entfaltet die Photovoice-Methode die besondere Qualität, einen Zugang zu subjektiven Wahrnehmungen, inneren Zuständen, Gefühlslagen, dem noch nicht Sagbaren oder auch dem Unsagbaren zu finden und zum Ausdruck zu bringen.

„Through our use of photographs we can discover and demonstrate relationships that may be subtle or easily overlooked. We can communicate the feeling or suggest the emotion imparted by activities, environments, and interactions. And we can provide a degree of tangible detail, a sense of being there and a way of knowing that may not readily translate into other symbolic modes of communication" (Prosser/Schwartz 1998: 116).

Im Vergleich zu begrifflich und linear angelegten Methoden bietet das Fotografieren einen intuitiveren Zugang zu vorsprachlich gegebenen ‚Daten' und gelangt zu differenzierten Ergebnissen (vgl. Latz 2017: 32/Van der Vaart u.a. 2018). Die konkrete Darstellung einer sozialen Situation kann auf einen vertrackten Konflikt in der Familie verweisen, das Foto eines Objektes symbolisiert einen lang gehegten Wunsch, eine verwaiste Bushaltestelle mag als visuelle Metapher für eine Gefühlslage dienen. Jedoch für welche Gefühlslage genau? Ein gänzlich nonverbales Forschen ist auch mit Photovoice nicht

---

12 Dies gilt nur unter dem Vorbehalt, dass das Fotografieren im Alltag unproblematisch möglich ist. Zum Beispiel darf das Mitführen einer Kamera, der Sicherheitslage im sozialen Umfeld wegen, nicht zu einer Gefahr für die Fotograf*innen werden. Auch darf es keine Fotografieverbote (z.B. am Arbeitsplatz) oder sonstigen rechtlichen Hindernisse geben.

möglich, denn die gemeinsame Interpretation und Diskussion der Bilder erfordert das Sprechen über die Motive und deren Bedeutung aus Perspektive der Bildautor*Innen. Deshalb wird in Photovoice-Projekten häufig die Interviewmethode ‚Photo Eliticitation' (vgl. Harper 2012: 156ff./Lapenta 2011) herangezogen, die mittels einfacher Fragen zu den Motiven die Bedeutungsebenen der Fotografien expliziert.

4.2 Gehen als Methode

In insgesamt 25 Städten weltweit organisierte die NGO ‚Womenability' explorative Spaziergänge, die das Ziel verfolgten, Lösungen für die Gestaltung gendergerechter Städte zu erarbeiten.[13] Ziel des kollektiven Gehens durch die Stadt war es, den urbanen Raum aus der Perspektive von Frauen zu erkunden und Handlungsbedarfe für die Verbesserung von Sicherheit, Mobilität und Familienfreundlichkeit zu identifizieren. Angesprochen waren dabei alle verfügbaren Sinne: Wie hört sich meine Stadt an? Wie sieht sie aus? Wie riecht sie? Wie fühle ich mich, wenn ich durch die Straßen gehe? Ihre Ergebnisse hielten die Teilnehmerinnen unterwegs als Notizen fest und tauschten sich im Anschluss über die gewonnenen Erkenntnisse aus.

Das Gehen zählt zu den alltäglichsten körperlichen Praktiken – wir gehen, ohne darüber nachzudenken, dass wir gehen bzw. was unser Körper macht, während wir gehen. Betrachtet man das Gehen jedoch losgelöst vom pragmatischen Kontext der Fortbewegung von A nach B, kommen die methodischen Qualitäten dieser vermeintlich banalen Praxis zum Vorschein, die zunehmend auch wissenschaftlich nutzbar gemacht werden – hauptsächlich in Prozessen der Datengewinnung.[14]

Wahrnehmen in Bewegung – eine subjektzentrierte, multisensorische und immersive Erforschung von Raum

Anhand der explorativen Spaziergänge des Womenability-Projekts wird bereits deutlich, dass das bewusste und aufmerksame Gehen einen Zugang zu raumbezogenen Themen eröffnet. Einen der ersten Versuche, ein spezifisches Areal gehend und spielerisch zu *erforschen*, unternahm die Situationistische

---
13 Der Abschlussbericht sowie weitere Informationen zu den Akteur*innen und der Methode sind unter http://www.womenability.org zu finden.
14 In den Künsten blickt das Gehen als Kunstform, performative Praxis und Erkenntnismodus auf eine längere Tradition zurück (siehe etwa: Waxman 2017, Solnit 2002, Fischer 2011).

Internationale um Guy Debord mit der psychogeographischen Praxis des ‚Dérive' (vgl. Debord 1955, 1956). Gemeint ist damit das Umherschweifen in urbanen Räumen, um losgelöst von alltäglichen Verpflichtungen aufmerksam das Terrain zu studieren, insbesondere die emotionalen und verhaltensbezogenen Aspekte im Verhältnis von Mensch und Umgebung. Erst das Gehen, die Eigenbewegung des Körpers durch den Raum, ermöglicht solch ein multisensorisches Wahrnehmen und Erkunden, das Gehen kultiviert den Nahsinn sowie das Erfahren eines Raumes am eigenen Leib (vgl. Fischer 2011: 34f./Merleau-Ponty 1966: 171).

> „Gehen zählt zu den einfachsten Mitteln, um sich zum Raum, in seiner materiellen Beschaffenheit, seiner geographischen und klimatischen Bedingungen, aber auch seiner sozialen, politischen und emotionalen Implikationen in ein physisch-korrelatives Verhältnis zu setzen" (Fischer 2011: 39).

Partizipative Forschungsprojekte beziehen oftmals das räumliche Umfeld der Co-Forscher*innen ein, z.B. das Stadtquartier als Lebenswelt von Jugendlichen oder ein Dorf, das von Abwanderung und Leerstand betroffen ist. Das kollektive, wahlweise auch individuelle Gehen[15] an diesem Ort dient der immersiven Datenerhebung im Raum sowie der Weitergabe des ortsbezogenen Wissens, über welches die Co-Forscher*innen verfügen. Alle Co-Forscher*innen des Womenability-Projekts ‚kannten' die eigene Stadt, doch auf der Basis von Erinnerung und Imagination Aussagen über sensorische Erfahrungen im urbanen Raum zu treffen, kann zu diffusen und überlagerten Ergebnissen führen. Darüber hinaus trägt das bewusste Gehen durch ein vertrautes Terrain dazu bei, wieder genauer hinzuschauen und Details wahrzunehmen, die im Alltag möglicherweise nicht mehr bewusst registriert werden.

Das Gehen fordert die physische Präsenz vor Ort ein und aktualisiert so in seiner Unmittelbarkeit das Wissen über den Raum. Der Qualität multisensorischer Datengewinnung ist es zuträglich, wenn die zeitliche Distanz zwischen einer Wahrnehmung und dem Festhalten dieser Wahrnehmung (z.B. mit Fragebogen, Interview, Diskussion) möglichst gering ist (vgl. Van der Vaart u.a. 2018). Das Gehen unterstützt diese Verschränkung von Datenerhebung und Dokumentation methodisch.

*Die Co-Forscher*innen leiten die Tour*

Für die praktische Herangehensweise an das forschende Gehen stehen zwei Optionen (und deren Mischformen) zur Auswahl: Entweder die Projektinitiator*innen geben die Route vor oder die Co-Forscher*innen planen und leiten die Tour. In partizipativen Forschungsprojekten stärkt die zuletzt genannte

---

15 Eine Entscheidung, die den Wahrnehmungsmodus stark verändert und folglich jeweils *anderes* Wissen entstehen lässt.

Variante die Position der Co-Forscher*innen als Expert*innen für ihre unmittelbare Umgebung.[16] Beispielsweise untersuchte die Forschungsgruppe um Gwenda van der Vaart gemeinsam mit den Bewohner*innen eines holländischen Dorfes das kulturelle Leben vor Ort. Die ‚walking interviews' in der ersten Projektphase organisierten die Co-Forscher*innen in Eigenregie:

> „We did not provide detailed instructions to the participants about how the walk should be planned. The participants were free to take the researcher to any places they thought appropriate, take whatever route they liked and walk for as long as they wanted. In addition to the walking element, there were interview questions focused on people's opinions on, and experiences with, the various arts activities and artists in Pingjum, the village community and changes and potential changes to the village. The walking interviews generated situated knowledge on participants' personal village experiences and their views on key issues at play in their community" (Van der Vaart et al. 2018: 19).

Als methodischer Ansatz kann das Gehen in vielerlei Hinsicht den partizipativen Forschungsprozess bereichern: es ermöglicht die multisensorische Erforschung des korrelativen Verhältnisses zwischen Subjekt und Raum; es ermöglicht Co-Forscher*innen die Steuerung des Forschungsprozesses, wenn sie beim Gehen *Regie* führen; es ermöglicht Datengewinnung im Kollektiv oder individuell und die Kombination mit anderen Instrumentarien, z.B. dem Interview oder der fotografischen Dokumentation des Raumes. Bei Verwendung dieser Methode bedarf es des umsichtigen Umgangs mit der Bewegungsfähigkeit der Co-Forscher*innen, wobei gerade bei eingeschränkter Mobilität das bewusste Bewegen durch den Raum eine Methode darstellt, um eventuelle Barrieren und Verbesserungsmöglichkeiten zu identifizieren.

5. Partizipativer Anspruch und ästhetische Methoden – eine produktive Verbindung

Dieser Beitrag unternahm den Versuch, die Anwendung ästhetischer Methoden in partizipativen Forschungsprozessen zu reflektieren. Besonderes Augenmerk wurde auf subjektive und situierte Wissensbestände gelegt, denen das explizite Erkenntnisinteresse partizipativer Forschungsgruppen gilt und die sich mit ‚klassischen' empirischen Methoden jedoch kaum erschließen lassen. Formuliert eine Forschung den Anspruch, nicht repräsentiertes Wissen gemeinschaftlich aufzudecken und zusammenzutragen, kommt sie um eine

---

16 Letztendlich hängt es von der Fragestellung und/oder organisatorischen Rahmenbedingungen ab, ob die Regie für eine gehende Forschungsaktivität in den Händen der Projektinitiator*innen oder der Co-Forscher*innen liegen sollte.

methodologische Neuausrichtung nicht umhin. Eine stärkere Gewichtung ästhetischer Methoden ist dazu nicht der einzig gangbare Weg, jedoch einer mit großem Potenzial.

Die ausgewählt skizzierten ästhetischen Praktiken des Handarbeitens, des Fotografierens und des Gehens haben exemplarisch aufgezeigt, wie der Einbezug ästhetischer Methoden den partizipativen Forschungsprozess zu bereichern vermag. Deutlich wird anhand der Beispiele aber auch, dass ästhetische Praxis unterschiedliche Funktionen im Forschungsprozess erfüllen kann, die im Folgenden versuchsweise anhand zweier Kategorien gefasst werden.

5.1 Die Generierung von Wissen und Erkenntnis durch ästhetische Praxis

Eingebettet in das qualitativ-interpretative Paradigma entfaltet ästhetische Praxis ihre Qualitäten in subjektzentrierten und ergebnisoffenen Modi der Wahrnehmung, Datengewinnung und Interpretation. In diese methodische Kategorie fallen z.B. Photovoice sowie die explorativen Stadtspaziergänge und Walking Interviews. Wie anhand der Beispiele aus der Praxis zu sehen war, unterstützt das Fotografieren bzw. das Gehen zwar auch die Organisation des Forschungsprozesses, doch die primäre Funktion der beiden ästhetischen Praktiken ist eine erkennende – das Fotografieren und Gehen fördert hier das vorsprachliche, implizite, emotionale und verkörperlichte Wissen der Co-Forscher*innen zu Tage.

5.2 Die Unterstützung des Forschungsprozesses durch ästhetische Praxis

Im Sinne einer Wegbereitung und Involvierung lässt sich ästhetische Praxis insbesondere in partizipativer Forschung methodisch nutzbar machen, um Kontakt zu sozialen Gruppen aufzunehmen, Barrieren abzubauen und Menschen zu ermutigen, ihre Perspektive mittels *anderer Sprachen* zur Darstellung zu bringen. In der eingangs geschilderten Arbeit der Textil- und Konzeptkünstlerin Ursula Steuler bewirkt das Handarbeiten weit mehr als das Produzieren textiler Werkstücke. Stricken, Häkeln und Nähen versammelt die Frauen um einen Tisch, es liefert Gesprächsstoff, es überbrückt Differenz und hilft dabei, Vertrauen zu schöpfen. Die ästhetische Praxis des Handarbeitens gestaltet die soziale Situation des Sprachkurses und ermöglicht das Zusammentragen der Geschichten im Gespräch. Das gemeinsame Häkeln und Stricken befördert zwar auch den Austausch über textile Fertigkeiten, doch es fungiert hier nicht als ein Erkenntnismodus, der Wissen über die Lebenssituationen der beteiligten Frauen generiert. Das ‚soziologische' Wissen kommt beiläufig im Gespräch ans Licht während das Häkeln den Anlass für diese soziale Situation bietet.

‚Häkelnd' forschen oder ‚forschend' häkeln – ein Fazit

Zu unterscheiden ist also zwischen forschenden und forschungsunterstützenden ästhetischen Methoden – zwischen einem sinnlich-intuitiven Erkenntnismodus und einer sinnlich-intuitiven Prozessgestaltung. Die jeweilige Funktion ist einer ästhetischen Praxis nicht inhärent, sondern es hängt von der konkreten Forschungssituation ab, ob etwa das Fotografieren oder Häkeln dazu dient, den Forschungsprozess in Gang zu halten oder ob es sich um den Erkenntnismodus handelt.

Von dem zuvor bereits genannten Problem der Anschlussfähigkeit im etablierten Wissenschaftsbetrieb sind insbesondere die forschenden ästhetischen Methoden betroffen – Skepsis besteht zumeist dann, wenn das ästhetische Tun nicht nur zur Unterstützung des Forschungsprozesses dient, sondern den Anspruch erhebt, zum Verstehen eines Phänomens beizutragen. Um ästhetische Methoden aus der ‚Exotik'-Ecke zu holen und sie wissenschaftlich nutzbar zu machen, hilft womöglich eine von beiden Seiten ausgehende Annäherung.

Von Seiten der ästhetisch Forschenden braucht es eine Einsicht in die Herausforderung, sinnlich-intuitive Erkenntnis zu versprachlichen und als Wissensbestand zu sichern. Dies stellt die Voraussetzung dafür dar, ästhetisch gewonnene Erkenntnisse in den wissenschaftlichen Diskurs einspeisen und somit für eine Öffentlichkeit zugänglich machen zu können. Der Transfer eines *ästhetischen* Wissens in ein *begriffliches* Wissen ist allerdings unumgänglich auch mit einem Verlust verbunden. Eine Variante um dieser Herausforderung zu begegnen stellen Methodenkombinationen dar, die ästhetische Methoden mit sprachbasierten Erhebungsinstrumenten oder Dokumentationstechniken bereits im Forschungsprozess verbinden. Die Kombination aus Photovoice und Photo Elicitation beispielsweise verleiht Wahrnehmungen und Eindrücken zunächst eine visuelle Form, die anschließend begrifflich ‚übersetzt' wird. Walking Interviews hingegen ermöglichen den sprachlichen Austausch über ein ästhetisches Erlebnis und das unmittelbare sprachliche Herausarbeiten von Wahrnehmungsdifferenzen. Ein solcher Methodenmix erlaubt es, im Forschungsprozess zugleich die Vorteile eines sinnlich-intuitiven und eines diskursiv-begrifflichen Erkenntnismodus auszuschöpfen.

Eine Annäherung sollte jedoch auch von Seiten des etablierten Wissenschaftsbetriebs ausgehen, indem sich dieser stärker für nicht-begriffliche

Formen der Wissensproduktion bzw. Ergebnissicherung öffnet und im Zuge dessen seinen Erkenntnisbegriff erweitert. Inspiration hierfür kann die künstlerische Forschung bieten. Künstlerisch Forschende bringen nonverbale Wissensformen hervor und vermitteln diese in ästhetischen Darstellungsformen wie Installationen und Performances (vgl. Klein 2010, Haarmann 2011, Peters 2013).[17] Künstlerisch Forschende betonen außerdem, dass jegliches Wissen durch seinen Herstellungsprozess bedingt ist. Wissen sei daher nicht ausschließlich mit dem Ergebnis der Forschung gleichzusetzen (etwa in Gestalt eines Forschungsberichtes), sondern Wissen ereigne sich bereits im Vollzug der Forschung (vgl. Haas 2018: 84/Haarmann 2011). Stärker in den Fokus gerät so der „Weg des Wissens" (Haarmann 2015: 86), der nicht immer dem etablierten Schema folgen muss. In diesem Punkt besteht eine Verwandtschaft zwischen partizipativer und ästhetischer Forschung, denn beide verlangen nach einer Offenheit innerhalb des Forschungsprozesses, die sich eben nicht immer bedingungslos in einen ‚klassischen' wissenschaftlichen Projektverlauf eindisziplinieren lässt.

Literatur

Badura, Jens/Dubach, Selma/Haarmann, Anke (Hrsg.) (2015): Künstlerische Forschung. Ein Handbuch. Zürich: Diaphanes.
Busch, Kathrin (Hrsg.) (2016): anderes wissen. Paderborn: Wilhelm Fink.
Chalfen, Richard (2011): Differentiating Practices of Participatory Visual Media Production. In: Margolis, Eric/Pauwels, Luc (Hrsg.): The SAGE Handbook of Visual Research Methods. Thousand Oaks: SAGE, S. 186-200.
Debord, Guy (1956): Theory of the Dérive. Situationist International Online. https://www.cddc.vt.edu/sionline/si/theory.html [Zugriff: 07.09.2019].
Debord, Guy (1955): Introduction to a Critique of Urban Geography. Situationist International Online. https://www.cddc.vt.edu/sionline/presitu/geography.html [Zugriff: 07.09.2019].
Elberfeld, Rolf/Krankenhagen, Stefan (2017): Einleitung. In: Elberfeld, Rolf/Krankenhagen, Stefan (Hrsg.): Ästhetische Praxis als Gegenstand und Methode kulturwissenschaftlicher Forschung. Paderborn: Wilhelm Fink.
Fischer, Ralph (2011): Walking Artists – Über die Entdeckung des Gehens in den performativen Künsten. Berlin: De Gruyter.
Flick, Uwe (2004): Qualitative Sozialforschung. Eine Einführung. Reinbek bei Hamburg: Rowohlt.

---

17 Ein beeindruckendes Beispiel hierfür sind die ästhetischen Strategien von Tomás Saraceno, der Erkenntnisse über alternative Lebens- und Wohnmodelle mit Hilfe von Installationen sinnlich und inhaltlich erfahrbar macht (vgl. Lüthy 2014).

Haarmann, Anke (2011): Künstlerische Praxis als methodische Forschung. Kongress der Deutschen Gesellschaft für Ästhetik. http://www.dgae.de/wp-content/uploads/2011/09/Haarmann.pdf [Zugriff: 16.09.2019].

Haarmann, Anke (2015): Methodologie. In: Badura, Jens/Dubach, Selma/Haarmann, Anke (Hrsg.): Künstlerische Forschung. Ein Handbuch. Zürich: Diaphanes, S. 85-88.

Haas, Elena (2018): Künstlerische Forschung in der Kunstpädagogik. Performative Wissenspraxis im Zwischenraum von Kunst, Gesellschaft und Wissenschaft. Flensburg: Fabrico Verlag.

Harper, Douglas (2012): Visual Sociology. New York: Routledge.

Huber, Hans Dieter (2007): Die Sinnlichkeit des Wissens. In: Niehoff, Rolf/Wenrich, Rainer (Hrsg.): Denken und Lernen mit Bildern: interdisziplinäre Zugänge zur ästhetischen Bildung. München: kopaed, S. 321-332.

Kämpf-Jansen, Helga (2001): Ästhetische Forschung. Wege durch Alltag, Kunst und Wissenschaft. Köln: Salon Verlag.

Klein, Julian (2010): Was ist künstlerische Forschung? In: Stock, Günter (Hrsg.): Gegenworte 23, Wissenschaft trifft Kunst. Berlin: Akademie Verlag.

Lapenta, Francesco (2011): Some Theoretical and Methodological Views on Photo-Elicitation. In: Margolis, Eric/Pauwels, Luc (Hrsg.): The SAGE Handbook of Visual Research Methods. Thousand Oaks: SAGE, S. 201-213.

Latz, Amanda O. (2017): Photovoice Research in Education and Beyong. A Practical Guide from Theory to Exhibition. New York: Routledge.

Lüthy, Michael (2014): Paradigmenwechsel wohin? Artistic Research bei Tomás Saraceno und Robert Smithson. In: Sakoparnig, Andrea/Wolfsteiner, Andreas/Bohm, Jürgen (Hrsg.): Paradigmenwechsel. Wandel in den Künsten und Wissenschaften. Berlin: De Gruyter, S. 223-245.

Lutz-Kluge, Andrea (2018): Im Gespräch mit der Textil- und Konzeptkünstlerin Ursula Steuler. Inselsommer Ludwigshafen, 18.06.2018.

Maeder, Marcus (2011): Was ist künstlerische Forschung und was kann künstlerische Forschung sein? https://www.researchgate.net/publication/278711236_Was_ist_kunstlerische_Forschung_und_was_kann_kunstlerische_Forschung_sein [Zugriff: 07.09.2019].

Margolis, Eric/Pauwels, Luc (Hrsg.) (2011): The SAGE Handbook of Visual Research Methods. Thousand Oaks: SAGE.

McIntyre, Alice (2003): Through the Eyes of Women: Photovoice and Participatory Research As Tools for Reimagination Place. In: Gender, Place and Culture 10, 1, S. 47-66.

Merleau Ponty, Maurice (1966): Phänomenologie der Wahrnehmung. Berlin: de Gruyter.

Minkler, Meredith: Community-Based Research Partnerships: Challenges and Opportunities. n: Journal of Urban Health. Bulletin of the New York Academy of Medicine 82, 2, Supplement 2. https://www.ncbi.nlm.nih.gov/pmc/articles/PMC3456439/pdf/11524_2006_Article_391.pdf [Zugriff: 01.09.2019].

Odierna, Simone (2013): Forumtheater in der Gemeinwesenarbeit. In: Stövesand, Sabine/Stoik, Christoph/Troxler, Ueli (Hrsg.): Handbuch Gemeinwesenarbeit. Traditionen und Positionen, Konzepte und Methoden. Deutschland – Schweiz – Österreich. Opladen: Verlag Barbara Budrich, S. 413-418.

Häkeln als Forschungsmethode

Peters, Sibylle (2013): Das Forschen aller – ein Vorwort. In: Peters, Sibylle (Hrsg.): Das Forschen aller. Artistic Research als Wissensproduktion zwischen Kunst, Wissenschaft und Gesellschaft. Bielefeld: transcript Verlag, S.7-15.

Prosser, Jon (1998): The Status of Image-based Research. In: Prosser, Jon (Hrsg.): Image-based Research. A Sourcebook for Qualitative Researchers. New York: Routledge, S. 97-112.

Prosser, Jon/Schwartz, Dona (1998): Photographs within the Sociological Research Process. In: Prosser, Jon (Hrsg.): Image-based Research. A Sourcebook for Qualitative Researchers. New York: Routledge, S. 115-130.

Solnit, Rebecca (2002): Wanderlust. A History of Walking. London: Granta.

Van der Vaart, Gwenda/Hoven, Bettina van/Huigen, Paulus P.P. (2018): Creative and Arts-Based Research Methods in Academic Research. Lessons from a Participatory Research Project in the Netherlands. In: Forum Qualitative Sozialforschung 19, 2. http://www.qualitative-research.net/index.php/fqs/article/view/2961/4227#g31 [Zugriff: 07.09.2019].

Wang, Caroline/Burris, Mary Ann (1997): Photovoice: Concept, Methodology, and Use for Participatory Needs Assessment. In: Health Education & Behavior, Jahrgang 24, S. 369-387.

Wang, Caroline (1999): Photovoice: A Participatory Action Research Strategy Applied to Women's Health. In: Journal of Women's Health 8, 2, S. 185-192.

Wang, Qingchun/Coemans, Sara/Siegesmus, Richard/Hannes, Karin (2017): Artsbased Methods in Socially Engaged Research Practice: A Classification Framework. In: Art/Research International 2, 2, S. 5-39.

Waxman, Lori (2017): Keep Walking Intently. The Ambulatory Art of the Surrealists, the Situationist International, and Fluxus. Berlin: Sternberg Press.

Winter, Rainer (2014): Ein Plädoyer für kritische Perspektiven in der qualitativen Forschung. In: Mey, Günter/Mruck, Katja (Hrsg.): Qualitative Forschung. Analysen und Diskussionen – 10 Jahre Berliner Methodentreffen. Wiesbaden: Springer VS

Wright, Michael T./Unger, Hella von/Block, Martina (2010): Partizipation der Zielgruppe in der Gesundheitsförderung und Prävention. In: Wright, Michael T. (Hrsg.): Partizipative Qualitätsentwicklung in der Gesundheitsförderung und Prävention. Bern: Huber Verlag.

Wright, Michael T. (2012): Gütekriterien für die Partizipative Gesundheitsforschung. Vortrag auf der Jahrestagung der Deutschen Gesellschaft für Sozialmedizin und Prävention, 14. September 2012 in Essen. https://www.dgsmp.de/wp-content/uploads/2018/10/2012_Jahrestagung_DGSMP_Vortrag_Fr_Session_7_Wright.pdf [Zugriff: 01.09.2019].

Über Partizipation hinaus. Spannungsfelder und Widersprüche im System Forschung

Thomas Schlingmann

1. Rahmung

‚Partizipative Forschung' kursiert in der psychologischen und gesundheitswissenschaftlichen Forschung als populärer Ansatz. In diesem Beitrag soll der im wissenschaftlichen Kontext zugrunde gelegte Begriff der ‚Partizipation' beleuchtet und kritisch hinterfragt werden. Es wird dargestellt, warum es mehr als nur Partizipation braucht.

Es lohnt sich hierzu, kurz innezuhalten und sich zu erinnern, wann und warum dieses Konzept in der Forschung aufgetaucht ist: Noch vor 50 Jahren – in den 1960er und 1970er Jahren – spielte Partizipation keine größere Rolle im Mainstream der psychologischen oder gesundheitswissenschaftlichen Forschung. Lediglich in Randbereichen der Sozialwissenschaften gab es kurzfristig an Kurt Lewin (1948) anknüpfende Versuche der Aktionsforschung (siehe etwa: von Unger et al. 2007). In Lateinamerika entwickelte Paulo Freire sein Konzept der „Pädagogik der Unterdrückten" (1971). Im Mainstream dominierten nicht nur in der Forschung unverändert behavioristische Konzepte mit der ihnen zugrundeliegenden Vorstellung von Lernen als Konditionierung[1]. Diese Konzepte reduzieren das Verhalten von Menschen auf Reiz-Reaktions-Ketten, die Versuchsleiter*innen hatten die Deutungshoheit über die Interpretation der Ergebnisse. Es war Standard, die *Beforschten* auf ein *Forschungsobjekt* zu reduzieren.

---

1 Die mechanistische Konzeption von ‚Stimulus-Response' hatte ihre Entsprechung in der Zergliederung des Produktionsprozesses im Fordismus. Diese Entwicklungen haben in unterschiedlichen Regionen zeitversetzt stattgefunden; die behauptete Entsprechung von Produktionsweise und Menschenbild bzw. darauf basierenden Forschungskonzepten darf sicherlich auch nicht als eindeutig begriffen werden. Dennoch gibt es diese Parallelen und es würde sich lohnen die Zusammenhänge genauer zu untersuchen.

Thomas Schlingmann

Marktforschung und Partizipation: Potentielle Kund*innen sollen Daten liefern

Gegen Ende des letzten Jahrtausends wurden Gesundheitswesen, Bildung und Sozialbereich zunehmend ökonomisiert und sukzessive privatisiert. Die damit einhergehende Fokussierung auf Profite und Shareholder-Value ist oft kritisiert worden (vgl. Samerski 2014), sie bedeutet Kostensenkung und Effizienzsteigerung zu Lasten der Beschäftigten, der Arbeitsqualität und der Patient*innen, die somit auf Kund*innen reduziert werden (vgl. ebd., Ulakowski 2002). Gleichzeitig gewann das Thema Qualitätsmanagement zunehmend auch in diesen Bereichen an Bedeutung. Hier traten Unternehmen und Institute auf den Plan, die sich schon vorher zu einem eigenständigen Geschäftszweig entwickelt hatten und sich ihrer Wurzeln durchaus bewusst waren. So schildert z.B. das ‚Qualitätsportal' des Hanser Verlages die Ursprünge des modernen Qualitätsmanagements in der amerikanischen Autoindustrie (vgl. QZ-Online.de 2019): Amerikanische Automobilkonzerne forderten aufgrund des Einsparens der Lagerhaltung und damit von Puffern in den Produktionsabläufen von ihren Lieferanten standardisierte Produkte gleichbleibender Qualität. Auf diese Art und Weise wurden Qualität und einheitlicher Output untrennbar verknüpft. Die von Wirtschaftsverbänden getragene Qualifizierungs- und Zertifizierungsfirma ‚Certqua' schreibt: „Kundenzufriedenheit gehört zu den wichtigsten Qualitätsindikatoren eines Unternehmens. Zufriedene Kunden verhalten sich nicht nur gegenüber dem Unternehmen loyaler und fungieren als kostenlose Werbeträger, sondern kaufen auch mehr und häufiger und sind auch bereit höhere Preise zu akzeptieren" (Certqua 2019). Damit ein kostensparend hergestelltes, einheitliches Produkt Gewinne abwirft, muss es in möglichst großer Zahl abgesetzt werden. Dazu wird die Marktforschung eingesetzt, die Wünsche und Bedürfnisse von (potentiellen) Kund*innen ermitteln soll. Die Meinung von Käufer*innen einer Dienstleistung oder eines Produktes wird in die Entwicklung und Ausgestaltung desselben einbezogen – aber nicht mit dem Ziel der Demokratisierung von Produktionsverhältnissen und Dienstleistungen, sondern dem der Absatzsteigerung.

Der Einsatz von partizipativen Forschungsmethoden, wie zum Beispiel Fokusgruppen[2], erhielt zunächst in der Marktforschung Bedeutung (vgl. Krueger et al. 2000). Wie oben ausgeführt, gewann die Marktforschung im Zuge der Privatisierung und der damit einhergehenden Ökonomisierung des

---

2 ‚Fokusgruppen' sind eine häufig eingesetzte Methode, durch eine gesteuerte Gruppendiskussion die Meinungen einer Zielgruppe nicht nur zu erfahren, sondern die Zielgruppe selber die individuellen Meinungen überprüfen zu lassen. Sie sind in dem Sinne partizipativ, als dass der Prozess der Interpretation nicht ausschließlich den Forscher*innen überlassen bleibt, sondern bereits unter den Fokusgruppenteilnehmer*innen beginnt. Zu Fokusgruppen siehe Krüger et al. 2000.

Gesundheitswesens sowie des Sozialbereichs zunehmend an Bedeutung. Fokusgruppen haben sich als eine Methode etabliert, mittels derer sich ein hohes Maß an Partizipation sicher stellen lässt. Zum Beispiel gibt es in der Forschung zur Klient*innen-Zufriedenheit in psychiatrischen Einrichtungen in Großbritannien inzwischen Modelle des ‚User-Led-Research'[3] (vgl. Sweeney et al. 2009). In diesen Modellen spielen Klient*innen eine entscheidende Rolle sowohl bei der Entwicklung der Fragestellung als auch bei der Durchführung der Untersuchung sowie der Auswertung und Interpretation der erhobenen Daten. Diese Forschung ist eng mit der Antipsychiatrie-Bewegung verknüpft. Ist es ein Zufall, dass das Bestreben einiger Klient*innen nach weniger Entmündigung sich mit der Erkenntnis von Wissenschaftler*innen trifft, dass sich validere Ergebnisse erzielen lassen, wenn Betroffene in die Forschung einbezogen werden, und dass beides gleichermaßen zum Interesse von Investor*innen nach steigender Rendite passt (vgl. Samerski 2014)? Die US-amerikanische Philosophin Nancy Fraser hat dieses Zusammentreffen von „linksliberal-individualistischen Fortschrittsvorstellungen" und neoliberalistischen Bestrebungen „progressiven Neoliberalismus" genannt (2009). Während innerhalb der aktuellen Diskussion um Partizipation vorhandene Wurzeln wie die Aktions- bzw. Handlungsforschung oder Namen wie Paulo Freire oder Kurt Lewin immer wieder benannt werden, wird die Auseinandersetzung mit der Funktionalität von Partizipation im Rahmen aktueller Ökonomisierungsprozesse vernachlässigt.

2. Partizipation als lediglich situative anstatt strukturelle Aufhebung von Hierarchie

Das Fehlen dieser Auseinandersetzung wird an dem viel zitierten und kaum hinterfragten Schaubild der ‚Stufen der Partizipation' (siehe Abbildung 1) deutlich. Partizipation wird darin einseitig gedacht: Eine Gruppe mit Deutungs- oder Verfügungsheit beteiligt eine andere, welche diese Verfügungsmöglichkeiten nicht hat. Hierarchien werden so nicht strukturell, sondern maximal situativ aufgehoben.

Selbstorganisation geht nach dieser Grafik über Partizipation hinaus, egal ob diese selbstorganisierte Forschung eine Partizipation von Wissenschaftler*innen beinhaltet oder nicht. Bezugspunkt und Basis der Darstellung des Schaubilds ist das System ‚Wissenschaft'. Wenn diese Grafik nicht nur eine situative Machtbeteiligung, sondern das Aufeinandertreffen zweier Gruppen

---

[3] Diese Forschungen sind stark von der Antipsychiatrie-Bewegung beeinflusst. Dabei wird nach Beteiligten (User und Survivor) und nach Ausmaß des Einflusses (led und controlled) unterschieden (vgl. Sweeney et al. 2009).

darstellen würde, die beide über ein vergleichbares Maß an Ressourcen verfügen und sich auf Augenhöhe begegnen, sähe sie vermutlich so wie in Abbildung 2 aus:

Abbildung 1: Stufenmodell der Partizipation

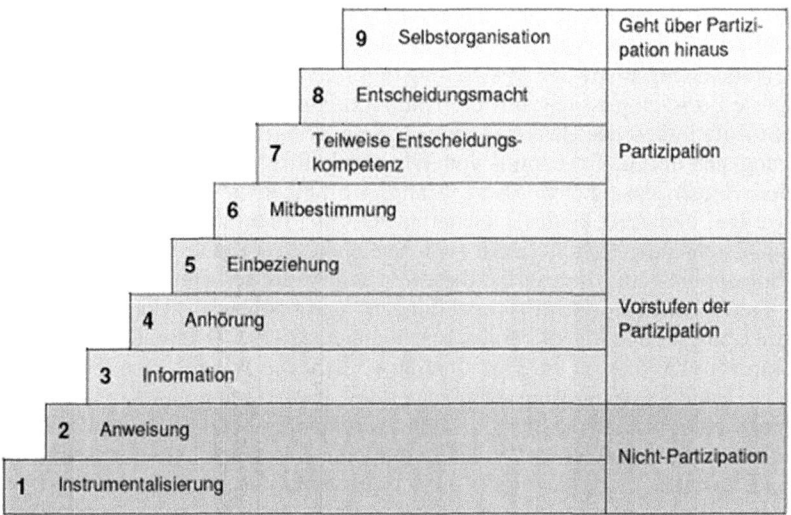

Quelle: Wright et al. 2010, S.42

Auf welcher Seite dabei die Wissenschaftler*innen und auf welcher die Nicht-Wissenschaftler*innen eingeordnet werden, ist irrelevant. Die Irritation, die in der Regel eintritt, wenn Forschungsgruppen sich vorstellen, dass nicht-wissenschaftliche Co-Forscher*innen Anweisungen an Wissenschaftler*innen geben (vgl. zweite Säule in Abbildung 2), macht deutlich, wie sehr solch ein Denken den bisherigen Rahmen sprengt.

Solche Modelle stoßen nicht nur im Mainstream der Forschung, sondern oft auch in den Diskussionen um Partizipation auf Unverständnis. Solange Forschende sich allerdings nicht mit den Verhältnissen beschäftigen, unter denen sie forschen, laufen sie Gefahr, diese Verhältnisse zu reproduzieren. Aber selbst dann, wenn vereinzelte Wissenschaftler*innen versuchen, bei ihrer Tätigkeit eine Arbeit auf Augenhöhe mit den Nicht-Wissenschaftler*innen anzustreben – die Umsetzung scheitert spätestens bei der Finanzierung. Unsere Erfahrungen mit von Betroffenen selbstorganisierten Forschungsprojekten, die bei der Antragstellung an den Vergaberichtlinien scheiterten, zeigen auf, dass

Spannungsfelder und Widersprüche im System Forschung 159

Forschungsförderung für betroffenenkontrollierte Forschung nur um den Preis der Verleugnung einer tragenden Rolle der Betroffenen möglich ist.[4]

Abbildung 2: Schaubild, welches eine gleichberechtigte Vorstellung von Partizipation zum Ausdruck bringt.

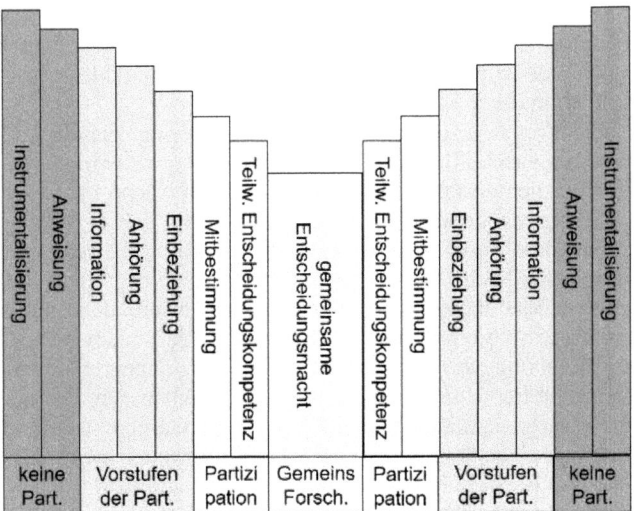

Quelle: Eigene Darstellung

---

4   Der Autor war selbst an zwei Versuchen beteiligt, ein Forschungsprojekt mit Namen ‚selforg' gefördert zu bekommen. Das Projekt verfolgte das Ziel, die Bewältigungs- und Bearbeitungswege von von sexualisierter Gewalt Betroffenen aus der Subjektperspektive zu erforschen. In einem Forschungsverbund von ‚Tauwetter e.V./Berlin' mit einem Forschungsinstitut, einer Hochschule und einer Universität wurde ein Antrag auf Förderung beim BMBF gestellt, der abgelehnt wurde. Als Begründung wurde u.a. angeführt „The budget seems to be too high in relation to the planned sample sizes" (DLR 2017). Offensichtlich wurde erwartet, dass Betroffene unentgeltlich oder gegen eine kleine Aufwandsentschädigung mitarbeiten. Ein zweiter Versuch wurde in Kooperation mit einer Hochschule und einer in Sachen Antragsverfahren sehr erfahrenen Universitätsklinik gestartet. Der Antrag sollte im Rahmen eines Förderprogramms zurvon Versorgungsforschung gestellt werden. Letztendlich zeigte sich aber kurz vor Einreichung des Antrags, dass dieser in der geplanten Form chancenlos wäre. Weniger die schriftlichen Förderbedingungen als vielmehr die ungeschriebenen Regeln der Vergabepraxis waren dergestalt, dass die geplante selbstorganisierte Forschung mit ihrer eigenen Methodik nur dann Erfolgschancen bei der Vergabe gehabt hätte, wenn sie als etwas anderes ausgegeben worden wäre. Es musste der Anschein der Kontrolle der Wissensproduktion durch Wissenschaftler*innen gewahrt werden. Von daher wurde nach einem halben Jahr Vorarbeit von der Antragstellung abgesehen.

Es zählt auch in der partizipativen Forschung unverändert zum wissenschaftlichen Grundverständnis, dass *Forschende* und *Beforschte* klar zu trennen sind. In der empirischen Sozialwissenschaft gelten als Gütekriterien bei Testverfahren und Fragebögen: Objektivität, Validität und Reliabilität (vgl. Bortz & Döring 2006). Aber auch in der qualitativen Forschung, z.B. der Grounded Theory (Glaser 1998) oder der Diskursanalyse (Jäger 2009), entsteht Wissen dadurch, dass Wissenschaftler*innen die Erfahrungen von *Beforschten* deuten und interpretieren. Die Forschung vom Drittstandpunkt aus ist und bleibt folglich die Grundlage auch in der qualitativen Forschung.

Solange sich diese Voraussetzungen nicht verändern, bewegt sich die Partizipation von Nicht-Wissenschaftler*innen an der Forschung weiterhin unterhalb der Schwelle einer gemeinsamen Entscheidungsmacht, denn ein reales Teilen von Entscheidungsmacht über grundlegende Aspekte von Forschung diskreditiert jedes Forschungsvorhaben als unwissenschaftlich. Partizipation bleibt begrenzt darauf, den Nicht-Wissenschaftler*innen eine begrenzte Entscheidungskompetenz in klar abgegrenzten Themen zuzuweisen, die grundlegende Entscheidungsmacht verbleibt bei den Wissenschaftler*innen. Es gibt also maximal eine Aufhebung der Hierarchie in bestimmten, abgegrenzten Situationen, die strukturelle Forschungshierarchie bleibt bestehen. Die Verzahnung zwischen Forschungsverständnis und Forschungshierarchie wirft die Frage auf, ob ein anderes Verständnis von Forschung überhaupt möglich ist und ob eine von Nicht-Wissenschaftler*innen kontrollierte und/oder selbstorganisierte Forschung nicht eher zu anderen Formen der Wissensproduktion gezählt werden müsste.

3. Forschungsethik: Warum Nicht-Wissenschaftler*innen in der Forschung die Subjektmacht haben müssen – zum Risiko der Wiederholung von Objekterfahrung

Forschung zu Gewaltwiderfahrnissen muss sich damit beschäftigen, dass Gewalt für die Betroffenen je nach Kontext in unterschiedlichem Ausmaß eine subjektive Dimension von Ohnmacht, Machtlosigkeit und Ausgeliefertsein beinhaltet. Dies geht bis zu dem Gefühl, auf ein Objekt, einen Gegenstand reduziert zu werden. Gleichzeitig fordern namhafte Forscher*innen: „Wer eine Forschungsarbeit mit, am und über Menschen durchführt, muss das Wohl und die Rechte des Menschen schützen. Die Generierung neuen Wissens darf nie über die Rechte und Interessen des Individuums gestellt werden. Die Risiken, die sich durch die Forschung ergeben können, sind so weit wie möglich zu minimieren" (Poelchau et al. 2015).

Es ist naheliegend, dass aus forschungsethischen Gründen eine Wiederholung dieser negativen Erfahrungen vermieden werden sollte. Forschung, die Gewaltbetroffene auf ein Forschungsobjekt reduziert, setzt die Verfügung über die betroffenen Subjekte strukturell fort und widerspricht dem Grundsatz, dass entmenschlichende Erfahrungen im Kontext der Forschung zu Gewalt nicht wiederholt werden sollten.

Wie oben ausgeführt ist nun aber genau die Trennung in *Forschende* und *Beforschte* und damit die Reduzierung auf ein Forschungsobjekt derzeit konstitutiv für die (Natur)-Wissenschaft. Das Risiko, Gewaltbetroffene durch die Forschung zu schädigen, ist untrennbar mit dem herrschenden Forschungsparadigma verbunden. Eine größere Sensibilität von Forscher*innen im Umgang mit Betroffenen oder der Hinweis auf Hilfsangebote für den Krisenfall – die beide sicherlich wünschenswert sind – ändern nichts an dem grundlegenden Widerspruch. Ein*e sensible*r Interviewer*in vermag den Betroffenen zwar das Gefühl vermitteln, einer sympathischen, einfühlsamen Person gegenüber zu sitzen, spätestens, wenn Betroffene sich zum wiederholten Mal für Forschungsvorhaben zur Verfügung gestellt haben, sich aber an ihrer Lage nichts geändert hat, entsteht der Eindruck, nur als Datenlieferant benutzt worden zu sein.

Wissenschaft im Kontext ihrer gesellschaftlichen Verhältnisse: Forschung ist weiß und männlich

Erschwerend kommt hinzu, dass Gewaltforschung nicht im luftleeren Raum stattfindet. Im Regelfall sind die gesellschaftlichen Verhältnisse, welche die Gewalt hervorgebracht haben, dieselben wie diejenigen, die Forschung ermöglichen – lediglich die unmittelbaren Akteur*innen sind ausgetauscht. Patriarchale Machtverhältnisse, die dazu führen, dass die meisten Täter männlich und weiß sind, während die meisten Opfer weiblich (oder präziser nicht-männlich) und viele nicht-weiß sind, finden ihr Pendant in der Dominanz weißer männlicher Forscher. Eine stärkere Teilhabe von Frauen und ‚People of Colour' (POC) an der Forschung ändert daran solange nichts, wie sie – um anerkannt zu werden – gezwungen sind, genauso zu agieren wie der männlich dominierte Mainstream.

4. Partizipation als Kriterium in der Forschungsförderung zu sexualisierter Gewalt

Diskrepanzen zwischen Antragslyrik und Umsetzung?

Als 2010 ausgehend von Canisius-Kolleg und Odenwaldschule sexualisierte Gewalt breit skandalisiert wurde, bedeutete dies für die Forschung zu sexualisierter Gewalt einen bisher ungekannten Aufschwung. Plötzlich standen Forschungsgelder in einem Ausmaß zur Verfügung, das vorher unvorstellbar schien. Das Bundesministerium für Bildung und Forschung (BMBF) legte zwei Förderlinien auf, eine zu „sexueller Gewalt gegen Kinder und Jugendliche in pädagogischen Kontexten" (BMBF, 2019 a) und eine zu „Verhaltensstörungen im Zusammenhang mit Gewalt, Vernachlässigung, Misshandlung und Missbrauch in Kindheit und Jugend" (BMBF, 2019 b). Beide Förderlinien sind inzwischen in eine zweite Förderperiode gegangen.

In der ersten Förderperiode gab es in der pädagogischen Förderlinie des BMBF als ein Vergabekriterium die ‚Partizipation'. Diese ist aber nur begrenzt in den geförderten Projekten umgesetzt worden. Immerhin wurde hier zum Ende der ersten Förderperiode ein „Memorandum Partizipative Forschung" (Bahls et al. 2018) erarbeitet.

In der Gesundheitsförderlinie hingegen war im ersten Förderzeitraum eine partizipative Ausrichtung der Forschung kein Kriterium.

In der zweiten Förderperiode gab es in beiden Förderlinien die Vorgabe, partizipativ vorzugehen. Einige Antragsteller*innen suchten deshalb in letzter Sekunde Betroffene für einen ‚Beirat'. Als Antragssteller*innen selbst waren Betroffenenorganisationen an keinen Vorhaben beteiligt. Was von der Antragslyrik umgesetzt wird, bleibt abzuwarten.

5. Partizipative Forschung als Spannungsfeld zwischen Betroffenen, Praktiker*innen und Wissenschaftler*innen

Es lässt sich feststellen, dass es eine gewisse Verwirrung gibt, wer an Forschung partizipieren soll: Praktiker*innen und/oder Betroffene sexualisierter Gewalt (vgl. Schlingmann 2015). In den Diskussionen um Partizipation lassen sich zwei Konfliktlinien erkennen:

Spannungsfelder und Widersprüche im System Forschung

1. Die Auseinandersetzung um Betroffenenbeteiligung
2. Diskussionen, wie Probleme bei der Dissemination zu lösen sind: Seit langem gibt es wechselseitige Vorwürfe zwischen Praktiker*innen und Wissenschaftler*innen. Wissenschaftler*innen kritisieren, dass Praktiker*innen ihre Ergebnisse nicht umsetzen würden und Praktiker*innen kritisieren, dass die Forschung keine Praxisrelevanz habe[5]. Die Förder*innen verbinden mit der Beteiligung von Praktiker*innen an der Forschung die Hoffnung, dieses Dilemma zu lösen (vgl. BMBF, 2016).

Perspektivisch wird es notwendig sein, dass sich alle drei Seiten – Wissenschaft, Praxis und Betroffene – in der Forschung zu sexualisierter Gewalt auf Augenhöhe begegnen. Die bestehenden Hierarchien und unterschiedlichen Ressourcenverteilungen zwischen den drei Gruppen machen aber deutlich, dass es bis dahin noch ein weiter Weg ist.

Es braucht für eine Begegnung auf Augenhöhe aber auch verstärkte Anstrengungen von der Betroffenenseite, um zu einer besseren Selbstorganisierung zu gelangen. Dies setzt voraus, sich der eigenen Position im Verhältnis zu Wissenschaft und Praxis sowie der eigenen Ziele bewusst zu werden. Die derzeitigen Diskrepanzen zwischen Wissenschaft und Praxis irritieren einerseits diejenigen Betroffenen, die klare Antworten suchen, sie sind andererseits für andere auch eine Anregung, eigene Positionen zu entwickeln. Die sich hier abzeichnenden Divergenzen müssen in einem gemeinsamen Prozess produktiv überwunden werden, denn wenn allein Wissenschaft und Praxis ihre Kommunikationsprobleme beilegen, besteht das Risiko, dass sie gemeinsam ihre Deutungsmacht über die Erfahrungen Betroffener festigen.

---

5 Zedlick & Thoma (2017) haben die aktuelle psychiatrische Spitzenforschung analysiert. Sie stellen fest, dass trotz zahlreicher Statements, dass es der derzeit betriebenen Forschung an Praxisrelevanz mangelt, keine Annäherung zwischen den Forscher*innen und den Praktiker*innen gibt: „Die Schere zwischen Theorie und klinischer Praxis wird sich weiter öffnen, wenn es nicht gelingt, im Sinne dieser kritischen Ansätze eine interdisziplinäre, methodologisch orientierte Theoriediskussion über die Gegenstandsadäquatheit aktueller psychiatrischer und auch psychotherapeutischer Forschungsansätze zu führen. Eine solche Theoriediskussion kommt dabei auch an der anthropologischen Frage nach der Rolle des Subjekts gegenüber objektivierenden Methoden nicht vorbei. Die methodologische Fundierung einer personenbezogenen Psychiatrieforschung im Sinne einer »Psychiatrie vom Subjektstandpunkt« muss daher die Einbeziehung der Betroffenen als »Mitforschende« voraus setzen" (ebd. S. 16). Es wäre sicherlich lohnend Überschneidungen zur derzeitigen Diskussion in der Forschung zu sexualisierter Gewalt genauer zu betrachten.

6. Ansätze betroffenenkontrollierter Forschung

Es gibt aktuell wohl keinen Bereich in der sozialwissenschaftlichen Forschung, in dem es so starke Versuche von Seiten Betroffener gibt, Partizipation weiterzuentwickeln und zu betroffenenkontrollierter Forschung zu gelangen wie die Forschung zu sexualisierter Gewalt (vgl. Schlingmann 2016). Kleinere Untersuchungen sind erfolgreich durchgeführt worden (siehe etwa: Stern et al. 2017). Mindestens zwei (teilweise) selbstorganisierte Forschungsprojekte sind aber schon abgelehnt worden bzw. in der Antragsstellungsphase an den Bedingungen gescheitert (siehe Fußnote 4).

Hintergrund für diese Bestrebungen ist die öffentlich geführte Auseinandersetzung um sexualisierte Gewalt in Einrichtungen und Institutionen. Selbstorganisierte Interessensvertretungen wie ‚Eckiger Tisch' (Selbstorganisation von Opfern sexualisierter Gewalt in Einrichtungen der Jesuiten in Deutschland), ‚Glasbrechen' (Verein von Betroffenen sexualisierter Gewalt an der Odenwaldschule), ‚Ettaler Missbrauchsopfer' und andere machen die gesellschaftliche Dimension sexualisierter Gewalt deutlich und erschweren es, die Debatte wieder zu privatisieren. Ergänzend dazu gibt es den ‚Betroffenenrat beim Unabhängigen Beauftragten für Fragen des sexuellen Kindesmissbrauchs', der trotz seiner institutionellen Anbindung hartnäckig seine geistige Unabhängigkeit bewahrt. Zwei spezialisierte Fachberatungsstellen arbeiten nach dem Betroffenenkontrollierten Ansatz (Wildwasser Frauenselbsthilfe und Beratung et al. 2004, Hävernick & Schlingmann 2006). Schon 2010 wurde der erste bundesweite Betroffenenkongress organisiert, seitdem gab es zwei weitere[6]. Die Notwendigkeit von betroffenenkontrollierter oder selbstorganisierter Forschung wird in diesen Zusammenhängen immer wieder zum Thema gemacht.

All diesen Bestrebungen steht die Beharrung auf einem Wissenschaftsdispositiv mit einem Verständnis von Professionalität in der Forschung entgegen, das Partizipation erschwert. Insofern sind Vertreter*innen partizipativer Forschung (in wissenschaftlichen Institutionen) wichtige Bündnispartner*innen – was aber nicht davon abhalten darf, die unterschiedlichen Ressourcen, Rahmenbedingungen und Interessen immer wieder zu thematisieren.

---

6 Selbsthilfekongresse zumeist von Frauen gab es schon vorher, neu war die politische Zielsetzung der Kongresse. Während der unter dem Titel ‚Aus unserer Sicht´ im Jahr 2010 stattgefundene Kongress von den beiden betroffenenkontrollierten Fachberatungsstellen ‚Tauwetter e.V.' und ‚Wildwasser e.V.' Berlin organisiert war, wurden die beiden späteren vom Betroffenenrat beim Unabhängigen Beauftragten für Fragen des sexuellen Kindesmissbrauchs durchgeführt.

7. Partizipation und Genderdifferenzierte Forschung

Schon seit mehreren Jahren gibt es in einigen Organisationen von Betroffenen massive Kritik an der Reduzierung von Gewalt auf Trauma (Schlingmann 2016). Es lässt sich feststellen, dass Forschung zu sexualisierter Gewalt oft auf Forschung zu Posttraumatischer Belastungsstörung (PTSD) beschränkt wird. Diese Art von Forschung dekontextualisiert sexualisierte Gewalt und widersprechende Forschungsansätze werden vom Mainstream weitgehend ignoriert, wie z.b. das Forschungsprojekt „Kontextualisierte Traumaarbeit" (Brenssell & Hartmann 2017)[7].

Gerade sexualisierte Gewalt lässt sich aber nicht verstehen, wenn sie ihres Kontextes beraubt wird. Nur die Einbeziehung gesellschaftlicher Machtverhältnisse, und damit auch Geschlechterverhältnisse, ermöglicht es, die Entstehungsbedingungen und Auswirkungen sexualisierter Gewalt sowie deren Folgen nachzuvollziehen. Schon 1983 hat Finkelhor in seinem Modell der ‚Four Preconditions' die Bedeutung von Männlichkeitsvorstellungen herausgearbeitet. 1993 haben im deutschsprachigen Raum darauf basierend Brockhaus & Kolshorn das ‚feministische Ursachenmodell' entwickelt und 2011 hat eine Forschungsgruppe um Hagemann-White im ‚Perpetration-Modell' erneut auf den Einfluss von Männlichkeitskonstruktionen hingewiesen (EU-Kommission 2011). Nicht nur bei den Entstehungsbedingungen sexualisierter Gewalt, auch bei den Auswirkungen gibt es genderbedingte Unterschiede. Dabei spielt die unterschiedliche Bedeutung, die sexualisierte Gewalt gegen Mädchen und Frauen oder gegen Jungen und Männer hat, eine große Rolle. Sexualisierte Gewalt beinhaltet – wie bereits erwähnt – immer die Dimension der Reduzierung auf ein Objekt oder anders gesagt der Negierung der menschlichen Spezifik, der Intentionalität (vgl. Holzkamp 1983). Das Ignorieren des Willens Anderer, der Ziele, Träume und Wünsche entspricht dem Absprechen des Subjektstatus, der das Mensch-Sein ausmacht. Menschen verfügen gemeinsam über ihre Lebensbedingungen und ein Ausschluss aus dieser Gemeinschaft, durch das Absprechen des Mensch-Seins, bedeutet den Ausschluss aus der gemeinsamen Verfügung über die Lebensbedingungen. Nicht mehr dazu zu gehören bedeutet keine Rechte mehr zu haben, sondern auf Almosen angewiesen zu sein. Der zweite Ausschluss, den sexualisierte Gewalt beinhaltet, ist der Ausschluss aus der Männlichkeit. Hegemoniale Männlichkeitskonstruktionen schließen aus, dass ein Mann zum Opfer wird. In einer patriarchalen Gesellschaft, die eben nicht alle egalitär beteiligt, beinhaltet dieser Ausschluss eine massive Minderung von Mitspracherechten bis zur kompletten Verweigerung derselben. Dass dies je nach Gender unterschiedlich erlebt wird, ist naheliegend. Ein Junge wird durch sexualisierte Gewalt in seiner Männlichkeit in Frage gestellt, ein

---

7 Siehe Beitrag von Ariane Brenssell in diesem Band.

Mädchen erfährt durch das Widerfahren sexualisierter Gewalt hingegen eine Bestätigung seiner Weiblichkeit, weil Frau-Sein und Opfer-Sein in den hegemonialen Geschlechtskonstruktionen untrennbar verbunden sind (vgl. Schlingmann 2009).

Die unterschiedlichen, aber verwobenen genderspezifischen Bedeutungen sexualisierter Gewalt lassen sich nur erfassen, wenn nicht von einem (vermeintlich) neutralen Standpunkt von außen geforscht wird; nötig ist eine Forschung, die den Subjektstandpunkt zu ihrem Ausgangspunkt macht.

Viele spätere Überlegungen zu betroffenenkontrollierter und selbstorganisierter Forschung vorweg nehmend hat Holzkamp schon 1994 in der Debatte um sexualisierte Gewalt gegen Mädchen festgehalten, „dass hier das Subjekt der Gewalterfahrung und das Subjekt der Veröffentlichung und der wissenschaftlichen Analyse sexueller Männergewalt zusammenfallen können: So speist sich dem Vernehmen nach das praktische und politische Engagement vieler Frauen für sexuell mißhandelte Mädchen auch aus ihrer eigenen Erfahrung als Getroffene von sexueller Gewalt. Programmatisch wird die Herstellung der Einheit von Analyse und Selbsterfahrung aber im Versuch der Konstituierung eines eigenständigen Diskurses, von dem aus der herrschende Diskurs destruiert werden kann" (ebd. S. 150).

8. Betroffenenkontrollierte und selbstorganisierte Forschung weist über den Anspruch an Partizipation hinaus

Der Begriff ‚Betroffenenkontrollierte Forschung' wurde in Deutschland von Jasna Russo und Thomas Fink (2003) eingeführt. Er basiert auf der Diskussion um ‚Survivor-Controlled-Research' (Sweeney et al. 2009) in Großbritannien. Russo (2012) bringt den Unterschied zwischen betroffenenkontrollierter Forschung und Partizipation wie folgt auf den Punkt:

> „The main difference between service user involvement and survivor-controlled research lies in the role designated to experiential knowledge as opposed to clinical and academic knowledge. In survivor-controlled research, knowledge and values of those having direct, personal experiences with the topic under investigation guides the whole research process – from formulating the research questions to drawing conclusions. In distinction, what is known as service user involvement in research remains just an optional, add-on component, meant to extend the dominant perspectives (clinical and academic ones) with those of direct experience" (Russo 2012).

Russo stellt Erfahrungswissen klinischem und akademischem Wissen gegenüber. Sie greift damit das Monopol von Wissenschaft auf die Produktion von

Wissen an. Für solch einen Angriff gibt es gute Gründe (s.o.). Die bloße Gegenüberstellung von Erfahrungswissen und akademischem Wissen greift aber zu kurz: Erfahrungen scheinen zwar unmittelbar und unhintergehbar, real wird meine Wahrnehmung aber dadurch bestimmt, welche Bedeutung ich den bisher gemachten Erfahrungen gebe (vgl. Markard 2007). Erfahrungen sind nicht identisch mit Wissen und machen nicht per se klug. Vielmehr ist es erst die Reflexion der subjektiven Erfahrungen, am besten im Kollektiv einer Gruppe, die es auf abstrakterer Ebene erlaubt zu Verallgemeinerungen zu kommen. Wissen kann nicht nur innerhalb der Wissenschaft produziert werden, es gibt Wege der kollektiven Wissensgenerierung basierend auf den individuellen Erfahrungen. Für diesen Schritt ist im Forschungsprojekt ‚selforg' (siehe Fußnote 4) basierend auf der Kritischen Psychologie ein Konzept entwickelt worden.

Betroffene finden sich in Gruppen zusammen und arbeiten gemeinsam in einem zirkulären Prozess ihre Erfahrungen zur Forschungsfrage auf. Mit den Mitteln des Zusammentragens von Erfahrungen und Schlussfolgerungen sowie des gegenseitigen Hinterfragens werden die Begründungen und die dahinterliegenden Prämissen herausgearbeitet und somit darin enthaltenen Bedeutungen und Bedingungen expliziert. Sukzessive werden die vorwissenschaftlichen Begriffe, in denen die Erfahrungen gefasst waren, in wissenschaftliche Kategorien überführt. Verallgemeinerungsprinzip ist dabei die Beschreibung des Gültigkeitsbereichs von getroffenen Aussagen über ‚Bedingungs-Bedeutungs-Begründungszusammenhänge' (vgl. Holzkamp 1996).

Diese kurze Skizze macht bereits deutlich, dass eine solche Art der Forschung auf Seiten der Betroffenen ein erhebliches Methodenwissen erfordert. Im selforg-Projekt war deshalb eine enge Kooperation mit befreundeten Wissenschaftler*innen geplant.

Es gibt gleichzeitig nicht wenige Wissenschaftler*innen, die in Kindheit oder Jugend sexualisierter Gewalt ausgesetzt waren. Nur die allerwenigsten können es sich aber leisten und haben den Mut diese Tatsache öffentlich zu machen. All zu groß sind die berechtigten Befürchtungen als unwissenschaftlich, weil nicht unparteilich abgestempelt zu werden. Die Konsequenzen wären dann fehlende Reputation und Finanzierungsprobleme. Betroffene sind von daher darauf angewiesen, sich benötigtes Methodenwissen selber anzueignen oder befreundete Wissenschaftler*innen partizipieren zu lassen. Bis zur eigenen, selbstorganisierten und durchgeführten Forschung ist es denoch ein weiter Weg.

Folgende Faktoren stehen Betroffenen für von ihnen selbst kontrollierte Forschungen im Wege: Es fehlt an Kenntnissen über mögliche Förderprogramme und über das damit verbundene Antragswesen. Es fehlt ebenso an Erfahrungen in der Beantragung und Durchführung von Forschungsprojekten. Aufgrund dieser Probleme ist naheliegend, dass derzeit Forschungsvorhaben von Betroffenen meist nur im Bündnis und mit Unterstützung von

Wissenschaftler*innen möglich sind. Zum Glück hat der wissenschaftliche Mainstream kein Monopol auf Forschung. Es gibt Wissenschaftler*innen, die die Verhältnisse reflektieren, sich kritisch mit den Bedingungen von Wissensproduktion auseinandersetzen und die versuchen, Alternativen zu entwickeln. Diese Forscherinnen und Forscher sind die potentiellen Bündnispartner*innen von Betroffenen, egal ob als Partizipierende oder als gleichberechtigte Partner*innen, egal ob im etablierten Wissenschaftsbetrieb oder jenseits davon.

Literatur

Bahls, Christian/Eßer, Florian/Hölling, Iris/Hüdepohl, Gabriele/Müller, Steffen/Pluto, Liane/Rusack, Tanja/Schlingmann, Thomas/Schröer, Wolfgang/Stern, Alex/Tuider, Elisabeth/Wazlawik, Martin/Wolff, Mechthild/Wright, Michael (2018): Partizipative Forschung – Memorandum. In: Retkowski, Alexandra/Treibel, Angelika/Tuider, Elisabeth (Hrsg.): Handbuch Sexualisierte Gewalt und pädagogische Kontexte. Weinheim/Basel: Beltz Juventa.

BMBF – Bundesministerium für Bildung und Forschung (2016): Richtlinie zur Förderung von Forschungsverbünden zu Verhaltensstörungen im Zusammenhang mit Gewalt, Vernachlässigung, Misshandlung und Missbrauch in Kindheit und Jugend. https://www.bmbf.de/foerderungen/bekanntmachung-1278.html [Zugriff: 08.10.2019].

BMBF – Bundesministerium für Bildung und Forschung (2019): Forschung zu sexualisierter Gewalt. https://www.empirische-bildungsforschung-bmbf.de/de/2185.php [Zugriff: 28.01.2019].

BMBF – Bundesministerium für Bildung und Forschung (2019): Forschungsverbünde zu Verhaltensstörungen im Zusammenhang mit Gewalt, Vernachlässigung, Misshandlung und Missbrauch in Kindheit und Jugend. https://www.gesundheitsforschung-bmbf.de/de/verhaltenstoerungen-im-zusammenhang-mit-gewalt-vernachlaessigung-in-kindheit-und-jugend.php [Zugriff: 28.01.2019].

Bortz, Jürgen/Döring, Nicola (2006): Forschungsmethoden und Evaluation für Human- und Sozialwissenschaftler. Vierte, überarbeitete Auflage. Heidelberg: Springer Medizin Verlag.

Brenssell, Ariane/Hartmann, Anna (2017): Kontextualisiertes Traumaverständnis in der Arbeit gegen Gewalt an Frauen. In: Familiendynamik Systemische Praxis und Forschung 42, 1, S. 28-39.

Brockhaus, Ulrike/Kolshorn, Maren (1993): Sexuelle Gewalt gegen Mädchen und Jungen, Mythen, Fakten, Theorien. Frankfurt: Campus.

Certqua (2019): Messung der Kundenzufriedenheit – Pflichtprogramm für das Qualitätsmanagement. Bonn: Gesellschaft der Deutschen Wirtschaft zur Förderung und Zertifizierung von Qualitätssicherungsystemen in der Beruflichen Bildung mbH. http://www.certqua.de/qm-blog/messung-der-kundenzufriedenheit-pflichtprogramm-fuer-das-qualitaetsmanagement/ [Zugriff: 05.02.2019].

DLR (2017): Richtlinie zur Förderung von Forschungsverbünden zu „Verhaltensstörungen im Zusammenhang mit Gewalt, Vernachlässigung, Misshandlung und

Missbrauch in Kindheit und Jugend" vom 11.11.2016, Ihre Projektskizze GEWALT-029 mit dem Titel „Recovery and growth beyond clinical treatment among survivors of child-sexual-abuse" (REGROW) vom 19.03.2017. Unveröffentlichtes Schreiben vom 01.08.2017.

Europäische Kommission (2011): Machbarkeitsstudie zur Bewertung der Möglichkeiten, Aussichten und des bestehenden Bedarfs für die Vereinheitlichung der einzelstaatlichen Rechtsvorschriften auf den Gebieten Gewalt gegen Frauen, Gewalt gegen Kinder und Gewalt wegen sexueller Orientierung. Luxemburg: Amt für Veröffentlichungen der Europäischen Union.

Finkelhor, David (1983): Child Sexual Abuse, New Theory & Research. New York: Free Press.

Fraser, Nancy (2009): Für eine neue Linke oder: Das Ende des progressiven Neoliberalismus. In: Blätter für deutsche und internationale Politik, 8/2009, S. 43-57. https://www.blaetter.de/archiv/jahrgaenge/2017/februar/fuer-eine-neue-linke-oder-das-ende-des-progressiven-neoliberalismus [Zugriff: 21.09.2018].

Freire, Paulo (1971): Pädagogik der Unterdrückten. Bildung als Praxis der Freiheit. Stuttgart: Kreuz-Verlag.

Gesundheit Berlin e.V./Forschungsgruppe Public Health am Wissenschaftszentrum Berlin für Sozialforschung (2008): Partizipative Qualitätsentwicklung. http://www.partizipative-qualitaetsentwicklung.de/partizipation/stufen-der-partizipation.html [Zugriff: 20.09.2018].

Glaser, Barney G./Strauss, Anselm L. (1998): Grounded Theory. Strategien qualitativer Forschung. Bern: Huber.

Hävernick, Martina/Schlingmann, Thomas (2006): Der betroffenenkontrollierte Ansatz. In: Prävention, Zeitschrift des Bundesvereins zur Prävention von sexuellem Missbrauch an Mädchen und Jungen 9, 3, S. 4-9. https://www.tauwetter.de/download/category/13-2006.html?download=15:2006-04-praevention-schwerpunkt-betrkontr-ansatz [Zugriff: 21.09.2018].

Holzkamp, Klaus (1983): Grundlegung der Psychologie. Frankfurt: Campus.

Holzkamp, Klaus (1994): Zur Debatte über sexuellen Missbrauch: Diskurse und Fakten. In: Forum Kritische Psychologie, Heft 33, S. 136-157.

Holzkamp, Klaus (1996): Psychologie: Verständigung über Handlungsbegründungen alltäglicher Lebensführung. In: Forum Kritische Psychologie, Heft 36, S.7-112.

Jäger, Siegfried (2009): Kritische Diskursanalyse. Eine Einführung. 5. Auflage. Münster: Unrast.

Krueger, Richard A./Casey, Mary Anne (2000): Focus Groups: A Practical Guide for Applied Research. Thousand Oaks. London/New Delhi: Sage Publications.

Lewin, Kurt (1948): Aktionsforschung und Minderheitenprobleme. In: Kurt Lewin (Hrsg.): Die Lösung sozialer Konflikte. Bad-Neuheim: Christian-Verlag, S. 278–298.

Markard, Morus (2007): Macht Erfahrung klug? Subjektwissenschaftliche Überlegungen zum Verhältnis von subjektiver Erfahrung und wissenschaftlicher Verallgemeinerung. In: Journal für Psychologie 15, 3. https://www.journal-fuer-psychologie.de/index.php/jfp/article/view/186 [Zugriff: 21.09.2018].

Poelchau, Heinz-Werner/Briken, Peer/Wazlawik, Martin/Bauer, Ulrich/Fegert, Jörg M./Kavemann, Barbara (2015). Bonner Ethik-Erklärung. Empfehlungen für die Forschung zu sexueller Gewalt in pädagogischen Kontexten. Zeitschrift für

Sexualforschung, Ausgabe 28, S. 153–160. https://www.bmbf.de/files/Ethikerklaerung(1).pdf [Zugriff: 21.09.2018].
QZ-Online.de (2019): QM-System QS 9000. München: Carl Hanser. https://www.qz-online.de/qualitaets-management/qm-basics/recht_normen/qs-9000/artikel/qs-9000-180745.html?search.highlight=Das QM-System QS 9000 [Zugriff: 05.02.2019].
Russo, Jasna/Fink, Thomas (2003): Stellung nehmen. Obdachlosigkeit und Psychiatrie aus der Sicht der Betroffenen. Berlin: Der PÄRITÄTISCHE Berlin.
Russo, Jasna (2012): Survivor-Controlled Research: A New Foundation for Thinking about Psychiatry and Mental Health. Forum Qualitative Sozialforschung/Forum: Qualitative Social Research, 13(1), Art. 8. http://www.qualitative-research.net/index.php/fqs/article/view/1790/3310 [Zugriff: 21.09.2018].
Samerski, Silja (2014): Vom Leidenden zum Entscheidenden. Über die Verwandlung der Patienten in Konsumenten. Beitrag auf der Tagung des Inpatientia Genarchivs „Standardisiert und verarmt" am 08.11.2014, Essen. http://impatientia-genarchiv.de/wp-content/uploads/2017/10/2012_Samerski.pdf [Zugriff: 06.02.2019].
Schlingmann, Thomas (2009): Die gesellschaftliche Bedeutung sexueller Gewalt und ihre Auswirkung auf männliche Opfer. In: kibs (Hrsg.): „es kann nicht sein, was nicht sein darf...". Jungen als Opfer sexualisierter Gewalt. Dokumentation der Fachtagung am 19./20.11.2009, S.122-134. München: Selbstverlag Kinderschutz e.V..
Schlingmann, Thomas (2015): Für ein neues Verhältnis von Wissenschaft, Praxis und Betroffenen. Anmerkungen eines forschenden, betroffenen Praktikers. In: Zeitschrift für Sexualforschung 28, 4, S. 349-362.
Schlingmann, Thomas (2016): Was bisher war, das reicht nicht: Eine kritische Einschätzung der Forschung gegen sexualisierte Gewalt. In: Trauma – Zeitschrift für Psychotraumatologie und ihre Anwendungen 14, 4, S. 16-24.
Stern, Alex/Wirth, Hjördis/Holler, Kristina (2017): Erfahrungen mit der Dialektisch-Behavioralen Therapie (DBT) im deutschsprachigen Raum. Eine Online-Erhebung unter aktuellen und ehemaligen DBT-Patient_innen. Berlin: Geschäftsstelle des Betroffenenrates beim Unabhängigen Beauftragten für Fragen des sexuellen Kindesmissbrauchs. https://beauftragter-missbrauch.de/fileadmin/Content/pdf/Betrof fenenrat/DBT-Onlineerhebung_170804.pdf [Zugriff: 21.09.2018].
Sweeney, Angela/Beresford, Peter/Faulkner, Alison/Nettle, Mary/Rose, Diana (Hrsg.) (2009): This is survivor Research. Ross-on-Wye: PCCS Books.
Ulatowski, Heike (2002): Ökonomisierung des Gesundheitswesens. Patient bleibt sich selbst überlassen. In: Deutsches Ärzteblatt 99, 5, A 246.
Von Unger, Hella/Block, Martina/Wright, Michael T. (2007). Aktionsforschung im deutschsprachigen Raum: zur Geschichte und Aktualität eines kontroversen Ansatzes aus Public Health Sicht. WZB Discussion Paper, No. SP I 2007-303,Wissenschaftszentrum Berlin für Sozialforschung (WZB), Berlin. http://hdl.handle.net/10419/47408 [Zugriff: 21.09.2018].
Wildwasser Frauenselbsthilfe und Beratung e.V./Weglaufhaus Villa Stöckle Verein zum Schutz vor psychischer Gewalt e.V./Tauwetter e.V. (2004): Betrifft Professionalität. Berlin: Paritätischer Wohlfahrtsverband, Landesverband Berlin. https://www.tauwetter.de/download/category/7-2004.html?download=12:2004-bkabroschuere-betrifft-professionalitaet [Zugriff: 21.09.2018].

Zedlick, Dyrk/Thoma, Samuel (2017): Where the money goes – Kritische Reflexionen zur gegenwärtigen Forschungsförderung in der Psychiatrie. In: Sozialpsychiatrische Informationen 47, 2, S. 15-17.

Angaben zu den Autor*innen

Böwe, Lilli ist Sozialarbeiterin (B.A.) und Suchttherapeutin (M.Sc). Sie arbeitet seit 2013 im Frauentreff OLGA in Berlin mit dem Schwerpunkt psychosoziale Betreuung von drogenabhängigen Frauen*. Kontakt: antilli@gmx.net

Brenssell, Ariane, Dipl.-Psychologin und Politikwissenschaftlerin, Dr. phil.. Bis 2010 tätig in einer Fachstelle gegen sexualisierte Gewalt, seitdem Professorin in der Sozialen Arbeit, seit 2015 an der Hochschule Braunschweig-Wolfenbüttel. Schwerpunkte in Lehre und Forschung: Kritische Psychologie, emanzipatorische Arbeit gegen Gewalt gegen Frauen, kontextualisierte Traumaarbeit, psychosoziale Arbeit, partizipative und communitybasierte Praxisforschung, Aktionsforschung, Menschenrechtskonventionen und internationale Zusammenhänge Sozialer Arbeit. Kontakt: a.brenssell@ostfalia.de

Dennert, Gabriele, M.sc. Public Health, Dr. med., arbeitet als Professorin für Sozialmedizin und Public Health mit Schwerpunkt Geschlecht und Diversität an der FH Dortmund. Sie beschäftigt sich mit den Zusammenhängen von Diskriminierung, Gesundheit und Versorgungszugang und hat einen Arbeitsschwerpunkt im Bereich Gesundheitsförderung für LSBQTI. Kontakt: www.fh-dortmund.de/dennert

Fine, Michelle, Ph.D., ist Distinguished Professor für Critical Psychology, Women's Studies, American Studies und Urban Education am Graduate Center der City University of New York (CUNY). Als Pionierin im Feld von Participatory Action Research u.a. in Schulen, Gefängnissen und im Feld ‚Jugend in urbanen Kontexten' arbeitet Fine aus feministischer und anti-rassistischer Perspektive zu Social Justice/Injustice und Education. Sie ist Gründungsmitglied des Public Science Projects am Graduierten Center CUNY. Michelle Fine wurde 2017 mit dem Award for Distinguished Contributions to Qualitative Methods von der American Psychological Association und 2018 mit dem STAATS Award der American Psychology Foundation für ihr wissenschaftliches Lebenswerk ausgezeichnet. Kontakt: MFine@gc.cuny.edu

Köstler, Sandra, promovierte Soziologin und freischaffende Künstlerin, forscht mit visuellen Methoden und arbeitet künstlerisch mit Fotografie und Video, ist Lehrbeauftragte für Fotografie als ästhetische Forschungsmethode an der Hochschule für Wirtschaft und Gesellschaft in Ludwigshafen am Rhein. Kontakt: contact@sandrakoestler.de

Angaben zu den Autor*innen

Lutz-Kluge, Andrea, Dipl.-Medienwissenschaftlerin, Dr. phil., ist Professorin für Ästhetische Bildung/Ästhetische Praxis im Fachbereich Sozial- und Gesundheitswesen an der Hochschule für Wirtschaft und Gesellschaft in Ludwigshafen am Rhein. Lehr- und Forschungsschwerpunkt: Entwicklung und Erprobung ästhetischer Methoden und partizipativer Konzepte in Zusammenhängen von Bildung, Soziokultur und sozialwissenschaftlicher Forschung. Durchführung von Lehrforschungsprojekten im forschungsorientierten MA-Studiengang Soziale Arbeit. Kontakt: Andrea.Lutz-Kluge@hwg-lu.de

Meyer, Erik, Dipl.-Psychologe, Systemischer Berater und Sexualwissenschaftler. Seit 2011 berät er in Hamburg über den Verein Trans*beratung Nord e.V. Menschen aller Altersgruppen mit Fragen zu Geschlecht und Identität nach dem von ihm entwickelten Konzept der ‚Trans*affirmativen Beratung'. Als freier Wissenschaftler forscht er u.a. zu Lebenssituationen und Bedarfen von jungen Trans*-Menschen in Deutschland. Gemeinsam mit Arn Sauer hat er 2012 das Netzwerk ‚Inter_Trans_Wissenschaft' mitgegründet. Er ist im psychologischen Fachverband VLSP* und als Gründungsmitglied im ‚Bundesverband Trans* e.V.' engagiert.
Kontakt: e.mey@transberatung-nord.de

Nürnberger, Monika, Dipl.-Sozialarbeiterin, hat ihren Schwerpunkt in der Wohnungslosen- und Suchthilfe und leitete von 2013-2019 den Frauentreff OLGA in Berlin.

Prasad, Nivedita, Dipl.-Sozialpäd., Dr. phil, ist Professorin für Handlungsmethoden und genderspezifische Soziale Arbeit an der Alice Salomon Hochschule in Berlin. Seit 2010 leitet sie den Masterstudiengang ‚Soziale Arbeit als Menschenrechtsprofession', der von drei kooperierenden Hochschulen in Berlin (ASH, EHB und KHSB) in Zusammenarbeit mit weiteren Instituten und Organisationen angeboten wird. Siehe dazu www.mrma-berlin.de. 2012 erhielt Prasad den ersten Anne-Klein-Frauenpreis der Heinrich-Böll-Stiftung für ihr Engagement gegen Menschenrechtsverletzungen an Migrantinnen.
Kontakt: prasad@ash-berlin.eu

Sauer, Arn, Dr. phil., hat Geschichte und Politologie mit Schwerpunkt in der Frauen- und Geschlechterforschung studiert. Er hat zum Thema ‚Equality Governance via Policy Analysis?' zu gleichstellungsorientierten Folgenabschätzungsinstrumenten am Zentrum für Transdisziplinäre Geschlechterstudien der Humboldt Universität zu Berlin promoviert. Gemeinsam mit Erik Meyer hat er 2012 das Netzwerk ‚Inter_Trans_Wissenschaft' mitgegründet, ebenso wie 2015 den ‚Bundesverband Trans* e.V.', für den er sich ehrenamtlich engagiert. Er ist Mitglied im Fachbeirat der Bundesstiftung Magnus Hirschfeld. Kontakt: arn.sauer@gmx.net

Angaben zu den Autor*innen

Schlingmann, Thomas, Dipl.-Psychologe, beschäftigt sich seit seiner Kindheit mit sexualisierter Gewalt. Seit der Gründung 1995 arbeitet er in der spezialisierten Fachberatungsstelle ‚Tauwetter – Anlaufstelle für Männer*, die in Kindheit oder Jugend sexualisierter Gewalt ausgesetzt waren' (www.tauwetter.de). Kennzeichnend für die Arbeit der Anlaufstelle ist der ‚betroffenenkontrollierte Ansatz'. Schlingmann ist auf bundespolitischer Ebene z.B. in der Bundeskoordinierung spezialisierter Fachberatungsstellen und im Beirat des UBSKM aktiv und hat u.a. im Forschungsprojekt ‚Aufdeckung und Prävention sexualisierter Gewalt gegen männliche Kinder und Jugendliche' mitgearbeitet. Kontakt: mail@tauwetter.de

Torre, Maria Elena, Ph.D., ist Direktorin und Gründungsmitglied des Public Science Projects am Graduate Center der City University of New York (CUNY). Torre verfügt über fast zwei Jahrzehnte der Erfahrung in ‚Participatory Action Research'-Projekten in Schulen, Gefängnissen und kommunalen Organisationen. Kontakt: mtorre@publicscienceproject.org

Ingrid Jungwirth
Carola Bauschke-Urban (eds.)

Gender and Diversity Studies

European Perspectives

2019. 326 pp • Pb. • 39,90 € (D) • 41,10 € (A)
ISBN 978-3-8474-0549-8 • eISBN 978-3-8474-0948-9

What concepts of 'gender' and 'diversity' emerge in the different regions and pertinent research and practical fields? On the back drop of current European developments – from the deregulation of economy, a shrinking welfare state to the dissolution and reinforcement of borders – the book examines the development of Gender and Diversity Studies in different European regions as well as beyond and focuses on central fields of theoretical reflection, empirical research and practical implementation policies and politics.

www.shop.budrich.de